富人的阴谋

〔美〕罗伯特·清崎 著 朱颖 译

四川人民出版社

readers-club

北京读书人文化艺术有限公司
www.readers.com.cn
出　品

致中国读者的一封信

亲爱的中国读者：

你们好！

今年是《富爸爸穷爸爸》在美国出版20周年，其在中国上市也已经整整17年了。我非常高兴地从我的中国伙伴——北京读书人文化艺术有限公司（他们在这些年里收到了很多读者来信）那里了解到，你们中的很多人因为读了这本书而认识到财商的重要性，从而努力提高自己的财商，最终同我一样获得了财务自由。

我很骄傲我的书能够让你们获益。20年后的今天，世界又处在变革的十字路口。全球经济形势日益复杂，不断涌现的"黑天鹅事件"加剧了世界发展的不确定性，人们对未来充满迷茫，悲观主义情绪正在蔓延。

而对于你们，富爸爸广大的中国读者来说，除了受世界经济的影响，还要面对国内经济转型的阵痛，这个过程艰苦而漫长。当然，为了成就这种时代的美好，你必须坚持正确的选择，拥有前进的智慧和勇气。这就需要你努力学习。此次修订除了对原来内容的更新，还增加了许多全新的小版块。这些小版块贯穿全书，可以看作是穿越时光的透视镜，它们从今天回望

1997年这本书诞生的时候，用今天的形势来印证富爸爸当初的理念。

最后，我还是要说，任何人都能成功，只要你选择这么做！

罗伯特·清崎

2017年6月

出版人的话

转眼间,"富爸爸"问世已20年,与中国读者相伴也已17余年。在中国经济和社会蓬勃发展的17余年间,"富爸爸"系列丛书的出版影响了千千万万的中国读者,有超过1000万的读者认识了富爸爸、了解了财商。在"富爸爸"的忠实读者中,既有在餐厅打工的服务员,也有执教讲堂的大学教授;既有满怀创业梦想的年轻人,也有安享晚年的退休人士。"富爸爸"的读者群体之广、之大,是我们不曾预料到的。

作为一套在中国风靡大江南北、引领国人创业创富的财商智慧丛书,"富爸爸"系列伴随和见证了千万读者的创富经历和成长历程,他们通过学习财商,已然成为中国的"富爸爸",这也是我们修订此书的动力。十几年来,"富爸爸"系列也在不断地增加新的"家族成员",新书的内容也越来越贴合当下经济的快速发展以及国内风起云涌的经济大潮,我们也在十几年的财商教育过程中摸索出了一套适合国内大众群体的"MBW"财商理论体系,即从创富动机、创富行为习惯、创富路径三方面培养学员的财商,增强大家和财富打交道的积极意识,提高抗风险的能力。

曾有一位来自深圳的学员告诉我,他当年就是因为读了《富爸爸穷爸爸》一书,并通过系统的财商训练,才在事业上取得了巨大的成功。难能可贵的是,成功后的他并没有独享财富,而是将自己致富的秘诀——"富爸爸"财商理念分享给了更多想要创业、想要致富、想要成功的人。

在"富爸爸"的忠实读者群中,类似的成功故事还有很多很多。在"富爸爸"的影响下,每一位创富的读者都非常乐意向更多的朋友传授自己从财商训练中获得的成功经验。

值此"富爸爸"20周年之际,作者的最新修订版再次契合了时代的发展、读者的需要。在经济金融全球化的发展与危机中,作者总结过去、现在和未来财富的变化与趋势,并重温了富爸爸那些简洁有力的财商智慧,在中华民族伟大复兴的新时代,"富爸爸"系列丛书将结合财商教育培训,为读者带来提高财商的具体办法,以及在中国具体环境下的MBW创富实践理论。丛书的出版公司北京读书人文化艺术有限公司将和相关的财商教育培训机构一起,从图书、财商游戏、财商培训、财商俱乐部等多角度多方面,打造出一个立体的"富爸爸",不仅要从财商理念上引导中国读者,更要在实践中帮助中国读者真正实现财务自由。读者和创业者可以通过登录官方网站:www.readers.com.cn及www.fubaba.com,或关注读书人俱乐部微信,来了解更多有关"富爸爸"系列丛书和财商培训的信息。

正如富爸爸在书中所说,世界变了,金钱游戏的规则也变了。对于读者和创富者来说,也要应时而变,理解金钱的语言、学会金钱的游戏。只有这样,你才能玩转金钱游戏,实现财务自由。

汤小明
2017年4月

读书人俱乐部

目 录

致谢 /1

作者序　我为什么写这本书 /3

第一部分　阴谋

第1章　奥巴马真能救世吗 /26

第2章　对教育的阴谋 /48

第3章　与金钱有关的阴谋：银行永远不会破产 /68

第4章　对财富的阴谋 /88

第5章　对财商的阴谋 /108

第二部分　反击

第6章　认清现实 /139

第7章　你的游戏叫什么名字 /161

第8章　印自己的钞票 /186

第9章　成功的秘密：卖出 /206

第 10 章　为未来储备 /228

第 11 章　财商教育：不公平的优势 /253

第 12 章　如果我来办学校 /277

结束语 /312

致读者 /315

富人的阴谋　特别赠送 Q&A/318

关于作者 /324

致 谢

我的富爸爸常说:"经商和投资都是团队项目。"写一本书也是一样——特别是像你手里正拿着的这本。是团队合作的力量让《富人的阴谋》创造了历史。这是"富爸爸"系列丛书中第一本真正的互动在线图书,本书也将我带入了一片全新的天地。幸运的是,我拥有一个非常优秀的团队,而且我也常常要依靠他们。我的团队在本书的创作过程中积极参与,他们的发言有时甚至出乎我的意料。

我特别要感谢的是我美丽的夫人——金,感谢她的鼓励和支持。是她陪我走过了我们金融之旅的每一步,不论顺境或是逆境。她一直是我的搭档,也是我成功的动力。

感谢 Elevate 咨询公司的杰克·约翰逊对于本书的体系建构和我的一些想法上的帮助。正是在他的鼎力协助下,这本书才由构想变成了现实。在此,我还要感谢我的编辑们——桦榭出版集团的里克·沃尔夫和莉亚·特拉克萨斯。感谢他们为这个项目的成功而付出的孜孜不倦的努力,感谢他们如此尽心尽力。

我还要特别感谢来自富爸爸公司的朗达·申克里克和来自 Metaphour 公司的蕾切尔·皮尔森。感谢他们为本书的推广所做出的不懈努力和他们一直以来为本书专门打造顶级网站所付出的辛劳。

非常感谢每日奋战在"富爸爸"战壕的全体成员们,谢谢你们锲而不舍地陪伴着金和我,与我们同甘共苦。你们是这个团队的心脏。

作者序
——我为什么写这本书

1971年，尼克松总统在未经国会通过的情况下，取消了美元的金本位制，从而改变了货币的规则——不仅改变了美国，也改变了世界的货币规则。在一系列引发2007年金融危机的改变中，这仅仅是其中之一。实际上，这一改变允许美国几乎可以无限量地印发货币，并使美国可以依其意愿创造尽可能多的债务。

当前的经济危机只是一次意外吗？只是一次独立事件吗？有些人说是。而我却要说，并非如此。

当权者能解决这场经济危机吗？许多人都期望如此，但我还是要说不。造成这次危机并从中获利的这些人和机构仍掌管着控制大权，你怎么能指望他们解决这个危机呢？事实是，危机在不断地扩大，并没有像人们所希望的那样日益减弱。在19世纪80年代，政府纾困计划的金额是数百万美元。到了20世纪90年代，纾困计划的额度是数十亿美元。而今天，这个数字涨到了数万亿美元。

对于危机的定义，我个人认可的一个说法是"呼之欲出的变革"。我们的领导人不会作出改变，这意味着必须作出改变的是你我。

本书的确是在讲述一个阴谋，但本书的初衷并不是要责难某人、推责诿过，或是号召员工辞职。众所周知，这个世界充满了阴谋，有些阴谋是无害的但有些却非常阴险。就像是一支球队在中场休息时进入更衣室，密谋针对对方球队的阴谋。哪里存在私利，哪里就有阴谋。

本书之所以叫《富人的阴谋》，是因为它讲述的是富人如何通过银行、政府和金融市场来控制世界经济。如你所知，上述情形已经持续了几个世纪，并且只要人类仍在地球上生存，它还会一直持续下去。

本书分为两个部分。第一部分讲述了这个阴谋的历史和超级富豪们是如何通过货币供给来控制全球金融和政治体制的。现代金融史主要是围绕着美国联邦储备系统（其实它并非属于联邦政府，也没有什么储备，甚至并不是银行）和美国财政部的关系而展开的。本书第一部分的内容包括：为什么大型银行永远不会破产？为什么我们目前的教育体制中没有财商教育？为什么存钱是愚蠢的？随着时间的推移，为何金钱与我们的生活越来越息息相关？为什么今天的金钱已不再是金钱，而只是通货……第一部分还解释了，美国国会为何会在1974年改变雇员守则，从而促使职员通过401（K）计划[①]等工具将他们的退休金计划投入到股市当中，尽管这些职员并没有受过多少财商教育。这就是超级富豪如何通过退休金计划将我们的钱弄到手的。我宁愿把自己的钱留给自己而不是给那些超级富豪们，正是他们操纵着政府完成了这个

---

① 401（K）计划是指美国1978年《国内税收法》第401条K项的规定，该条款适用于私人公司，为雇主和雇员的养老金存款提供税收方面的优惠。——编者注

阴谋。

简言之，本书的第一部分讲的是历史。因为只有了解历史，我们才有可能为实现光明的未来做好准备。

本书的第二部分将告诉读者，现在你和我应该如何处置我们的金钱——在阴谋家的游戏中将他们击败。你将会明白在富人越来越富的同时，他们却还在要求其他人过着量入为出的生活。简单地说，富人越来越有钱是因为他们生活在完全不同的规则中。辛勤工作、存钱、买房子、远离债务，投资长期股票、债券和共同基金的多样化组合——这些旧规则使得人们挣扎在财务困境中难以脱身。这些旧的金钱规则已经导致数百万的人们陷入财务危机，导致这些人在房子和退休金计划中蒙受了巨大的损失。

归根结底，本书揭露的就是使人们难以致富的4个因素：

- 税收
- 债务
- 通货膨胀
- 退休金

一直以来，阴谋家们就是利用这些手段来获取你的金钱。他们之所以能这么做，就是因为他们遵循的是另一套规则，他们知道如何利用一些手段来增加自己的财富——而同样的手段却使其他人变穷。如果你想在经济上有所改变，你需要改变自己的财务规则。要做到这一点，你必须通过财商教育来提高你的财商。获得财商教育正是富人享有的不公平的优势。我的富爸爸教会我什么是金钱和如何运作金钱，给了我这种不公平的优势。我的富爸爸教给了我关于税收、债务、通货膨胀和退休金方面的知识,以及如何利用这些知识使其对自己有利。因而,我在年轻时就明白了富人的金钱游戏。

读完这本书你就会明白,为什么在今天,当许多人都在为他们的财务未来而担忧时,富人却越来越有钱。更重要的是,你将会知道该如何为自己的财务未来做准备,并很好地保护它。通过增强财商教育和改变你的金钱规则,你就能学会如何利用税收、债务、通货膨胀和退休金这些手段并从中获利——而不是成为它们的牺牲品。

很多人正在等待全球政治和金融体制发生变化。在我看来,这简直就是浪费时间。与其等待领导人和体制作出改变,我认为改变自己要更容易些。

你准备好掌握自己的金钱和财务未来了吗?你想知道那些掌控金融世界的人们不想让你知道的东西吗?你想将复杂且令人困惑的金融概念变得简单易懂吗?如果你对上述问题的答案都是肯定的,本书就是你的最佳选择。

1971年,在尼克松总统让美元脱离金本位之时,金钱的规则就改变了。而今天,金钱已不再是金钱。因而金钱新规则的第一条便是:知识就是金钱。

本书正是写给那些想增加财务知识的人们,因为是时候开始掌握自己的金钱和财务未来了。

来自富爸爸公司的下载赠送
请见罗伯特·清崎的独家视频
网址:www.richdad.com/conspiracy-of-the-rich.

第一部分

阴谋

万恶之源

万恶之源是对金钱的热衷，还是对金钱的无知？

你在学校学过多少有关金钱的知识？你可曾想过，为什么我们的教育体系并没有教给我们多少——甚至可以说没有——关于金钱的知识？财商教育的缺乏仅仅是教育者的一时疏忽吗？还是因为这只是某个更大的阴谋的一部分？

无论你是富有还是贫穷，是受过教育还是目不识丁，是儿童还是成人，是退休还是在职，你都要用钱。不管你喜欢与否，承认与否，金钱对我们的世界有着巨大的影响。在教育体系中，漏掉金钱这门课是极其残忍和不合情理的。

读者评论

如果我们的国家还不能觉醒，开始承担起将金钱教育纳入教育体系，教育我们的下一代的责任，我们就会像身处于即将失事的列车中那样，等待灾难的到来。

——凯瑟琳·摩根

> 我在佛罗里达州和俄克拉何马州读的初中和高中。我没有接受过任何财商教育，最后不得不做了木匠和钣金工人。
>
> ——韦恩·波特

改变金钱的规则

1971年，尼克松总统改变了货币的规则。在未经国会通过的情况下，他切断了美元与黄金的联系。在缅因州米诺特岛上秘密举行的为期两天的会议上，他没有征求美国国务院或国际货币体系机构的意见，单方面作出了这个决定。

尼克松总统之所以要改变货币规则，是因为当时的美国财政部开始依靠印钞来偿还债务，债权国的疑心越来越重，对美元越来越不信任，因而开始一分不少的将美元兑换成黄金，继而掏空了美国大部分的黄金储备。当时，美国政府为了支持越南战争昂贵的军费开支，入不敷出，国库严重亏空。另外，随着经济的增长，美国也需要进口越来越多的石油。

美国正一天天逼近破产边缘。我们的花费超出了我们的收入，美国付不起账了——如果还是坚持用黄金埋单的话。把美元从与黄金挂钩中解脱出来，让美元不再合法的直接兑换黄金，尼克松为美国找到了一条还债的出路。

1971年，由于世界货币体系发生了改变，历史上最大的经济繁荣开始了。这次繁荣在滥发货币的过程中持续着，这些滥发的货币背后没有任何支持，除了美国纳税人为美国债务埋单的承诺。

由于尼克松对货币规则的改变，通货膨胀开始了。闹剧拉开了序幕,每10年就有大量的钞票被印刷出来,美元随之贬值,物价和资产价格应声而上。由于房价的攀升,连美国的中产阶层都摇身变成了百万富翁。货币流通顺畅无阻,美国人不断收到银行寄来的信用卡。人们把自己的住所当做提款机,用来支付信用卡的账单。总之,房价会不断地上涨。事实真是这样吗?

人们被贪婪的欲望和放松的信贷遮住了双眼,很多人忽略了甚至根本看不见这个系统制造出来的可怕的后果。

2007年,一个新兴词汇悄然进入了我们的词汇表:次级借款人,它指的是靠次级贷款购置房产的借款人,这些人原本无力购房,信用级别也较低。刚开始,人们觉得次级借款人的问题仅仅涉及穷人,局限于那些没有理财头脑又成天梦想能拥有自己的家的笨蛋。或者这个问题仅仅涉及那些试图一夜暴富的投机者。就连美国共和党总统候选人约翰·麦凯恩在2008年年末的时候都没把这场危机当回事儿。他还不断向民众保证:"我们经济的根基仍然强劲。"

与此同时,另一个词也在不知不觉中进入我们的日常交谈:纾困,它指的是救助正面临着与次级借款人同样问题的超级银行。这些银行此时巨债缠身,现金不足。随着金融危机的扩散,数千万的人失去了工作、住所、存款、大学基金和他们的养老金。那些暂时还没有蒙受损失的人们也在担心自己很可能是下一个受害者。甚至连一些州政府也感到拮据:加利福尼亚州州长阿诺德·施瓦辛格已开始考虑给政府雇员发放政府借据而不是薪水支票,因为加州——这个世界最大的经济体之一,正濒临破产。

在2009年新年伊始,全世界都把目光投向一个新当选的总统——贝拉克·奥巴马,等待他的救世。

现金抢劫

1983年，我阅读了巴克敏斯特·富勒的《巨人之现金抢劫》（*Grunch of Giant*）一书。书名中有一个合成词：Grunch，它是Gross Universe Cash Heist（全世界现金抢劫）的缩写。这本书讲的是这么多世纪以来，巨富和超级强权是如何掠夺和剥削普通人的。简言之，它讲的就是富人的阴谋。

《巨人之现金抢劫》从几千年前的国王和皇后时代开始讲起，一直说到当代。书中解释了超级富豪和超级强权是如何长期把持对民众的控制。书中还说明了现在的银行抢劫犯已经不再带着面罩以掩人耳目，而是穿西装、打领带，有着傲人的学位。他们从银行内部抢劫，而非外部。当年我在读这本书的时候，我就预计到这场金融危机的到来——我只是无法预计这场危机到来的确切时间。我的投资和企业之所以能在危机中屹立不倒，一个原因就是我读了《巨人之现金抢劫》这本书。它使我有意识地针对这次危机进行了防备。

撰写关于阴谋论书籍的作者通常都很出世。虽然思想超前，但巴克敏斯特·富勒博士却绝不是这样的人。他曾就读哈佛大学，虽然没读完，但他的事业却干得很不错（就像另一个鼎鼎大名的哈佛退学生——比尔·盖茨一样）。美国建筑师协会将富勒誉为全美最伟大的建筑师和设计师之一。富勒拥有大量以他名字命名的专利，他被认为是最具功勋的美国人之一。同时，他还是受人尊敬的未来主义者。在他的影响下，约翰·丹佛在歌词中说他是"未来的祖父"，这首歌的名字是《一个人究竟可以做什么》。富勒很早就是一位环保主义者，早到大多数人都还不知道这个词的含义之时。但是，使富勒备受尊敬的最重要的原因是：他发挥了自己天才般的智慧，使这个世界上的每一个人受益，而不只是使自己变得有钱、有权势。

我在读《巨人之现金抢劫》这本书之前，曾拜读过不少富勒博士的作品。他之前的绝大部分作品都是关于数学和科学的，那些书大大超出我的理解能力。而这本《巨人之现金抢劫》我可以看懂。

这本书中的观点印证了我的很多难以言表的怀疑，如怀疑这个世界到底是如何运作的。我渐渐明白，为什么我们不在学校教小孩子关于金钱的知识。我也明白了为什么我会被送往越南，去打那场根本不应该打的仗。道理简单至极——战争能够带来利益。很多时候，发动战争并非源于爱国，而仅仅是由于贪婪。我在军队待了9年，4年时间在联邦军事学院，5年时间担任海军陆战队飞行员，两次被派往越南。我完全赞同富勒博士的观点。我从自己的亲身经历中体会到，为什么他会将美国中央情报局（CIA）称为资本主义看不见的军队（Capitalism's Invisible Army）。

最重要的是，《巨人之现金抢劫》唤醒了我身体里的求知欲。我生平第一次如此想要学一门课，弄清楚富人和强权是如何剥削大众的——并且是合法的剥削。所以，从1983年开始，我陆续读了50多本有关这个话题的书籍。每读一本书，我都能找到一条通向真相的线索。而本书将会帮你将这些线索拼在一起，公布最终答案。

阴谋存在吗

阴谋论现在已经不值钱了，我们都听说过各式各样的阴谋论。例如，有关于谁刺杀了林肯总统和肯尼迪总统的阴谋论，也有关于谁杀死了马丁·路德·金博士的阴谋论，还有关于"9·11"事件的阴谋论。这些阴谋理论无穷无尽。但理论终究是理论，是基于怀疑和还没有解答的问题。

我写这本书的目的并不是要向你推销另一个阴谋论。我的研究证明，从古至今，富人的阴谋层出不穷，而且未来还会有更多的阴谋。只要牵扯到利害攸关的金钱和权力，阴谋就存在。金钱和权力总能驱使人们腐败和犯罪。比如，2008年，伯纳德·麦道夫被指控制造"庞氏骗局"①，诈骗了500亿美元资金。被骗的这些资金不仅来自有钱人，还来自学校、慈善组织和养老基金。麦道夫曾经是受人尊敬的纳斯达克董事会主席，他其实已经很有钱了，但他却从那些非常聪明的人和信誉良好的机构那里骗钱长达数十年，靠的就是他玩转金融市场的能力。

金钱腐败与权力腐败的另一个例子就是：花费超过5亿美元来竞选美国总统，一个年薪只有40万美元的职位。如此昂贵的竞选对美国完全是无益的。

这其中有阴谋吗？我相信，在某种程度上是有的。但问题在于，有又怎样？你我又能做些什么呢？酿成2007年金融危机的罪

---

① 该骗局源自于一个名叫查尔斯·庞齐的意大利人。它是指以高资金回报率为许诺，骗取投资者投资，用后来投资者的投资去偿付前期投资者的一种诈骗的行为。——编者注

魁祸首们大多都已离开人世，只是其作品常留人间。与死去的人争论，有什么意义呢？

无论阴谋存在与否，但确实存在某些情况和事件，它们在以一种深远却又看不见的方式影响着你的生活。让我们来看看财商教育吧。我常惊异于现代教育体系中财商教育的缺失。现在的教育顶多会教孩子们如何平衡支票簿，在股市中投机，把钱存入银行和投资长期的养老计划。换句话说，他们是在教孩子把钱送给富人，而富人却只考虑最大化自己的利益。

每一次，当教育者打着财商教育的招牌，请来一位银行家或金融理财师来到课堂，他们实际上是在引狼入室。我并不是说银行家和金融理财师是坏人，我只想说他们是富人和强权的代理人。他们来到课堂并不是为了教育学生而是为了招揽未来的客户。这就是为什么他们一遍又一遍地说服你把钱存进银行或者购买共同基金。这对银行有利，对你却无益。我再一次重申，这种校园宣传并没什么不好，它对银行的经营相当有利。这和我在高中时，陆军和海军陆战队常到校园来，以为美国服务为荣来吸引我们参军没有任何区别。金融危机产生的一个原因就是，大多数人根本分不清正确和错误的理财建议，也无从判断谁是正经的金融理财顾问，谁是金融骗子。大多数人不知道什么是正确的投资。他们努力求学，然后找到一份不错的工作，努力挣钱，纳税，买房子，存钱，然后把余下的钱一分不剩地交给了一个金融理财师——或者说金融专家，如麦道夫先生。

大多数人从学校毕业时都分不清债券与股票，债务和权益有什么区别。很少有人知道优先股为什么"优先"，共同基金又为什么"共同"，或者共同基金、对冲基金、交易所交易基金和组合基金到底有什么不同。很多人以为债务是不好的，但其实债务可以使你变得富有。债务可以提高你的投资回报率，如果你知道自己在做什么的话。只有少数人知道资本利得与现金流的区别以及它们中哪一个投资风险更高。大多数人都在盲目接受一种观念：去学校上学然后找一份好工作。但是他们却永远不知道，为什么员工要比企业家们支付更高的所得税率。今天，有很多人陷入经济困境，原因就在于他们认为房子是一项资产，而实际上那却是一项实实在在的负债。这些都是最基本最简单的金融概念。但是出于某些原因，我们的学校轻易地省略了这门获得成功人生的必修课——关于金钱的课程。

1903年，约翰·戴维森·洛克菲勒创设了"普通教育委员会"。该委员会似乎是为了向社会提供持续稳定的雇员——永远缺钱，永远需要一份工作和就业保障的雇员。有证据表明，洛克菲勒在一定程度上受到了普鲁士教育体制的影响。普鲁士教育体制设计的初衷就是为了生产听话的雇员和士兵，他们会忠实地执行诸如"不完成就开除"或"把你的钱交给我来保管，我会代你投资"这样的命令。无论这是否是洛克菲勒创设普通教育委员会的初衷，但从今天的结果来看，就连那些受过良好教育，有着稳定工作的人们也在经济上缺乏安全感。

如果没有受过基本的财商教育，长期的经济保障几乎是无稽之谈。2008年，数百万生于婴儿潮时期的美国人正在以每天万人次的速度退休，这些人指望政府为他们提供经济和医疗方面的照顾。而今，很多人终于认识到，稳定的工作并不能带给他们长期的经济保障。

1913年，美国联邦储备系统成立了，尽管制定美国宪法的开国元勋们都反对由一个国家银行来操控货币供给。没受过正规财商教育的人们不知道的是，美联储并不是美国联邦的，也并没有储备，而且根本就不是银行，却在行使着中央银行的职责。从美联储创设伊始，关于金钱就拥有两套规则：一套是写给为挣钱而工作的人们，另一套则是写给那些印钞票的富人。

1971年，当尼克松总统让美元脱离金本位时，富人的阴谋就已经完成。1974年，美国国会通过了《雇员退休收入保障法案》（ERISA），从而有了退休储蓄机制——401（K）计划。这项法案有效地迫使数百万的员工放弃一直享有的、由雇主提供的、固定福利模式(DB)的养老金方案，而必须接受固定缴款模式(DC)的养老金方案，把他们的退休金全部投入股市和共同基金。如今，华尔街一手掌控着所有美国公民的退休金。金钱的规则被彻底改变了，并且向富人和权力严重倾斜。世界历史上最大的经济繁荣开始了，而在2009年，这个繁荣破灭了。

读者评论

我记得，当我们的货币不再以黄金为支持时，通胀开始变得疯狂。当时我只有十几岁，并且有了第一份工作。我需要自己挣钱来买生活必需品。金价飞涨，而父母的薪水却没涨。

大人们成天讨论着这一切究竟是怎么回事。他们觉得我们的经济体系会就此衰落。这个过程需要一些时间，而如今，我们看到了。

——Cagosnell

我能做什么

我已经说过，富人的阴谋蕴含两套关于金钱的法则：旧的金钱规则和新的金钱规则。一套是为富人设计的，另一套则是留给普通人的。在这场金融危机中，最发愁的就是那些谨遵旧的金钱规则的人。如果你想对自己的未来更有把握，那么你必须要懂得这套新的金钱规则——8条金钱新规则。本书将让你了解这些规则，并教会你如何让这些新规则为你所用。

先看看下面这两个例子，以对比金钱的旧规则和新规则。

旧规则：存钱

1971年以后，美元便不再是金钱，而是一种通货（这点我在《富爸爸提高你的财商》一书中写过）。其结果便是：存钱的人成了受损失的人。美国政府允许美国以比存款增速还快的速度印发钞票。当银行家们在狂喊复利的好处时，却没有一并告知民众，通胀也是在以复利计算的——或者说，在现在的危机中以复利计算的通缩。通胀和通缩均源于政府和银行试图通过凭空印钞和放贷来操控经济。所谓凭空，确切地说，就是美元并没有任何的价值支撑，除了美国的"十足信用担保"。

多少年来，全世界的人们都深信美国国债是世界上最安全的投资。多少年来，储蓄者们尽职尽责地购买美国国债，并认为这是最明智的选择。从2009年年初开始，美国国债的利率已经不足3%。对我而言，这就等于世界上有太多滥发的货币，存钱就等于损失。而且，在2009年，美国国债很可能是所有投资中风险最高的。

如果你不明白我为什么这么说，不用着急，大多数人都不明白为什么。这也正是在我们的教育体系中财商教育（已缺失的）是如此重要的原因。接下来，我会就金钱、债券和债务等话题进行详尽的讲解——绝不像你高中学的经济学课那样。无论如何你都应该知道，曾经最安全的投资——美国国债，现在成了最危险的投资。

新规则：花钱，别存

现在，大多数人都在花大量的时间去学习如何挣钱。他们求学是为了得到一份收入不菲的工作，然后尽可能把多年工作赚的钱存起来。在新规则中，知道如何花钱比只知道挣钱和存钱更重要。换句话说，会聪明地花钱的人永远比精明地存钱的人更成功。

当然，我所说的花钱指的是投资或者把钱换成价值持久的资产。富人们懂得，在今天的经济里，把钱藏在床垫下是不可能变得富有的——更别提把钱存银行了。他们知道，通向财富的秘籍是投资，投资能带来现金流充裕的资产。今天，你必须知道怎么把钱花在能保值的资产上。保值资产不仅能带来收入，还能根据通胀进行调整，是价值上调——而不是下调。本书接下来将会更详细地阐述这一点。

旧规则：多样化投资

旧规则中的多样化投资要你各买一些股票、债券和共同基金。但是，当股市重挫 30% 的时候，多样化投资并不能保护投资者的资金免受损失。我惊讶于那些歌颂多样化投资，被称做"投资大师"的人们，在股市大跌时却开始大喊："卖出！卖出！卖出！"若是多样化投资能够保护你，那为什么又要在接近市场底谷时突然把投资都卖掉？

正如沃伦·巴菲特所说："广泛的多样化投资只适合于那些不知道自己在做什么的投资者。"最终，多样化投资顶多是一个零和游戏[①]。如果你平均地进行分散投资，当一个资产组合行情下跌时，另一个可能上涨。你在一个地方遭受的损失，在另一个地方又补了回来。综合来看，你其实并没有获得收益。你的收益是停滞的，但同时，通货膨胀——本书将会详细介绍的一个话题，却正在大步前进。

放弃多样化投资，聪明的投资者会选择有重点的专门化投资。他们会去了解所投资的种类，探究和调查某个行业或公司的业绩比同行好的原因。举例来说，同样是投资房地产，有的人会专门投资未开发的土地，有的人会投资公寓大楼。虽然都是投资房地产，他们投资的却是完全不同的商业类别。在买股票时，我会选择可以获得稳定分红（现金流）的公司。举例来说，现在，我正在对一些经营输油管道的公司进行投资。在2008年股市暴跌以后，这些公司的股票市值遭重创，这使得现金流分红的价值凸现。换句话说，市场不好的时候往往能为投资者提供极大的机遇，如果你知道应该去投资什么的话。

聪明的投资者懂得投资一个能适应经济起伏波动的行业，或投资能带来充裕现金流的资产，这比投资一个包含股票、债券和

[①] 零和游戏英文为"zero-sum game"，又称"零和博弈"。该词源于博弈论，是指在一项游戏中，参加者有输有赢，赢家所得正好是输家所失，总成绩永远为零，这就叫"零和"。——编者注

共同基金的多样化投资组合要好得多。因为，多样化的投资组合在市场崩盘时同样难逃厄运。

新规则：控制和集中投资

不要分散投资，掌控自己的钱并集中你的投资。在此次金融危机中，我的投资也受到了一些冲击，但我的财富毫发未损。因为我的财富并不因市值的波动（又称：资本利得）而起伏。我基本上都是在为现金流而投资。

比如说，当油价下跌时，我的现金流下降了一点，但我的财富还是牢固的，每季度我仍然能收到寄来的支票。尽管石油股的价格、资本利得均有所下降，但我并不担心，因为我仍然能从我的投资中获得现金流。我并不需要为了出售股票以实现利润而担心。

我在房地产上的大部分投资也是一样。我投资于房地产的现金流，也就是说，我每月都能收到支票——被动收入[①]。房地产投资中受到损失的人都是投资房地产的资本利得，亦称速买速卖。换句话说，由于大多数人都是为了资本利得投资，他们指望自己的股票和房屋的价格能上涨，这导致他们在经济危机中损失惨重。

小的时候，富爸爸会带着他的儿子还有我一块儿一遍又一遍地玩"大富翁"。在游戏中，我学会了现金流和资本利得的区别。比如说，如果我拥有一块土地，并在这块土地上盖了一间绿房子，我便能获得每月10美元的租金。如果我在这块土地上盖了3幢房子，我便可以获得每月50美元的租金。我的终极目标是：能

[①] 英文为"Passive Income"，即不需要花费多少时间和精力，就可以自动获得的收入。被动收入是获得财务自由和提前退休的必要前提。——编者注

在这块土地上盖一家红色的酒店。想要在"大富翁"中获胜,你就必须投资现金流——而非资本利得。我在9岁的时候明白了现金流和资本利得的区别,是我的富爸爸教会我最重要的一课。换句话说,财商教育可以像游戏一样简单有趣,同时又可以为一代又一代人提供财务保障——即使是在金融危机中。

现在,我并不需要就业保障,因为我有了财务保障。财务保障和财务恐慌的不同,与资本利得和现金流的不同相似。但问题是,投资现金流需要的财商比投资资本利得更高。如何更聪明地投资现金流?本书将为你提供详细的讲解。但是现在,你只需要记住一点:在金融危机中投资现金流更容易。所以,不要把头埋在沙子里,而错失一个良好的机遇!危机持续的时间越久,有些人就会变得越有钱。我希望你也能成为其中的一员。

今天,新规则之一就是:集中你的注意力和金钱,而不是分散。集中投资于现金流而不是资本利得很有必要,因为只要懂得如何掌控现金流,你的资本利得就会随之上升,财务保障也会上升。你甚至可以由此致富。这是"大富翁"游戏教给我们的基本财商教育,而我的财商教育游戏——"现金流"游戏则是现实版的"大富翁"。

这些新规则,如学习花钱而不是存钱、集中投资而非分散,只是本书众多概念中的两个。这两个新规则还会在以后的章节中更详细地阐述。本书将会使你更清楚地认识到你对自己的金融前景的控制力,如果你受到了正确的财商教育的话。

我们的教育体制辜负了几百万人——即便是受过良好教育的人。有证据表明:我们的金融体系已经对你和其他人设下了阴谋。但这种阴谋已经成为古老的历史。现在,你掌控着自己的未来,是时候对自己进行教育了——教会自己金钱的新规则。这么一来,你将掌握自己的命运,并且掌管着新规则下金钱游戏的钥匙。

读者评论

我相信,大多数读者都在找寻解决问题的仙丹。因为这正是当今美国社会的思维定势,社会上充斥着获得即时满足的渴望。我认为你做得很好,让人们知道这并不是一本魔法书。在探讨金钱的新规则时,你重塑了人们的思想和思维方式,你写得太棒了!

——apcordov

我的承诺

在尼克松总统于1971年改变了货币规则之后,钱的问题一下子变得非常混乱。对于最诚实的人们来说,有关钱的一切并没有多大意义。事实上,你越诚实,越努力工作,这些新规则对你来说就越没有用。比如说,新规则允许富人给自己印钞票。但如果你也这么做,就会被送进监狱,罪名是:伪造货币罪。在本书里,我将向你讲述,我是怎么给自己印钱的——合法地印钱。给自己印钞票是真正的有钱人最大的秘密之一。

我对你的承诺是:我会竭尽全力使我的解释尽可能的简单易懂。我会尽可能地使用日常生活用语来解释复杂的金融术语。举例来说,造成此次金融危机的一个原因就是被称为"金融衍生品"的金融工具。沃伦·巴菲特曾经将金融衍生品比喻为"大规模杀伤性武器",他的比喻如今成为了现实。金融衍生品的确将世界上最大的银行撂倒了。

但是,知道金融衍生品到底是什么玩意的人却少之又少。简单地说,我用橙子和橙汁的例子来解释金融衍生品。橙汁就是橙子的一个衍生品——就像汽油是石油的衍生品,又或像鸡蛋是鸡的衍生品一样。就这么简单:如果你买一所房子,那么房屋抵押贷款就是你和你买的房子的衍生品。

我们陷入金融危机的一大原因就是:全世界的银行家们都在不停地从衍生品中创造新的衍生品,接着再创造新的衍生品……这些新式的金融衍生品有着各种新奇的名字,如债务抵押证券、高收益公司债券(又称:垃圾债券)、信用违约掉期。在这本书中,我将尽可能用日常生活用语来定义这些金融词汇。要记住,金融行业的一个目标就是迷惑人们。

多层次的金融衍生品几乎就是最高级的合法欺诈。这就像是一个人用一张信用卡给另一张信用卡还钱,用现有的房屋融资再获得新贷款,为信用卡还钱,然后再继续刷信用卡一样。这就是为什么沃伦·巴菲特要将金融衍生品称为大规模杀伤性武器。多层次的金融衍生品正在摧毁着整个世界的银行体系,就像信用卡和房产抵押贷款正在摧毁着众多家庭一样。信用卡、货币、债务抵押证券、垃圾债券和抵押贷款——它们都是衍生品,只是有着不同的名字罢了。

2007年,当房屋衍生品的价格开始下跌时,世界上最富有的人开始大喊"纾困"!而纾困就是富人要普通纳税人为他们的错误或欺诈来埋单。我的研究表明,纾困是富人阴谋的重要部分。

我坚信,《富爸爸穷爸爸》之所以能成为史上最畅销的个人金融手册，原因之一就是我始终将金融术语进行简化。同样，在这本书里我也会尽我所能。

一位智者曾经说过："简单就是天才。"为了使事情简单明了，我将不会进行烦琐和复杂的解释。我会以现实生活中的故事，而不是专业的解释，来阐明我的观点。如果你想知道更多更深入的细节，我可以为你列一张书单，这些书会将话题阐述得更加深入。比如，富勒博士的《巨人之现金抢劫》就是一本好书。

简单是非常重要的，因为有很多人就是靠将金钱问题说得既复杂又使人迷惑，进而从中获利的。把你弄糊涂了自然就好从你这里挣钱了。

所以，我再问一遍："对金钱的热衷是万恶之源吗？"我说不是。把人们困在对金钱无知的暗层里才更加邪恶。当人们不知道金钱是如何运作时，邪恶便产生了。让民众对金融无知恰恰是富人阴谋的最核心部分。

读者评论

我曾就读于沃顿商学院，但我却要惭愧地说，在我的商学院课程中没有哪门课将财富的创造阐述得如此清晰。每个人从高中起就都应该读读这本书（甚至是罗伯特所有的书）。

——Rromatowski

罗伯特——我要说，是的，对金钱的热衷就是万恶之源，我这么说的理由和你一样。让大众对金钱保持无知就是对金钱热衷的一个"衍生品"。

——Istarcher

第1章
奥巴马真能救世吗

危机时间表

2007年8月,恐慌静静地在全球蔓延。银行系统运转失灵启动了一个危及整个世界经济的多米诺骨牌效应,这一效应一直延续到现在。尽管有着大规模的政府救市计划和7万亿美元至9万亿美元的全球经济刺激计划,但是,诸如花旗集团和通用汽车公司这样的世界顶级大银行和大公司却仍旧摇摆不定、前途未卜。它们的长期生存和发展仍是一个问号。

这次危机不仅威胁到大型跨国公司及跨国银行,而且还危及到众多辛勤劳动着的家庭的安全。数百万的民众照常上学、找工作、买房、存钱、偿还债务、投资股票和债券以及共同基金的多样化组合,而今却身陷财务危机。

在与全美各地的人们交谈时,我发现他们既忧虑又害怕,不少人正在遭受失去工作、家庭、个人存款、孩子的大学储蓄和退休基金的痛苦。很多人不明白美国经济到底发生了什么危机，也不知道发生的危机最终将会对他们自身有什么影响。许多人不知道是什么原因造成了这一危机，他们不断地问："这是谁的责任？谁来解决这个问题？危机何时才会结束？"想到这些，我认为有必要花一点时间重新审视一下导致这场危机的诱发事件。下面是一个简短的也并不全面的时间表，重点讲讲造成当下不稳定的财政状况的一些全球性重大经济事件。

2007 年 8 月 6 日

美国住房抵押贷款投资公司（American Home Mortgage）——美国最大的抵押贷款提供商之一，申请破产保护。

2007 年 8 月 9 日

法国最大的银行——巴黎银行，宣布卷入美国次级抵押贷款问题，并宣布它的资产价值已不足 16 亿欧元。

随着全球信贷市场的紧缩，欧洲中央银行向欧元区银行体系紧急注入了近 950 亿欧元，以刺激贷款和货币流动性。

2007 年 8 月 10 日

一天以后，欧洲中央银行又向全球资本市场注入 610 亿欧元。

2007 年 8 月 13 日

欧洲央行再次注入 476 亿欧元，这已是连续 3 个工作日内的第三次现金注入，3 日内现金注入总计高达 2 040 亿欧元。

2007年9月

北岩抵押银行（Northern Rock）——英国最大的抵押贷款经纪人和最大的个人银行，经历了存款人挤兑。这是一百多年来发生的第一次银行挤兑。

总统竞选升温

随着2007年金融危机在全世界蔓延，美国总统竞选——历史上历时最长和花费最高的政治运动——重振旗鼓。

在竞选初期，尽管有明显迹象表明世界经济已处在崩溃边缘，但主要的总统候选人却很少提及经济问题。相反，竞选的热点话题是伊拉克战争、同性婚姻、堕胎和移民。而当总统候选人谈及经济时，总是心不在焉。（最明显的就是总统候选人麦凯恩在2008年年底的一句名言："我们经济的基本面仍然强劲。"而当天道琼斯指数破纪录地重挫504点。）

在金融危机日益严重的铁证面前，我们的总统在哪里？我们的主要总统候选人和金融界领袖们又在哪里？为什么金融世界的媒体宠儿没有警告投资者快点逃出去？为什么金融专家们仍一个劲地鼓励投资者进行所谓的"长期投资"？为什么我们的政治和金融领袖们迟迟不拉响这次金融风暴的警报？为什么他们甚至都不能智慧一点地站起来说："这就是经济，傻瓜"。引用一句著名的歌词就是，他们是"被炫光蒙蔽了双眼"。从表面上看，一切都还不错，而且正被我们时间表上的下一个事件所证明……

2007 年 10 月 9 日

道琼斯工业平均指数收盘时创下 14 164 点的历史新高。

一年后

2008 年 9 月

小布什总统和美国财政部要求政府提供 7 000 亿美元的援助资金以挽救经济。此时，离欧洲央行向市场注入 2 040 亿欧元才一年多时间，离道琼斯指数创下历史制高点后还不到一年的时间。

有毒的金融衍生品导致了贝尔斯登集团和雷曼兄弟集团的倒闭，以及房利美、房地美和世界最大的保险公司之一——美国国际集团（AIG）的国有化。

此外，美国汽车行业也危机四伏，通用、福特和克莱斯勒纷纷要求政府提供援助资金。美国许多州政府和市政府也在要求资金援助。

2008 年 9 月 29 日

黑色星期一，在小布什总统要求援助资金之后，道琼斯指数重挫 777 点，创造了历史上最大的单日跌幅，当日道琼斯指数收于 10 365 点。

2008 年 10 月 1 日至 10 日

这是有记录以来，史上最糟糕的一段时间。在短短一个多星期内，道琼斯指数下滑了 2 380 点。

2008 年 10 月 13 日

　　道琼斯指数开始了极度波动，它在一天内飙升了 936 点，创下最优点增益纪录，以 9 387 点报收。2008 年 10 月 15 日，道琼斯指数又暴跌 733 点，收盘 8 577 点。

2008 年 10 月 28 日

　　道琼斯指数上涨 889 点，创下历史上最优点增益次高点，收于 9 065 点。

2008 年 11 月 4 日

　　贝拉克·奥巴马当选美国总统，口号是："我们相信变革"。他将接手一个为挽救经济欠下了巨额债务的政府，至本书写作之时，各种形式的债务已高达 7.8 万亿美元。

2008 年 12 月

　　据报道，2008 年 11 月份有 58.4 万个美国人失去了工作，这是自 1974 年 12 月以来最大规模的失业。美国媒体报道称，失业率已升至 15 年来的最高点——6.7%。仅在 2008 年一年，美国就损失了近 200 万个就业机会。此外，有报道说，中国——这个世界上经济增长最快的国家，在 2008 年损失了 670 万个就业机会。这表明，全球经济正遭受着严重的困境，处在崩溃的边缘。

　　经济学家们终于承认，美国经济从 2007 年 12 月开始已陷入衰退。难道经济学家们是在一年以后才意识到这个问题？

　　沃伦·巴菲特——被许多人认为是世界上最聪明的投资者，眼睁睁地看着他的公司——伯克希尔哈撒韦——在一年内失去了

33%的市值。投资者们已经接受了一个事实，那就是只要资金的损失低于市场平均水平，就已经是莫大的安慰。

耶鲁大学和哈佛大学分别宣布，他们的捐赠基金在一年内损失了20%。

通用和克莱斯勒获得了174亿美元的政府贷款。

当时，还未正式就任总统的奥巴马当即宣布，实施一个针对大型基础设施项目的8 000亿美元的经济刺激计划，以缓解美国破纪录的失业状况——而这还是在美国政府已承诺的7.8万亿美元援助款之上追加的。

2008年12月31日

道琼斯指数收于8 776点，相比一年前创造的制高点下降了5 388点。这是道琼斯指数自1931年以来经历的最糟糕的时期，相当于损失了6.9万亿美元。

回到未来

面对势不可当的经济下滑，布什总统强力推行了一项具有里程碑意义的纾困计划，以挽救危机中的经济。他说："这项立法将会保障和稳定美国的金融体系，并将推行永久性的改革，使得这些问题不会再发生。"

许多人因此松了一口气，他们想："政府终究是会救我们的！"可问题是，那些话并不是小布什总统说的，而是他的父亲老布什总统说的。1989年，老布什总统请求政府出资660亿美元挽救美国的储蓄和贷款业（S&L）。但这660亿美元并没能解决问题，储蓄和贷款业还是从人们的视线中消失了。但最重要的是，预计的660亿美元的救援计划最终花了纳税人1 500多亿美元——比最初估计的两倍还多。这些钱都到哪儿去了？

有其父必有其子

在20年后，2008年9月，时任美国总统的小布什请求政府发放7 000亿美元救援款，并许下了相似的承诺："我们将确保，随着时间的推移，危机不会再发生。与此同时，我们得解决这个问题。这就是为什么人们把我送到华盛顿特区。"为什么相隔了将近20年，父亲和儿子在拯救经济时所说的话竟惊人的相似？为什么老布什总统修复系统的承诺最终失败了？

总统的班底

奥巴马总统的主要竞选口号是：我们相信变革。针对这个口号，我们必须提一个问题：为什么奥巴马总统雇用了许多曾在克林顿政府中工作的人？这看似不怎么像变革，倒像是维持现状。

在选举期间，为什么奥巴马要向罗伯特·鲁宾——一个刚从濒临倒闭又接受了约450亿美元救援款的花旗集团辞职的前董事——咨询经济事务？为什么他要任命拉里·萨默斯负责白宫国家经济委员会？又为什么要任命蒂莫西·盖特纳——前纽约联邦储备银行行长，作为他的财政部长？这些人都曾是克林顿经济班子的成员，都曾在废除1933年的《格拉斯—斯蒂格尔法》[①]（该法案禁止商业银行从事投资销售活动）中发挥了作用。而银行出售衍生工具形式的投资品是造成今天这一混乱局面的一个重要原因。

用非常简单的话来说，在20世纪30年代经济大萧条中创设的《格拉斯—斯蒂格尔法》，其目的是使可获得美国联邦储备基金的储蓄银行与不能获得美国联邦储备基金的投资银行分离。克林顿、鲁宾、萨默斯和盖特纳成功地废除了《格拉斯—斯蒂格尔法》，使美国历史上最大的金融超市——花旗集团的成立合法化。许多人并不知道，花旗集团在成立之时，已经违反了《格拉斯—斯蒂格尔法》。

以下是时任美国独立社区银行家协会（美国小银行家协会）总裁的肯尼思·冈瑟于2003年在美国公共广播公司针对花旗集团的成立所作的评论：

> 他们以为自己是谁？其他任何人，任何企业，都不可能这样……花旗银行和旅行者公司规模巨大，所以他们能办得到。他们能够成功地完成最大的金融集团化——银行、保险和证券三者之间最大的金融整合——当法律仍说这是不合法的时候。这项整合在当时的美国总统克林顿、美联储主席格林斯潘以及美国财政部长罗伯特·鲁宾的支持下完成。当这一切都结束的时候，又发生了什么？美国财政部长成了新成立的花旗集团的副总裁。

[①] 该法案于1933年由美国国会通过。法案确立了美国对商业银行与投资银行的划分，结束了30年代以前商业银行与投资银行混业经营的历史，建立了分业经营基础上的商业银行体系。——编者注

最能说明问题的是最后一句话:"财政部长(罗伯特·鲁宾)成为新兴的花旗集团的副总裁。"正如我们刚刚所讨论的,鲁宾是奥巴马总统竞选活动的顾问。

奥巴马总统的现任财政部长是蒂莫西·盖特纳。他曾于1998年至2001年担任美国财政部副部长。而当时的财政部长则是鲁宾和萨默斯。萨默斯是盖特纳的导师,许多人称盖特纳是罗伯特·鲁宾的门徒。噢!这关系可真够复杂的。

换言之,这些人对这场金融危机的爆发都负有部分责任。正是这些人允许储蓄银行与投资银行相结合。这些家伙加速了被巴菲特称为"大规模杀伤性武器"的金融衍生产品的销售,而恰恰是这些金融衍生产品使全球经济陷入疲弱。现在,使这次金融混乱扩大化的那一批人仍控制权力并担任政府要职。变革从何谈起呢?奥巴马总统承诺的变革又作何解释?

共和党人、民主党人和银行家

老布什总统和小布什总统曾经不谋而合地说过一句话——纾困将拯救经济,使危机从此不再来袭。前后两位总统出此言论的原因之一就是,他们当总统是为了维护这个系统,而不是改善它。奥巴马总统从克林顿政府的财务团队中挑人,这是否意味着他也对维护同一系统——一个专使富人更富的系统——感兴趣?这个问题只有靠时间来回答。虽然,奥巴马为自己在总统竞选中不接受游说人士的政治献金而感到自豪。但事实上,奥巴马政府的财务团队聚集了一批造成此次危机的内幕人士,而且他们现在正掌握并操纵着权力。

在2008年总统竞选初期，只有一位候选人一直在坚持强调经济状况和不断增长的金融危机。他就是得克萨斯州候选人罗恩·保罗，一个特立独行的真正的共和党人。2008年3月4日，他在福布斯网站上写道，"除非我们进行根本性的改革，否则我们伟大的国家将会遭受金融风暴的重创，其严重程度是任何一个敌人都无法造成的"。很不幸，大多选民都忽略了他和他的忠告。

读者评论

我支持奥巴马是因为我相信，他是一个真诚的、富有同情心的领袖。可是，无论他有多么聪明，或与他一起工作的人有多聪明，他们的财商都不高。你——罗伯特，使我看到这个国家财商教育的稀缺！我担心的是那些管理者们本身都不见得有多高的财商。

——virtualdeb

看来，奥巴马总统和他的团队更注重短期的"创可贴"战术，而不是长期的战略目标。迄今为止，新政府采取的所有"行动"都是在堵堤坝上的漏洞，使其能得到加固。似乎没人愿意去重视导致此次金融危机的基本根源，以及设法改变这些根源性的缺陷。

——egrannan

危机的根源

据说，欧洲最有权势的银行世家创始人梅耶·阿姆斯柴尔·罗斯柴尔德曾说："只要能让我控制一个国家的货币供给，我才不在乎由谁制定法律。"要了解今天的金融危机，就必须了解美国政府、美国联邦储备系统和全球顶级富豪三者之间的关系。这种关系可以用下图简练地描绘出来：

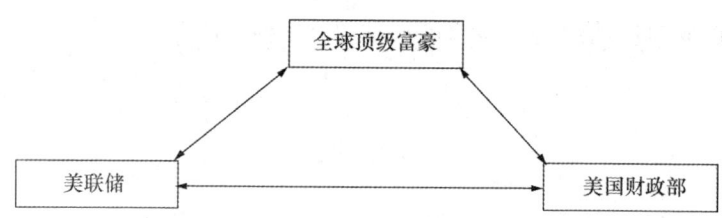

1913年，美国联邦储备体系的建立给予了全球超级富豪操纵美国货币供给的权力，验证了罗斯柴尔德的观点。许多人并不知道或不了解，美国联邦储备系统不是一个政府机构或银行，也没有任何储备。相反，它是一个由一些在金融世界里极有权势的人操纵的银行业卡特尔（垄断组织）。美联储的创建基本上就是一个印发钞票的许可证。

美国联邦储备系统创建的另一个原因是：通过维持银行系统的稳定，保护陷入财务危机的大型银行，使其免于破产。这是在保护富人的财富，而非纳税人的。

直到今天，我们都还能看到美联储的这些作用。2008年，小布什总统签发了7 000亿美元的援助资金。曾供职于高盛公司的财政部长保尔森与美联储通力合作，连问都不问，马上就把数十亿美元的不良资产救助计划（TARP）资金交给美国的大银行，都是朋友嘛！

现实情况是，TARP援助资金直接从我们的口袋（纳税人的口袋）转到了金融危机始作俑者——银行和企业的口袋。我们被告知，给银行的这笔钱是政府授权借出去的，但我们的政府不愿或者不能执行这一任务，又或是政府既不愿也不能。

2008年12月中旬，《今日美国》问各大银行，援助资金是如何使用的。曾接受了纳税人250亿美元的摩根大通银行回答说："我们不准备透露给公众。我们拒绝透露。"获得100亿美元的摩根士丹利银行回答说："我们拒绝评论此事。"纽约梅隆银行回答说："我们选择不披露。"银行援助资金的确是政府给富人朋友们的援助，用来弥补他们的失误和掩饰他们明显的欺诈，而不是挽救经济。

事实总会不言自明。《华尔街日报》在2009年1月26日报道的一篇题为《美国各大银行贷款下降》的文章中称："有13家大银行从财政部不良资产救助计划中受益。其中10家银行的未偿贷款余额[①]在2008年的三四季度有所下降，下降总额约为460亿美元。这是《华尔街日报》根据各大银行近期公布的季度报告分析得出的。"这就是各大银行在接受了纳税人的1 480亿美元用来刺激贷款发放的援助款后的表现。

如果奥巴马总统真的希望能在华盛顿作出改变。那么，他需要改变联邦储备系统、美国政府和强权巨富之间的暧昧关系。也许他会。但是，单凭他现在将克林顿总统的财务团队搬到自己的政府这一做法来看，似乎不会有什么改变。他似乎也将延续自伍德罗·威尔逊总统开始的，与历届总统一样的做法——维护这个系统，而不是改变它。

---

① 贷款余额是指：截止到某一日以前，商业银行已经发放的贷款总和。贷款余额是银行的资产指标。——编者注

> **读者评论**
>
> 我必须说，读了第1章，让我眼界大开。我只有23岁，从未完全理解联邦储备系统到底是什么，以及它为我们的国家做了什么。我不得不说，对于你在文中揭露的事实，我也深有同感。我真的很感激，你一直都那么诚实，从不畏惧将许多事情的本质揭示出来。然而，真正可悲的是，尽管纳税人受到了金融危机的影响，但他们中的许多人仍然不知道或不了解危机的真相！
>
> ——jacklyn
>
> 我们每次听媒体谈到"美联储"时，如同在说一个神秘的庞然大物。而实际上，它并不像大众想的那样。我从来都不知道它并不是政府或银行机构。这个拥有无限权力但又缺乏真正监督的机构让我很担心。我很想知道，美联储是怎么上升到这种显著的位置的？
>
> ——Kthompson5

据估计，在金融危机的影响下，全球在商品、股票、债券和房地产上的损失超过60万亿美元。到目前为止，全球的银行和政府已经提供了将近10万亿美元用来弥补这个损失。但是，剩下的50万亿美元怎么办？谁来弥补那些损失呢？那些钱到哪儿去了？对这些真正损失了钱，现在又必须用税款来支付自身和富人的损失的人们，谁又能对我们进行援助呢？

2013年将是美国联邦储备系统诞辰100周年。在近100年来，美联储成功地完成了世界上最大的现金抢劫案。在这桩现金抢劫案里，劫匪不戴面罩而是衣冠楚楚，上衣翻领上还别着美国国旗。这是一宗在我们的银行和政府的默许下，富人对穷人的抢劫。

巴克敏斯特·富勒博士在1981年的课堂中说过一句让我很不安的话，他说："政府的主要职能是充当富人抢钱的工具，将手伸进我们的口袋中。"虽然我很不想听到这句话，因为我只愿意去想我的国家和领导人所做的伟大的事情，但凭心而论，并且基于自己的经历，我知道他的话有一定的可信之处。

很久以前，我对政府就有着一些隐秘的怀疑。作为一个孩子，我常常想知道为什么理财这门学问在学校里学不到。作为一个越战时期的海军陆战队飞行员，我不知道我们为什么要发动这场战争。我还亲眼看到我的父亲辞去教学院长的职位而去竞选夏威夷副州长，因为他为他所看到的政府腐败而深感不安。作为一个诚实的人，我父亲无法忍受他成为一名高级政府官员、一名州长的工作人员后亲眼目睹的一切。因此，虽然富勒博士的话并不是我想听到的，因为我热爱我的国家，我不喜欢别人批评她。但他的话令人不安，足以为我敲响警钟。在20世纪80年代初，我的学习开始了，我看到了许多有权势的人不想让我们看到的事实。

这将如何影响我

从个人财务的整体来看，有4种金融力量驱使着大多数人努力工作，但仍在为改善经济状况而挣扎着。这些力量是：

1. 税收
2. 债务
3. 通货膨胀
4. 退休金

让我们先花一点时间来简单看看这 4 种力量对你个人到底有多大的影响。举例来说，你的纳税额是多少？这里所说的纳税额不仅指你要支付的所得税，还包含销售税、汽油税、房地产税，等等。更重要的是，纳税人的钱又是以怎样的原因去了哪里呢？

其次，你要为你的贷款支付多少利息呢？比如，你的抵押贷款、汽车贷款、信用卡和大学贷款需要你支付多少利息呢？

接着，再花一点时间来思考通货膨胀对你生活的影响。你可能还记得，就在不久前，由于房价猛涨，人们开始倒腾房子。在同一时期，汽油价格、大学费用、食品、服装等的价格更是节节攀升，但人们的收入却没有增加。许多人都不存钱，因为聪明的做法是及时消费，省得以后要花更多的钱。这是通货膨胀在起作用。

最后，大多数人在没有获得任何收入之前，就把钱从支票账户中取出来存到退休金账户中去，如 401（K）。这笔退休金直接去了华尔街，由雇员们根本不认识的人"管理"。最重要的是，管理退休金产生的额外收入通过费用和佣金的形式被某些人赚取了。而今天，许多人退休时没有足够的钱养老，因为他们的退休金已在股市暴跌中损失殆尽。

明白一点很重要，税收、债务，通货膨胀和退休金这些金融力量是由联邦储备系统印刷钞票的权力维系着的。在美联储出现以前，美国人的纳税额相当少，既没有国债也没有多少个人债务，几乎不存在通货膨胀。那时的人们从不为退休担心，因为货币和储蓄都可以保值。以下，我将对美联储和这4种金融力量的关系进行简单的解释。

1. 税收：早期的美国相对来说是不征税的。美国首次征收所得税是在1862年，用来支付内战损耗。1895年，美国最高法院裁定，征收所得税是违宪的。然而，在1913年，即美国联邦储备系统创建的那一年，《第十六次修正案》获得通过，所得税将被永久性征收。恢复征收所得税的原因就是，使美国财政部和美联储资本化。现在，有钱人可以通过税收，不断地把手伸进我们的口袋里了。

2. 债务：联邦储备系统赋予了政治家借钱的权力，而不是增加税收。然而，债务却是一把双刃剑，其导致的后果不是更高的税收就是更严重的通胀。美国政府不是通过提高税收创造货币，而是通过向全国的纳税人出售美国国债和期票[①]（IOUs）创造货币。最终，这些需要靠更高的税收来偿还——或者印制更多的钞票，并导致通货膨胀。

3. 通货膨胀：这是由美联储和美国财政部借钱或印发货币来支付政府账单而造成的。正因如此，通货膨胀通常又被称为"沉默税"。通货膨胀使有钱人越发有钱，却使穷人和中产阶层的生活成本变得更加昂贵。印钞的人获得了最大的利益，他们可以在货

[①] 一种信用凭证。由债务人签发的，载有一定金额，承诺在约定的期限内由自己无条件地将所载金额支付给债权人的票据。——编者注

币贬值之前用新印的钞票购买想要的商品和服务。他们获得了所有的好处，却不用承担任何后果。自始至终，穷人和中产阶层只能眼睁睁地看着自己的钱被越摊越薄。

4. 退休金： 如前文所述，在1974年，美国国会通过《雇员退休收入保障法案》(ERISA)，迫使美国人将退休金通过401(K)这类的工具投资于股票市场，这些工具通常都是高收费、高风险、低回报的。这使得华尔街可以对遍布全美国的退休资金进行操纵。

读者评论

我生活在津巴布韦，这里的通胀率位居全球最高——百分之五万亿。我必须明白一点——不能留着钱（现金）。基本上，物价在一天之内能涨3次。我们需要在早上购入并锁定价值，然后在晚上再卖掉，这才能得到不错的利润。

——drtaffie

这4个因素中通货膨胀是最可怕的。他对穷人和中产阶级的影响是相同的。中产阶级比穷人纳更多税，但在通货膨胀下每个人所支付的都相同。

——kammil2

末日的开始

我在一个重要的日子开始了这一章的写作：2007年8月6日。这是美国最大的抵押贷款提供商之一 —— 美国房屋抵押贷款公司，申请破产的日子。

这个日期之所以重要，是因为它标志着债务已经不堪重负。全球的金融系统再也不能负荷更多的债务了。2007年8月6日，债务泡沫破灭，造成了今天的通货紧缩。这是一个比通胀更严重的问题——我们会在以后的章节中进行更深入的探讨。

为了拯救世界，奥巴马总统必须终止通货紧缩。他对付通货紧缩的主要工具是通货膨胀。这意味着他将不得不承受大量的债务和凭空印出更多的钞票。如果他成功了的话，最终将导致更高的税收和债务，以及更高的通货膨胀。

如果把全球经济看做一个巨大的华丽的热气球，直到2007年8月6日，过量的热空气——债务——将气球撕开了一个大口子。随着可怕的撕裂声不断传出，世界各国的中央银行开始向气球里输入更多的热气——债务——试图避免气球坠落而引发大萧条。

查尔斯·狄更斯在《双城记》中有一句名言："这是最好的时代，这是最坏的时代；这是智慧的时代，这是愚蠢的时代。"令人惊讶的是，自狄更斯在1859年写下这段话之后，事情至今没有多少改变。

对有些人来说，通货紧缩的好处是生活成本正在下降。石油、房地产、股票和商品价格的普遍下跌使人们能负担得起这些了。显然，沃尔玛并不是唯一的降价商家。世界各国的中央银行和政府都希望市民、企业和政府能借更多的钱，陷入更深的债务，他们以几乎为零的利率向市场注入数万亿美元，这些钱简直就是免费的。

拥有大量资金的人像秃鹰觅食一样，等待时机的到来，随时准备像洪水般地涌向市场，将破产的和垂死的公司清理干净。对

43

于做好了准备的投资者来说，这是一个侵吞折价资产的千载难逢的好机会。对于那些做好了准备的公司，现在正是获得市场份额的好时机，因为他们的竞争者已经破产离场了。这些人看到了丰收的硕果。

但对于其他人来说，这是最糟糕的时候。

生活成本可能有所下降，但大多数人却无法从中得到好处。因为，他们要么已经失去了工作，连用来支付基本生活开支的钱都没有；要么背上了沉重的债务，欠别人的钱多于自己拥有的资产价值——实际上，他们拥有的资产也成了负债，比如他们的房子。

世界各国的央行纷纷向市场注入资金，但这却帮不了大多数人，因为他们得不到汽车或住房贷款。当货币供给像气球般膨胀的时候，他们获得资金的途径却大幅缩减了。

大多数人都无法与这个一辈子都很难遇到的良机邂逅。他们手头没有足够的资金等待机会的降临。他们资金匮乏，内心充满恐惧。许多人不知道自己是否会失去工作、住房、储蓄和退休金，如果他们还没有失去的话。

由于人们在知识和财商上各有不同，有些人认为这是最好的时候，有些人觉得这是最坏的时候。我们教育体制最大的失败就在于，它并没有告诉人们钱究竟是怎么运行的，它教给人们的都是陈旧和过时的知识——金钱旧规则。学校教你如何平衡账簿，但他们并不教你如何使资产负债表增长，如何读懂资产负债表。他们教你存钱，却不教你通货膨胀是什么以及通货膨胀是如何窃取你的财富的。他们教你如何写支票，却不告诉你资产与负债的区别。难道，教育系统就是为了让你迷失在黑暗中而故意设计的？

在今天的世界，你可以在成为一个学术天才的同时却仍然是一个金融白痴。这违反了传统的认知，因为我们一贯将律师和医生这些高收入人群等同于拥有财务和专业双重智慧的人群，只因为他们很能挣钱。但正如我们所看到的，能赚很多钱并不意味着你拥有很高的财商。尤其是，当你进行并不明智的消费和投资，或者把钱交给一些并不关心你到底是挣钱还是赔钱的人的时候。请记住，工作保障和经济保障有很大的不同。真正的经济保障需要一个基于现实货币世界的、健全的财商教育。

这就是当经济危机在次级抵押贷款借款人违约的范围之外扩散时，我并不感到惊讶的原因。那些经常发表讲话的人和我们的领导人似乎感到很惊讶，所以我们的总统候选人在竞选期间回避了这些问题。他们沿着原有的路线走着，不断向民众保证危机不存在，而且财务危机仅限于还不起抵押贷款的穷人。我们现在知道了，问题不仅仅出在穷人背负太多债务，问题出在政府和金融机构的最高层。数百万人失去了他们毕生的辛勤劳动所得，因为他们没能理解金钱的新规则和这些规则是如何影响我们的生活。这是一个体制性问题，不是靠一个有魅力的政治家就能解决得了的。

所以，我们回到本章标题所提出的问题：奥巴马救得了我们吗？其实问题应该是：我们怎样才能自救？答案，以及我们从经济专制中重获自由的关键，就是知识。通过学习货币和货币的运行原理，你能释放自己的潜力，摆脱贫瘠的心态，从而发现丰硕的果实。对你来说，这确实可以成为最好的时候。

就我个人而言，我并不奢望政府或大公司能够救我。我只是在静静地观察这些权力阶层在做什么，而不是他们在说些什么或者承诺些什么，我再做出相应的行动。知道有效应对，而不是盲目跟从；采取自信的行动，而不是听候别人叫你做什么——这需要勇气和财商教育。

我认为我们的金融问题实在是太严重了，而且严重程度还在不断增长。经济已经失控了。这是一个货币问题，而不是政治问题；这是一个全球性问题，而不只是美国的问题。奥巴马能做的只有这么多，而且我担心，他能做的事情可能不足以解决问题。最糟糕的是，真正操控着这个金融世界的人并不愿听从于美国总统。他们所做之事并不需要得到美国总统的同意。他们的权力已经超出了世界各国政府和他们选出的领导人的控制。

我们如何自救

有人曾问我，如果让我来掌管一个学校的财商教育，我将教给学生什么？我的回答是："我将确保学生在离开学校之前能弄明白税收、债务和通货膨胀之间的关系。"如果学生能明白这三者之间的关系，那他们将有一个更加安全的财务前景。他们将能为自己作出更好的财务决策，而不会指望政府或所谓的"理财专家"来解救他们。

读者评论

正因为我通过财商教育学到了一些东西，我才知道401（K）并不像外界吹捧的那样是什么伟大的投资。正因为拥有了金融知识，今天的我使自己经营得更好。我想起了罗伯特

> 说的另外一句话:"并不是黄金、白银或房地产让你富有,而是你对黄金、白银和房地产的了解让你发财。"
>
> ——dafirebreather

　　归根结底,本书讲的是税收、债务、通货膨胀以及退休金之间的关系。这4种因素构成了金钱新规则的基础。本书将对你进行全副武装,给予你弄懂这些金融力量乃至金钱新规则的必要知识,让你能够掌握自己的财务未来。一旦你把这些因素弄明白了,你将有能力走出富人的阴谋,并从此过上幸福的、财务自由的生活。

第2章
对教育的阴谋

为什么理财这门学问在学校里学不到

> 创立普通教育委员会的目的是为了利用金钱的力量，不是为了提高美国的教育水平。虽然后者在当时被人们普遍接受，但这无法影响教育的方向……教育目标仍然是使用课堂教育的方式，教导和鼓励人们顺从、接受统治者。其目标曾经是——现在也是——让民众所受的教育足以使他们能在监督下从事生产工作，但又不能对权威提出质疑或试图超越自己的公民等级。真正的教育只限于社会精英及其公子和千金们。至于其他人，不如就让他们成为技术工人，除了享受生活别无所求。
>
> —— G. 爱德华·格里芬，《从哲基尔岛来的家伙》

新学校

我对学校的怀疑始于 9 岁的时候。那时,我刚搬了家,从城市的一端搬到另一端,以方便我父亲上班。我也因此转了学,在新学校上四年级。

我们以前住在一个叫希洛的小镇,该镇位于夏威夷岛,以种植业为主。制糖是小镇的主要工业,镇内 80%～90% 的人口是 19 世纪末从亚洲迁居到夏威夷的移民后裔。我就是第四代日裔美国人。在我以前就读的小学里,大部分同学的家世背景都和我一样。但在新学校里,有一半的同学是白人,另一半则是亚裔。无论是白人或是亚裔,大多数孩子都来自富裕的家庭。在新学校,我第一次感觉到了贫穷。

我的富朋友们拥有位于高档社区的漂亮房子,而我们家却住在图书馆背后租来的房子里。绝大多数富朋友的家中都有两辆车,而我家只有一辆。许多同学的家里都在海滩上有别墅。当我的朋友们过生日时,会在游艇俱乐部上办派对。而我的生日派对则是在一个公共海滩上举办的。当我的朋友们学习打高尔夫时,就在自家的乡间俱乐部里,由专业高尔夫球手教他们。而我家根本就没有高尔夫俱乐部,我也只是乡间高尔夫俱乐部的球童。我的富朋友们拥有新自行车,有的人甚至有自己的冲浪板。他们常去迪士尼乐园度假。我的爸妈也曾向我许诺过去迪士尼乐园,但我们最终没有成行。我们只去了本地的国家公园一日游,去看火山喷发。

我在新学校遇见了我的富爸爸的儿子。当时,我们两家的经济状况在班里位列倒数 10%，我们俩的学习成绩偶尔也是如此。我们成了最好的朋友，因为我们是班里最穷的孩子，只好在一块儿玩耍。

教育的希望

19 世纪 80 年代，我的祖辈从日本移居夏威夷。他们被成群的送来，在夏威夷的甘蔗园和菠萝园里工作。他们最初的梦想只是在地里干活、攒钱，然后衣锦还乡，以有钱人的身份回到日本。

我的先祖们在种植园的工作非常艰苦，但工资却很低。更可恶的是，种植园主还从工人的工资里扣钱来支付房租。种植园内有一家商店，而且是唯一的一家，这意味着工人必须从那里购买食物和生活用品。到了月底，扣掉房租和商店购物的开支，工人的工资所剩无几。

我的亲人们都想尽快离开种植园。而接受良好的教育则是他们逃离种植园的最佳途径。从我听到的故事里，我了解到我的祖辈们总是节衣缩食，攒钱让自己的孩子接受大学教育。不能接受大学教育就意味着你将被困在种植园里。到了第二代，我的亲人们大部分离开了种植园。今天，我的家族中已经拥有了好几代大学毕业生——大多数至少拥有一个学士学位，其中有许多人获得了硕士、博士学位。我的学历在我们家是最低的：我只有一个学士学位——理学学士。

街对面的学校

9岁时的转学经历成了我人生中的重大事件。下图显示了我转学后在社交环境上的变化:

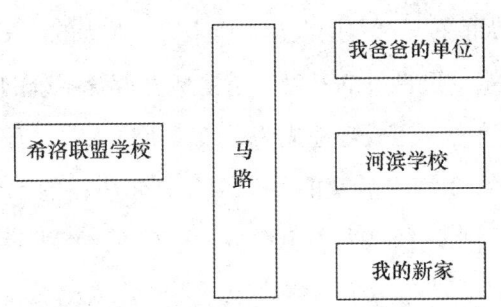

在我的新学校——河滨学校的街对面有一所希洛联盟学校。希洛联盟学校是为父母在种植园工作的孩子们开办的,大多数该校学生的父母隶属于工会。河滨学校则是为父母是种植园主的孩子们开办的。

从四年级开始,我转到河滨学校,开始与种植园主的孩子们一块上学。在20世纪50年代,走在河滨学校的校园里,我常会望向街对面的希洛联盟学校。我看到学校与学校之间的分层并不是因为种族,而是金钱。从这时起,我便开始了对学校和教育体系的怀疑。我知道这其中一定有问题,但我却弄不清究竟是什么。如果我们家不是住在与河滨学校所在街道的同一侧,那我就很有可能是去希洛联盟学校而不是河滨学校了。

从四年级到六年级,我与种植园主的后裔们同校——而这些人的家庭开办的种植园体系正是我的亲人们想要逃离的地方。而我在学校时,却和这些孩子一块儿玩耍,一起成长,还去过他们的家。

小学毕业以后,我在河滨学校的许多同学被送到了寄宿学校。我则就读于街道远处的公立初中。在那里,我加入到街道对面的孩子们——从希洛联盟学校毕业的孩子群中。我更加意识到富裕家庭中长大的孩子和贫困以及中产家庭中长大的孩子的不同。

我的父亲受过良好的教育,是夏威夷教育系统的高层。他不仅能离开种植园,还成功地成为了政府工作人员。虽然我的爸爸上过学,获得了高等教育的学位,并有了不错的工作和丰厚的薪水,但我们家在经济上仍不宽裕——至少比不上我富朋友的家庭。每次我去富朋友家做客时,总觉得和富人比,我们缺少了什么,但又不知道到底是什么。在9岁时,我便开始思考为什么上学并没有使我的父母变得富有。

种植园

为了使自己的孩子能获得良好的教育,从而能离开甘蔗园,我的亲人们辛勤工作,过着节俭的日子。我看到了河滨学校和希洛联盟学校之间的关系,我有过和种植园主家的富孩子做朋友的经历,也有过和种植园工人的孩子做朋友的经历。在小学,基础教育相差无几——但有什么东西缺失了,直至今日。

我的亲人们只是努力让他们的孩子离开种植园。但曾经乃至现在仍然存在的问题是,我们在学校从来没有学会如何拥有自己的种植园。因此,我们中的许多人继续在新的种植园——大型跨国企业、军队或政府中工作。我们去上学是为了找一个好工作。

我们被教导要为富人工作，从富人的银行那儿借钱，再通过我们的退休金计划购买共同基金，这实际上是投资于富人的企业——而不是如何成为富人。

许多人并不愿听到，他们接受学校系统的教育其实是陷入了一个大网，富人编织的阴谋大网。人们同样不愿意听到，富人操纵了我们的教育系统。

劫持教育体系

现行教育体系最大的罪过就是，它没有教你关于金钱的知识。相反，它教你如何成为一个好员工，并明确你的员工地位。有人会说，这是设计使然。例如，在格里芬的著作《从哲基尔岛来的家伙》里，他援引了一篇题为《国家学校的明天》的普通教育委员会的论文，该文章作者弗雷德里克·盖茨在文中写道："我们的梦想是：我们拥有无限的资源和由我们塑造的完全顺从的人民。目前的教育方式正从我们的头脑中消失，并且不受传统的阻碍，所以我们只用教给他们一定的知识，使他们成为满怀感激而且容易被控制的平民……我们设定的这个任务其实非常简单而又非常漂亮：培养这些人，让他们相信自己现在的生活既完美又理想……"

请记住，普通教育委员会是由洛克菲勒基金会于1903年创办的，而洛克菲勒基金会是当时势力最强大和最有钱的基金会之一。我们可以从上述话中看到一种心态，即便追溯到一百多年前，一个美国富人精英，甚至可以说是世界级富豪，似乎就在策划着教育课程体系，以满足他们的需要，而不是学生的需要。了解这一点在今天很重要，因为即便这样的心态已存在一个世纪之久，但它至今仍没有消失，他们仍在背后操纵着你我的教育和子孙后代的教育。而且直到今天，他们还是抑制财商教育的幕后力量。你不需要了解金钱，如果你注定是别人的挣钱机器中的一个齿轮，或者是别人种植园中的一个小工。

1983年，在读完富勒博士的《巨人之现金抢劫》之后，我开始逐渐明白，为什么学校不教授金钱这门学问。那时，我仍没有足够的勇气去批评学校的教育体系。毕竟，我的父亲是夏威夷教育系统的头儿。但随着时间的流逝，我慢慢开始遇到一些人，他们对于学校为什么不教我们关于金钱的学问和我抱有相同的想法。

我遇到的第一个对教育持怀疑态度的人是约翰·泰勒·加托，他是《大众化教育和弱智化教育的武器》的作者，还写过其他一些著作。加托先生曾三次被评为"纽约市年度教师"，也曾被评为"纽约州年度教师"。1991年，他退出了教育行业，并在《华尔街日报》的社论版上写道："我不能再这样教下去。如果你知道有哪种工作不以伤害孩子为代价来谋生，请告诉我。下个秋季，我就要开始找工作了。"他使我注意到，我们目前的教育体系是从普鲁士体系中演变而来的，一个专为创造好雇员和好士兵而设计的体系，人们盲目地服从命令，等待被告知去做什么，包括如何处置他们的金钱。

正如加托先生最近对我说的："学校制度不是为了教孩子们为自己着想，也并不能支持当今的概念——我们都是自由的。实际上，我们现行的学校制度是一种普鲁士模式。它被开发出来做着恰恰相反的行为——教导儿童服从命令，按老师吩咐的去做。听话和顺从的学生成为企业员工，心甘情愿地为富人工作；或者成为士兵，甘愿牺牲自己的生命去保护富人的财富。"

你可以去约翰·泰勒·加托的网站www.johntaylorgatto.com，以了解更多有关他的内容。他至今仍致力于教育改革事业。

现在，你也许还是不相信存在着这样一个阴谋——故意不让学校的教育体系对学生进行财商教育。但是你不能否认的是，我们的学校在财商教育上确实是不及格的。无论故意与否，教学体系中财商教育的缺乏是许多美国公民面临财务困境的根源。正是由于财商教育的缺乏，许多受过高等教育的人正为今天的全球金融危机而忧心忡忡。数百万人轻信了金融推销员的意见，失去了他们的养老储蓄。在被迫谈到财务状况时，许多人眼神顿时变得黯淡无光。

读者评论

我同意你的话，罗伯特。辞职前，我曾在小学教了30年的书。教育体制让我灰心，我认为是我们造成了青少年的失败。我们的教育体制并没有教会青少年为生活做好准备。古希腊人认为，教育要教人思考。而我们却把孩子们培养成只会听吩咐行事的人。

——henri54

用自由换金钱

如果人们不了解金钱，他们最终可能会用他们的自由来换一份薪水——一份稳定的工作和足够的钱来支付各种账单。有些人因为害怕被炒鱿鱼而惶惶不可终日。因此，对于数百万的受过良好教育的雇员们来说，工作保障比财务自由更重要。比如说，当我在美国海军陆战队服役的时候，我就感觉身边一些飞行员同事们希望能再服役二十多年。他们不是要为国家而战，而是为了终生享有政府发的薪水。在学术界，很多教师对稳定职位的期望高于对教书育人的自豪感。

缺乏财商教育导致数百万人更愿意让政府掌控他们的生活。因为我们没有足够的财商来解决自己的财务问题，我们期望政府能为我们包办。在这个过程中，我们放弃了我们的自由，让政府越来越多地对我们的生活和我们的财富进行控制。每当美联储和美国财政部为某一个银行纾困时，政府不是在帮美国人民，而是在保护美国的富人。救援款是富人的福利。每一次救援都意味着我们放弃了更多的财务自由，而美国人民的公共债务却在不断上涨。政府接管了我们的银行，并通过社会保障和医疗保险的形式来解决我们的个人财务问题，这是一种社会主义模式。在主日学校①，老师告诉学生，应该授人以渔而不是授人以鱼。对我来说，福利和救助纯粹就是授人以鱼，而不是教人们如何为自己谋生。

税收、债务、通货膨胀、退休金

正如第1章中所说，迫使人们为经济挣扎的4个主要因素是：

---

① 西方国家的"Sunday School"。即在周日为贫民开办的初等教育机构。兴起于18世纪末，盛行于19世纪上半期。——编者注

税收、债务、通货膨胀和退休金。我想在此进一步强调，这4种因素与美联储和美国财政部有着直接联系。再次重申，一旦美联储允许印发钞票和增发国债，那么税收、通货膨胀和退休金都将应声而涨。也就是说，政府通过税收、债务、通货膨胀和退休金在经济上削弱民众，更好地巩固政府的权力。当人们在财务困境中挣扎时，更愿意让政府来拯救他们，不知不觉中便以个人的自由来换取财务上的拯救。

2009年，美国人拥有个人房产的比例下降了。剥夺按揭抵押品赎回权的事件数量上升至历史新高。中产家庭的数量下滑。储蓄账户缩水，如果储蓄仍然存在的话。家庭负债加大。官方统计的处在贫困线以下的人口数在上升。超出65岁仍在工作的人数也在上升。企业的破产数量飙升。许多美国人没有足够的钱退休。

不过，这不仅是美国的现象，更是一个全球性的个人财务危机现象。富人的阴谋已经影响到了世界上每个国家的每个人。

无论你是否认同阴谋论，事实证明，今天的世界正在经历历史上最严重的金融危机，而且人们都希望政府能够拯救他们。大多数人从学校毕业时，并没学到多少关于金钱的知识，对税收、债务、通货膨胀、退休金，以及这些金融力量对他们生活的影响知之甚少。

谁拿走了我的钱

让我们花点时间看看我们身处其中的金融实体。

各实体对富人和穷人的影响

学 校	大多数人在学校什么金钱知识都没学到。富人在家里学习金钱知识。
工 作	大多数人获得一份工作,为富人打工。
税 收	税收以援助款的形式流向富人以及政治领导人朋友的公司。据估计,在你我所支付的每1 000美元的税收中,只有不到200美元能作为福利返还给我们。富人知道如何利用税收系统。他们拥有企业,赚的钱也多,但却支付比员工还要低的税率。
国 债	当政府谈到万亿美元的援助款时,意味着我们的子孙后代们要为富人的财务救援埋单。为了支付这些救援计划,我们的孩子们需要缴纳更高的税率,承受更高的通货膨胀。
住 房	按揭付款流向富人的银行。如果你以5%的利率贷款10万美元,还款期30年,光利息你就需要支付高达93 000美元。这还不包括手续费、佣金和服务费。
退休金	为了自己的退休生活,大多数人将钱投资于股票、债券和共同基金。这笔钱的绝大部分都投入了富人的企业。如果投资亏损,是你损失了钱——而金融理财师、股票经纪人或是房地产经纪人已经稳赚了佣金。
生活费用	当我们花钱买保险、汽油、电话服务、电和其他生活必需品时,谁得到了这些钱?是富人。当这些生活必需品价格上涨时,谁能从中获利?还是富人。

读者评论

我注意到不同社会阶层之间的医疗待遇差别。您要么必须成为富人(自我投保或被提供了保险),要么就是非常贫困(政府免费关照)以获得治疗。我常会好奇,到底有多少小企业主和企业家们能买得起"好"的保险,而不只是一些巨灾险。我相信,大多数人仍干着自己不喜欢的工作,从不敢冒险创业,因为他们害怕全家会失去医疗保险。

——Bryan P

金钱的最大谎言

我的穷爸爸是一个很好的人,他受过良好的教育,是一个勤劳、诚实的教师兼公务员。然而,每当涉及钱的问题,他却不由自主地成了一个骗子。当他谈及工作、教学和生活时,他经常发表如下声明,"我对钱不感兴趣""我不是为了钱"或者"钱并不是那么重要"。每当我听到他这么说,我都会摇摇头。在我看来,这些都是骗人的话。有一天,我问他:"如果你对钱不感兴趣,那你为什么要接受薪水?为什么你常说,'我的价值高于我的薪水'?你为什么期待加薪?"对此,他无言以对。

许多人像我的父亲一样,钱的话题让他们感到不舒服。对金钱重要性这一点,许多人要么说谎,要么对此予以否认。人们经常说:"不要谈论性、金钱、宗教或政治。"这些是世界上最容易让人激动的话题。这就是为什么大多数人喜欢谈论天气、体育、电视节目,或是最新的饮食时尚的原因。这些东西全都非常肤浅——在我们的生活中可有可无。但,我们不能没有钱。

很多人认同本书引言中的说法,"对金钱的热衷是万恶之源"。他们没有认识到的是,从这句话的语境中可见,金钱本身并不是万恶之源。许多人认为金钱有腐败的力量,它的确有。许多人认为,如果孩子们知道了如何挣钱,可能就不再想接受良好的教育。当然,这的确是可能的。然而,生活需要钱,挣钱是生活中的一个现实。大多数人花去他们大部分醒着的时间,投入毕生精力,为了钱而工作。很多人离婚、家庭破裂,起因也是为了钱。

让人们停留在对金钱的无知上是邪恶的,因为很多人为了钱干自己不喜欢的工作,给自己并不尊敬的人打工,与自己不爱的人结婚,拿不属于自己的东西,并期望着有什么人——比如家人或政府——能在自己仍有能力照顾自己的时候也能给予关照。

旧思想

钱并不重要,这是一种过时的想法。

> **读者评论**
>
> 与同龄人相比,所罗门王(约公元前960～前930年)是最聪明和最富有的人,他曾说:"摆设筵席,是为喜笑,酒能使人快乐,钱能叫万事应心!"
>
> ——drmlnichols

简言之,人类的发展经历了4个基本的社会阶段。它们是:

1. 狩猎时代:在史前时期,钱并不重要。只要你有矛、坚果、浆果、一个洞穴以及篝火,就可以别无他求了。土地并不重要,因为当时的人类还是随食物迁徙的游牧民族。生活在部落里的人没什么等级制度。头领并不比其他人过得好。在这一时期,人们都处在一个阶层。所以,钱并不重要。

2. 农业时代:当人类学会如何种植作物和驯养动物时,土地开始变得重要。交易的方式是以物易物。在这个时代,钱不是重要的,因为即使你没有钱,你仍然可以生存。在这个时代,国王和王后统治着土地。使用土地的农民要向控制土地的家庭缴税，主要是以农作物和动物的形式。房地产（real estate）这个词就是源自皇家地产（royal estate）。这就是为什么直到现在，我们仍把管我们要租金的人称做地主（landlord 一词过去指地主，现指房东）。在农业时代，社会存在两个阶层：王室和农民。

3.工业时代：我认为，工业时代始于16世纪。克里斯托弗·哥伦布不相信世界是平的，试图寻求通往亚洲的海上之路。哥伦布并不像许多学校里教的那样，是为了寻找新世界。他其实一直在寻找贸易线路，以获取黄金、铜、橡胶、石油、木材资源、毛皮、香料、工业金属和纺织等资源，这些原料都是工业时代必不可少的。

人们搬出农场，向城市转移，这给全新的世界带来了不少问题，也带来了许多机会。在工业时代，不再是农民支付租金给国王，而是新兴的资本家支付工资给雇员。资本家拥有公司，而非土地。

公司的形成主要是为了保护富人——他们的投资者，以及他们的钱。例如，在一艘轮船驶向新世界之前，富人组建了一个公司。如果轮船失事了，水手们死了，富人并不为损失的生命负责。富人的所有损失只是他们的钱。

时至今日，情况也是如此。如果一位首席执行官让公司承担过多的债务，给公司高管们支付百万年薪和奖金或窃取雇员的退休基金，最终使公司触礁，雇员们失去了一切，而富人却能受到保护，并不承担损失和责任——甚至免受罪责。

即使在工业时代，钱都并不重要。因为根据惯例，雇员和雇主之间存在终生的职位和薪水关系，即工作保障和经济保障关系。对于我父母那一代人，钱并不重要，因为他们有公司和政府提供的养老金、免费的房子以及银行存款。他们并不需要用自己的钱来投资。

一切变化始于 1974 年，美国国会通过了《雇员退休收入保障法》，从此便有了我们所知道的 401（K）计划、个人退休金账户、基奥计划和其他的退休金计划。从 1974 年开始，钱变得重要了，人们必须学会管理自己的金钱，否则将会在贫困中度过晚年，或者依靠社会保障生活，就像我爸爸失去政府的工作之后那样。

4. 信息时代：我们正处于信息时代。在信息时代，钱相当重要。具体地说，金钱知识在信息时代是至关重要的。但问题是，我们的教育系统仍处于工业时代，在大多数知识分子和学者的心目中，钱并不重要。这些人大多持有陈旧、过时的金钱观念。但，钱是重要的。今天，金钱是生活的一个重要方面；今天，经济保障比工作保障更重要。

读者评论

以前，我一直都把工作保障等同于经济保障；我从来都没有从别的角度来思考过这个问题。现在，我了解了。

——jamesbzc

财商教育

今天，有 3 种不同类型的至关重要的教育。它们是：

1. 学术教育：包括读、写和解决基本数学问题的能力。在信息时代，一个人对不断变化的信息的适应能力，比他之前所掌握的知识更重要。

2. **职业教育**：这是为了挣钱而必备的知识。例如，一个人读医学院是为了成为一名医生，读警校是为了加入警察部门。如今，为了取得财务上的成功，人们需要更多的职业教育。在信息时代，职业教育对于工作保障至关重要。

3. **财商教育**：财商教育对于帮助人们增长财商必不可少。财商不完全是指你能赚多少钱，还指你能留住多少钱，你的金钱是如何为你所用的，你的财富能传给多少代人。在信息时代，财商教育对于财务保障至关重要。

大多数学校系统在学术和职业教育上做得不错，但财商教育却做得很失败。

财商教育在信息时代为何如此重要

我们生活在一个信息超载的世界。信息无处不在，互联网、电视、广播、杂志、电脑、手机、学校、企业、教会、广告牌，等等。教育的重要之处在于，它能教你如何处理这些信息。这就是财商教育如此重要的原因。

今天，财务信息铺天盖地。如果没有财商教育，一个人将不能很好地把财务信息转化成对个人有意义的信息。例如，当有人说一只股票的市盈率（P/E）为6，或一个房地产的利率上限是

7%，你能理解它们意味着什么吗？或者，当一个金融理财师对你说，股市每年以8%的均速增长，你会怎么想呢？也许你会问："那是真实的信息吗？8%的年回报率，究竟是好还是不好呢？"再一次重申，如果没有接受过教育，一个人不能把信息转化为对个人有意义的信息。没有受过教育，信息的价值便是有限的。本书的宗旨就是致力于提升你的财商教育，教会你金钱的新规则，以及这些新规则是如何影响你的生活的，无论你意识到了没有。

金钱新规则第一条：知识就是金钱

今天，你不需要用钱来挣钱，你需要的是知识。例如，如果某只股票的价格为每股100美元，在一些交易所可以卖空股票，这意味着你可以卖出你不曾拥有的股票。比如，我以每股100美元的价格借了1 000股，然后将它们卖掉，我的账上便有了10万美元。然后，股价下跌至65美元1股，我回到股票交易所，再花6.5万美元购入1 000股，将我在100美元每股时借来的1 000股全部退还。不算费用、佣金和交易成本的话，我净赚了3.5万元。这就是卖空股票的实质。赚这笔钱，我只需要知识。首先，我需要知道卖空的概念是什么；其次，我还需要知道卖空的操作方法。而且，我还可以在商业和房地产上做类似的交易。

在本书的后续章节中，我将列举更多凭空生钱的例子——凭的只是知识。许多例子都是我曾经的真实交易。而且，仅仅凭借知识，我不但能在交易中获利，利润回报率还相当高，但承担的风险却远低于共同基金的投资风险，而且几乎不用交税。

在如今的信息时代，在利好和利空的消息下，财富的获得和消亡都是一眨眼的工夫。正如大多数人都知道的那样，就在最近，许多人由于采纳了不怎么高明的建议，听取了错误的信息，再加上缺乏财商教育从而遭受了万亿美元的损失。可怕的是，那些曾经抛出了错误的财务意见的人仍在散布着同样的错误信息。《圣经》中有一句名言："我的人民会因缺乏知识而毁灭。"今天，许多人遭遇经济上的毁灭，是因为还遵循着存钱、摆脱债务等旧的规则。或者，他们认为投资风险高、很危险。殊不知，缺乏财商教育、经验不足以及居心叵测的财务顾问才更危险。今天，你不需要本金就可以挣钱，也可以在转瞬间损失掉一辈子的积蓄。这就是我所说的知识就是金钱的含义。

读者评论

我认为罗伯特的这种说法是正确的，但是我也要强调，基于知识的行动实际上更为重要。一个知道如何卖空股票、建立一个网站，或其他什么的人，未必能将知识转化成必要的行动来创造财富。

——ramasart

我觉得应该把这句格言反过来说，这一规则的实质是，拥有正确的信息比仅仅有钱更好。一个富有的人可能不会担心破产，因为他知道能使他反败为胜的战术。相反，一个手头拥有大量资金的人，现在可能生活在极度的不确定之中，因为他不知道如何通过不熟悉的新技能——新信息，来增加自己的财富。

——dlsmith29

本章小结

我们的学校不能教给学生很多——如果有的话——金钱知识，这已经是够糟糕的了。但现在，在2009年，许多富人反对奥巴马总统提出的用于改善教育的经济刺激计划。只有时间才能证明奥巴马的经济刺激计划是否有成效。不管怎样，我都觉得在教育上多花点钱，对于经济、国家和自由世界的发展都是至关重要的。

我是一个教育拥护者。在亚洲文化中，最受人尊敬的职业是教师。然而，在西方文化中，在受过教育的专业人士中，教师的薪水是最低的。我相信，如果我们真的像自己所说的那样重视教育，我们应该给教师支付更高的工资，在贫困地区建起更好、更坚固的学校。在我看来，在美国以房地产税来决定小孩子接受教育的质量——贫困地区的学校获得的税收拨款比富人聚集区的学校还低——简直就是犯罪。富人的阴谋啊！

我也相信，如果我们真正重视教育，就应该有财商教育，因为金钱是我们生活的重要组成部分。因此，尽管许多所谓的"教育拥护者们"嘲笑我的想法，我还是要问：为什么要继续倡导旨在创造流水线上的齿轮而不是自由思想家的教育系统？为什么要继续倡导旨在培养对金融知识无知的人而不是培养能在资本主义制度下成功的拥有较高财务素养的人呢？

无论你是否像我一样，相信教育阴谋的存在，事实就是，在今天，一个包含了财商教育的良好教育比以往任何时候都更加重要。在我小的时候，如果我的一位同学成绩不好，他或她仍能获得在甘蔗种植园或工厂的高收入工作。而今天，随着工厂的关闭和就业机会向海外的转移，一个孩子如果学习不好，很可能以后也不能生活得很好。这就是为什么世界需要更好更安全的学校，收入更高的老师和更多的财商教育。

在信息时代，我们被信息超载。教育给我们提供了将信息转化成实际意义的力量，这意味着我们可以用它使我们的生活变得更好。让我们有能力解决自己的财务问题，而不是指望政府为我们解决问题。停止纾困和所有的救济，终结富人阴谋的时候到了。是时候学会如何捕鱼了。

第3章
与金钱有关的阴谋：银行永远不会破产

"银行"永远不会"破产"。如果"银行"缺钱，"银行"可以在普通纸片上写下所需金额，发行货币。

——"大富翁"游戏规则

美元消亡的那一天

自1971年8月15日那一天起，美元就消亡了。当天，未经国会批准，美国总统尼克松切断了美元与黄金的联系，美元成了"大富翁"游戏里的货币。之后，史上最大的经济繁荣开始了。

2009年，随着全球经济的崩溃，世界各国央行的银行家们遵循"大富翁"的游戏规则，创造了数万亿的美元、日元、比索、欧元和英镑。

可问题是，"大富翁"只是一个游戏。将"大富翁"的游戏规则应用到现实生活中，那将会给社会带来毁灭性的无穷后患，就像我们所知道的那样。正如英国著名经济学家约翰·梅纳德·凯恩斯曾经说的，放任货币供应最能以微妙而确切的方式颠覆现存社会基础。这个过程涉及经济规律在所有破坏方面的隐藏力量，并且用一种十分隐蔽的方式进行，100万人中也很难有一个能够认识到这一点。现在，我们的经济出现了问题，因为美联储失控的印钞机将贬值的货币如洪水般排入我们的货币体系，而且没有人有能力诊断这个问题，就像很多年前凯恩斯所警告的那样。

读者评论

"大富翁"游戏的货币……约翰·肯尼思·加尔布雷思有句名言："银行创造货币的过程是如此简单，简直不需要思考。"

——hellspark

我从来不知道"大富翁"游戏有这个规则！可怕的是，它竟是如此的真实。我想到的例子是银行贷款和信用卡。

——ajoyflower

白来的钱

人们之所以会忽略凯恩斯的建议、尼克松1971年的货币改革，以及其他放任货币的做法，其原因就是——贬值的货币使人们突然觉得自己变富有了。信用卡如雪片般寄往各家各户，购物像全国性的体育运动一样流行。中产阶层的许多人成了"伪富翁"，因为他们的房子就好像变魔术一样价值飞涨。他们开始相信，上涨的股市行情能保证自己的退休生活衣食无忧。人们拿出住房进行抵押贷款，以支付家庭度假费用。很多家庭不再只拥有一辆车，而是拥有一辆奔驰、一辆厢式旅行车和一辆越野车。孩子们上了大学，却背上了需要许多年才能还清的学生贷款。为庆祝自己新增的财富，中产阶层在高档餐厅用餐、穿名牌服装、开保时捷、住独栋别墅——靠的全是债务融资。

我们正在迎来历史上最大的经济繁荣。可问题是，这个繁荣源于债务，而不是财富；源于通货膨胀，而不是生产；源于借贷，而不是工作。从许多方面来看，这些钱都是凭空而来的——因为货币本身什么都不是。正如凯恩斯所说的，我们的货币被放任了。我们看似更富裕，但是社会正如我们所知道的那样崩溃着。

1971年以后，美国央行可以通过多印一些纸张来创造货币。而在今天的数字时代，银行家们不需要纸张就能创造金钱。当你阅读本书时，数万亿的美元、日元、欧元、比索和英镑正在进行电子创造——凭空地创造。根据"大富翁"的游戏规则，你我都可能破产，但银行绝不会破产。毕竟，全球的"大富翁"游戏必须继续。

目睹变化

1972年，作为一名海军陆战队飞行员，我驻在越南外海的航空母舰上。当时，战争并不顺利，我们知道我们打输了，但作为海军陆战队队员，我们不能多想这个事实。作为一名海军陆战队军官，我的工作是，使我的手下保持积极的心态并专心致志地活下去，并且时刻准备为战友和祖国牺牲自己。我不能让我的手下看到我的疑虑和恐惧，而他们也没有让我看到他们的疑虑和恐惧。

保持高昂的士气是困难的,因为我们知道战局已经逆转,局势对我们不利。而且我们也知道,我们在美国本土也失去了胜利。每当看到学生燃烧征兵卡和美国国旗的抗议照片时,我们开始怀疑究竟谁是谁非。

当时流行的摇滚歌曲大多都是反战的。有一首歌是这样唱的:"战争有什么好处?绝对没有。"这首歌并没有使我们失去士气,反而在每次开始战斗飞行前,我和我的机组人员都会高唱这句歌词。不知道为什么,这首歌给了我们勇气去做我们必须做的事和面对最终的现实——死亡。

每到执行任务的前夜,我都会走上航空母舰的舰首,一个人坐着,任凭海风将我头脑里的恐惧吹散。我不是在祈祷生存,相反,我祈求,如果这个黎明将是我生命的最后一天,我希望自己能选择如何面对死亡。我不愿像懦夫一样死去,我不愿让恐惧主宰我的生活。

这就是为什么从战场回来后,我没有去寻求职业保障的原因——我不愿让财务无保障的恐惧主宰我的生活。相反,我成了一名企业家。即便我的第一家公司失败了,我失去了一切,但我仍没有让恐惧、挫折和怀疑阻止我做需要做的事。我只是捡起残砖剩瓦,重建了我的公司。从失败的经验中学习是我最信赖的学习方式,是最好的商学院。而我至今还在这个商学院里学习。

近几年,当股票和房地产市场暴涨时,人们都冲进去投资,但我没有让贪婪控制我的逻辑。现在,在这次经济危机中,我与其他人一样忧虑重重。不过,我没有让恐惧阻止我去做必须做的事。与其死盯着危机,倒不如尽己所能找寻危机带来的机会。这是我从越南战争中学到的一课,也是那场战争带给我的好处。

战争还有别的好处。越南战争给了我一个非常有利的位置，来见证世界历史上最大的变革之一——货币规则的改变。

一封家书

在战区时，接到通知来信的电话是我在那段时光里最重要的时刻。作为与生命中最重要的人的一种联系纽带，家人寄来的信件被我们精心珍藏。

有一天，我接到富爸爸的来信。我很少收到富爸爸的信，因为他不是我真正的爸爸，他是我最好的朋友的父亲。从9岁起，我的富爸爸就像是我的第二个父亲。富爸爸还是我的财务导师。他在信中以粗体字写道："货币的规则已经改变。"他还在信中劝我阅读《华尔街日报》并关注黄金价格。尼克松总统使美元脱离金本位货币制度是在1971年，富爸爸不止一次地指出，黄金价格曾经锁定在35美元一盎司[①]，但现在已经不是了。自尼克松让美元与黄金脱钩之时起，黄金价格就开始上升。当我收到他的信时，金价正在70～80美元一盎司 之间波动。

当时的我一点儿也不知道他为什么如此兴奋。当我还是个孩子时，我的富爸爸很少谈论黄金，顶多只是说它支持着我们的货币。我年幼的头脑根本不能领会这其中的意义。然而，当我在越南收到他的信，感受到他的语气时，我顿时明白了他为尼克松作出的改变激动不已的原因。他在信里简单地写道："由于我们的美元与黄金脱钩，富人要开始玩金钱游戏了，人们从未见过的

---

① 在金银等贵重金属的计量中，1盎司 = 31.10克。——编者注

游戏。"他在信中进一步解释道:"由于金价涨跌受美元波动的影响,世界上前所未有的大繁荣和大萧条即将开始。随着黄金与美元的分离,我们正在进入一个极其严重的金融不稳定期。通货膨胀将如脱缰野马。富人将变得非常有钱,而其他人将被消灭。"他在信的结尾处写道:"从某种意义上看,美元已经成了'大富翁'游戏里的货币,'大富翁'的游戏规则现在成了世界上的金钱新规则。"

其实,当时的我仍然并不能完全理解他信中的内容。但现在,当我日渐年长而且也更智慧些时,我知道他当时想要表达的是——他挣钱的时机来了。这是他一生的机会,事实证明,他是正确的。在经济繁荣的时候,富爸爸变得非常富有。我的穷爸爸则因守着就业保障而错过了历史上最大的繁荣。

重读游戏规则

过了几天,我在指挥官休息室里找到了一套非常旧的"大富翁"游戏,并和一群飞行员们玩了一盘。这个游戏我以前玩过无数次,但从来没有仔细阅读它的游戏规则。随着游戏的进行,我回忆起富爸爸的话,"'大富翁'游戏的规则已经成了世界上的金钱新规则"。当我翻阅游戏规则手册时,看到了富爸爸提及的游戏规则,是这么说的:

"银行"永远不会"破产"。如果"银行"缺钱,"银行"可以在普通纸片上写下所需金额,发行货币。

现在，多亏了富爸爸对我的告诫，我才知道为什么我们会被全球的金融危机席卷。对于富豪和有权势的人，规则的变化意味着他们可以任意在普通的纸上印钱了。我们的货币已经被毁了。

1971年之前，我们的钱是金色的，因为它由黄金支持。现在，我们的钱成了毒药，令世界各国的人和企业都非常厌烦。我们就像是一边在饮用着被污染的水，一边还在纳闷为什么会生病。通过改变货币的规则，富人可以合法地窃取我们的财富，而途径就是货币制度本身。

现实生活的教育开始了

1972年，我听从了富爸爸的建议，虔诚地拜读《华尔街日报》，看有关黄金的文章。并且，我开始自学黄金知识和黄金与货币的关系方面的知识。我读了能找到的每一篇有关黄金的文章。但我并不局限于从阅读中学习这些重要的知识。现实中的例子天天都在我身边上演。

有一天，我从驻地的航母起飞，来到岘港（越南南部港口城市）市郊的一个小村庄。离规定返舰的时间还有几个小时，我和队长走进了这个小村庄，想买些舰上没有的异国水果，比如芒果，木瓜之类的。

在挑选完各种水果后，队长把手伸进他的飞行服口袋，掏出一叠皮阿斯特（piaster）——越南南方常用的纸币。"不，不，不。"果贩一边说着一边挥着手。她想让我们知道，她不接受"P"——当地经常把钱称为"P"。接着，我的队长掏出50美元的纸币交给她。她勉强接了，皱着眉头，疑心重重地检查着美元。最后，她说:"好吧,你等一下。"然后跑到另一个摊位,换了点什么东西,然后跑回来把水果袋交给了我的队长。

"那是怎么回事?"我问队长。

"她准备跑了,"队长回答说,"她打算离开这个国家。"

"你怎么知道?"我问。

"她收钱的时候很挑剔,"他答道,"她知道本国的钱皮阿斯特已经毫无价值了。除了越南南方,别的地方没有人会接受它。哪里会有人接受使用范围极其有限的国家的货币呢?这个小贩也知道随着金价的上升,美元价值也在下跌。所以,她赶紧跑到别的摊位把我给的美元换成黄金。"

在步行回直升机的途中,我说:"我看到她找给你皮阿斯特。"

"我也注意到了,"队长笑着说,"我有一口袋水果和满口袋的'P',而她有黄金。虽说她只是一个果贩,但谈到钱,她可一点儿也不傻。"

3个星期后,队长和我向北飞,希望能找到一个古老金矿买到一些黄金。我以为,在敌后,我能以一个更便宜的价格买到黄金。冒着失去我和我的队员们生命的危险,我终于发现,无论在世界的哪个角落,黄金的价格都是一样的。关于金钱新规则和"大富翁"游戏中货币与黄金关系的现实教育正在进行。

大众的关注

2009年,随着经济的恶化,动荡也在不断加剧。即使是现在,人们还是只知道有些事情不对劲,但却不知道究竟问题出在何处。再次重申一遍，正如凯恩斯所说，放任货币的过程涉及经济规律在所有破坏方面的隐藏力量，并且用一种十分隐蔽的方式进行，100万人中也很难有一个能够认识到这一点。

至今，人们仍在按自己被教导的方式去做，上学、努力工作、付账单、攒钱、投资共同基金，并希望一切能恢复正常。这就是为什么大家都在为自己的援助份额而鼓噪。很少有人能认识到，问题的根源出在我们的货币——他们为之工作并紧抓不放的东西。很少有人知道，那些控制货币供给的人想让我们需求更多的有毒货币。我们越需要钱，他们就可以印更多的钱；我们越需要钱，我们就会变得越弱；我们越需要钱，我们就越朝着没有出口的方向前进。政府不是在授人以渔，而是授人以鱼，而人们则变得依赖政府来解决自己的金钱问题。

不要指望它

可笑的是，全世界都在等着美联储和美国财政部来解决金钱问题，尽管金钱问题就是由这些机构造成的。正如我们在本书所讨论的，美联储并不是联邦政府的，也不是美国的，美联储归世界上最富有的家庭所拥有。美联储是一个银行卡特尔，就像欧佩克是一个石油卡特尔一样。几乎没有人意识到，美联储并没有储备，因为它没有钱，它不需要存放货币的大金库。在"大富翁"的游戏规则普遍适用时，为什么还需要储存货币呢？联邦储备银行不是银行——这个想法就如同我们的货币一般虚幻。

有人说，美联储的成立是违宪的。他们认为美联储的建立损害了世界经济——确实如此。还有人说，美联储是这个世界上发生过的最好的事情。他们说，美联储带给世界前所未有的财富——这的确也是真的。

质疑美联储创建的动机已经毫无意义了。现实是，今天的游戏规则由美联储来定。与其去问奥巴马总统将如何应对经济危机，倒不如问自己，"我该怎么做呢"？与其去问万亿美元的经济刺激计划是否有用，倒不如问问自己，那万亿美元从何而来？它是否正待在别人的金库？

简单来说，世界各国的中央银行只做两件事情。它们是：

1．凭空创造货币，就像"大富翁"游戏规则所允许的——同时也是他们正在以万亿美元为单位进行着的活动。

2．借出银行根本没有的钱。当你从银行借钱的时候，银行的金库里其实并不需要有那么多钱。

零和游戏

纵观历史，政府每一次印自己的钱——法定货币，货币终归会回到它真实的价值——零。这是因为纸币本来就是一个零和游戏。零和游戏的情况会发生在美元、日元、比索、英镑或欧元上吗？历史是否会重演？

现在，我可以听到许多骄傲、热血的美国人说："这种情况绝不会发生在美国。我们的钱永远不会变成零。"不幸的是，美元已经变成过零——而且还变过很多次。在美国独立战争时期，美国政府曾印制被称为"Continental"（也称"美国军人"）的纸币。在政府印发了太多的"Continental"纸币后，我们的货币不仅成了他人的笑柄，还产生了许多与该纸币有关的俚语，如"not worth a continental"意为"毫无价值"。同样的事情还发生在"邦联美元"上。当我需要提醒自己，货币正变得毫无价值的时候，我只用想想越南的那个女水果贩，以及她对皮阿斯特的反感。这些事从发生至今并没有过去多久。这可不是古老的历史。

现在，整个世界都在用"大富翁"的游戏货币运行着。但是，一旦派对结束怎么办？援助计划会救我们吗？具有讽刺意味的是，每次一有救市计划，国家的债务就会增大，我们便要交纳更高的税，富人会变得更加富有，我们手里的钱却越来越接近零。我们的政府发行的钞票越多，我们手里的钱就越不值钱。虽然我们努力地工作，但收获的钱却越来越少，而且存款也在不断缩水。

"大富翁"货币（此处暗指美元）不一定会贬值到零，也不一定不会。然而，如果历史重演，如果美元贬值到零，那么全球将会出现灾难性的大混乱。这将是世界历史上最大的财富转移。富人越来越富，穷人肯定会越来越穷。中产阶级将会消失。

现代启示录

由于全球金融危机日益恶化，金钱新规则的秘密将很难再保持下去。这场危机将会给我们带来一个金融启示录（financial apocalypse）。

对许多宗教界人士来说，"apocalypse"这个词通常用来指世界末日，我在此指的并不是它的这层含义。这个词源于希腊语，指的是"面纱被揭开"，用来表示将人类所隐藏的某些东西披露出来。简单来说,"apocalypse"指的就是"秘密被揭开"。

如果你读过《富爸爸穷爸爸》,也许还记得这本书的副标题是"富人教他们的孩子如何理财,而穷人和中产阶级却从不这样做"。对于许多人来说,读我的书能获得一种启示,是一个揭开面纱的过程,是将隐藏在人类背后的秘密披露出来的过程。1997年,《富爸爸穷爸爸》第一次问世,便引起了抗议的怒吼,因为书中说:"你的房子不是一项资产。"多年后,次级抵押贷款危机曝光后,数百万人失去住所,世界各地的人们在次级抵押贷款和其他形式的不良债务的投资上损失了数万亿美元。导致这一后果的一部分原因就是,银行家们凭空创造了很多货币以致货币不断贬值。《富爸爸穷爸爸》不像有些人说的那样,是一本关于房地产的书。那是一本讲述金融知识——父亲传授给儿子的知识的书。

游戏的名字叫债务

简单地说,自1971年以后,货币就变成了债务。为了经济增长,你我都必须陷入债务。这就是为什么信用卡能随信寄来,住房抵押贷款可以向信用评级低于星级的人们发放。

从本质上来说,你钱包里装的并不是钱,而是一张借据。我们的货币已经成为债务。金融危机之所以那么严重,正是因为银行的"大富翁"游戏规则允许大型银行和华尔街将债务打包,以资产形式出售给世界其他地方。据《时代》杂志统计,2000~2007年间,美国最大的出口是债务。银行业和投资界的人都是最精明聪慧的人,他们的做法在本质上和一个穷人用自己的住房再融资来支付信用卡账单并没有区别。

如果全世界的人都知道，我们的货币已经沦为了"大富翁"游戏的货币，那我们便不会陷入今天的金融混乱。如果人们受过财商教育，那么在每100万人中就有更多人能够诊断出我们的金融问题。如果人们接受过更多的财商教育，就不会盲目地相信房子是一项资产、存钱是聪明的做法、分散化投资能规避风险、长期的共同基金投资是精明的投资手段等说法。但是，由于缺乏财商教育，富豪权势就可以继续他们破坏性的货币政策。这对富人有利，而你我却身处黑暗中。这就是为什么富人首先要占领我们的教育系统，然后再用债务的洪水淹没世界。这就是为什么我们的学校不教授金钱知识的原因。

读者评论

我在读这本书的时候，想起了亨利·福特对20世纪30年代大萧条的评论。在我看来，亨利·福特的担心恐怕还要持续下去，因为我的同胞们至今没有从失败中吸取教训，增长见识。

——kuujuarapik

金钱新规则第二条：巧用债务理财

许多人都认为，债务是不好的或者是邪恶的。他们一直在鼓吹一点，还清债务并远离债务才是明智之举。在某种程度上，他们是对的。债务也分良性债务和不良债务。还清不良债务的确是明智之举——或者从一开始就不要涉足不良债务。简单地说，不良债务是从你的口袋往外掏钱,而良性债务则是在给你送钱。信用卡就是不良债务,因为它让人们透支购买贬值商品,例如大屏幕彩电。而能用来出租的投资型不动产产生的贷款是良性负债,如果该资产产生的现金流不仅能还贷,还能给你剩下一部分钱的话。

> **读者评论**
>
> 　　这是致富的关键概念。这就是关键!我自己并不是什么伟大的商人。我有一间诊所,同时我自己是一名执业医生。大多数时候我都在 S 象限(指小型个体经营者、专家、小企业主),但我在收入和知识上慢慢地提升我的 B 象限(大企业主、大公司老板)。我亲眼目睹了一台医疗设备如何成为一项神奇的资产,即便它是靠债务融资得来的。
>
> 　　　　　　　　　　　　　　　　　　——grgluck

　　鼓吹债务邪恶的人不明白债务对美国经济的重要性。债务究竟是好是坏还有待商榷。毋庸置疑的是,没有债务,我们的整个经济将会崩溃。正因如此,我们的政府破纪录地发行债券以筹集资金;我们的赤字开支空前庞大。政府最害怕的是通货紧缩,防止通货紧缩的办法就是通货膨胀,而产生通货膨胀的一个方法便是债务。

　　奥巴马总统承诺过为美国带来变化和希望。但他却选择盖特纳作为财政部长,萨默斯担任国家经济委员会负责人——他们是在克林顿政府时期加速了金融危机的人。因此,什么都不会改变，除非我们重新开始借贷。如果你我停止借贷，银行停止贷款，我们的经济将会遭受重创，很可能迎来大萧条。

长期的信贷冻结将导致经济萧条的原因就在于，现在的经济增长是源于你我陷入了越来越大的债务，而不是因为商品的生产。2003年，美国总统小布什曾说："让更多的人拥有自己的房子是符合我们国家利益的。"很显然，他鼓吹居者有其屋的原因是，他希望更多的人陷入债务，以挽救经济。您现在可能会注意到，当银行在取消抵押品赎回权时，他们并不想要那些房子。房屋并不是资产，你才是资产——或者说，你支付贷款利息的能力才是资产。

当然，债务是把双刃剑，靠债务生存的同时，也意味着受债务所困。截至2007年，当信用卡债务和房屋抵押贷款到达顶峰时，美国和整个世界都无法再吸收更多的债务了。今天，数百万人终于明白了为什么在1997年时，我会在《富爸爸穷爸爸》中说："你的房子不是一项资产。"

我们信仰黄金

1957年，"我们信仰上帝"这句话被印到美元纸币上。1971年，美元与黄金脱钩。据《名利场》杂志近期的一篇文章说，美元的购买力下降了87%。如前所述，所有的法定货币——政府发行的"大富翁"游戏货币，终于回归了它们的真正价值——零。1970年，1 000美元可购买约28盎司黄金。到2009年3月，1 000美元只能购买1.1盎司黄金，28盎司黄金已经能卖到约2.5万美元——即使是在历史上最大的一次股市暴跌之后。

1924年，曾对放任货币政策发出过警告的约翰·梅纳德·凯恩斯将黄金贬为"野蛮的遗物"。不幸的是，他不知道自从货币规则在1971年被改变后，美联储和我们的政府会这样放任我们的货币。

1952年，家庭债务与家庭可支配收入之比不到40%。换句话说，如果你的可支配收入为税后1 000美元，只有400美元要拿去归还债务。到2007年，这个比例变成了133%。但是，工资并没有增加，所以人们只能依靠信用卡和房屋抵押贷款生活。今天，美国人的消费债务已经超过256万亿美元。

即便是我们最优秀和最聪明的银行家也没能逃脱这个诡计。1980年，银行债务约占美国国内生产总值的21%，到2007年，比值已增至116%。

2004年，美国证券交易委员会允许最大的5家银行以将储备限制放松至12∶1的比例为标准，需要多少钱就印多少钱——旨在挽救经济。12∶1的储备限制指的是：银行账户每储备1美元就可以借出12美元。通过允许五大银行放松储备限制至12∶1，实际上就是允许这些银行随意印钞。同样，就像"大富翁"游戏的货币那样：

"银行"永远不会"破产"。如果"银行"缺钱，"银行"可以随意在普通纸片上写下所需金额，发行货币。

不幸的是，这种允许大银行几乎毫无限制的印钞的方法没能够挽救经济。它只能使问题变得更糟。

金钱新规则第三条：让钱生钱，财滚财

如果你想获得经济保障并变得有钱，你就需要知道如何控制你的个人现金流，以及保持对全球的工作机会、人口和资金流动的监测。

逃逸的资金

我之所以在本章的前面提到越南水果贩的故事，是为了强调在经济危机下，资金和"逃逸"之间的关系。2009年3月2日，道琼斯指数狂泻299点，以6 763点收尾。而在2007年10月9日，当时的高点已达14 164点。简单来说，这就意味着钱从股市中逃逸了。正如水果贩把她的皮阿斯特和美元换成黄金，准备逃跑一样。到了2009年，用富爸爸的话来说就是，现金从股市流出。现在的问题是，资金流向了哪里？

在商业和投资领域，最重要的词汇就是现金流。这也正是为什么我开发的教育游戏叫做"现金流"。我的富爸爸教会我的最重要的一个道理就是，控制我的个人现金流量并监测全球的现金流动。他告诉我，监测全球现金流动需要观察以下3件事情。

1. **工作机会**：多年来，工作机会一直在向海外流动。今天的美国，随着通用汽车公司的破产，工作机会流出了底特律。这意味着，底特律的经济正在承受痛苦。

2. **人口**：正如越南女子的出逃，现在的人们都在流动。他们跑向有工作机会的地方。我喜欢在人口不断流入的市场投资，而不是流出。

3. **现金**：同越南女子一样，对钱的需求是全球性的。这就是为什么她要将皮阿斯特和美元换成黄金。同样的事情也发生在今天，股市崩盘，现金从股市流出，流向银行储蓄、债券和黄金。

债务、货币、现金流

学会如何使用债务是一个人可以学到的最重要的技能之一。债务使用方法中最重要的一课便是，债务可以像现金流一样棒。如果让我来掌管教育，我会教会学生良性债务与不良债务之间的差异，以及如何使用良性债务使现金流入你的账户而不是流出。有效地利用良性债务需要一定的财商。由于我们的货币已经成了负债，教人明智地使用债务将使我们国家的经济更加强大。在我的《富爸爸提高你的财商》一书中，我已经详细地讲述了我是如何操作低风险高收益的债务的。即使在经济崩溃的时候，我对债务的投资仍能为我产生正的现金流。我的投资依然强劲的原因之一就是，我和我的生意伙伴们购买了充满工作机会的地段的房子——人口与资金流入的地区。简单来说，如果房子周边没有工作机会，则此处的房地产是不值得投资的。因为工作机会吸引人口，人口朝某一地段流动时，资金也会同向流动。

> **读者评论**
>
> 最令人惊奇的就是,在攻读工商管理硕士时,我在高级会计和金融课上没学过任何关于现金流的知识。你不觉得这是工商管理专业应该教的东西吗?我学会了如何计算出数字,如何在需要的时候找到这些数字。学校并不教给我们现金流在增加和创造财富中的重要意义。
>
> ——drmbear

希望与教育

与其盼望奥巴马总统来拯救世界,还不如更理智地对待自己的钱,这才是更明智的做法。上文提到,金钱新规则的第一条是:知识就是金钱。你的金钱知识里必须包括:学会使用债务,学会控制你的个人现金流,监控工作机会、人口和资金在全世界的流动。

我设计的"现金流"棋盘游戏旨在教会游戏者掌握自己的现金流和使用债务增加银行账户的现金流入——而非流出的技巧。"现金流"被称做现实中的"大富翁"游戏。游戏分为3个级别:

级别一:儿童版"现金流"游戏,为5~12岁的儿童设计的。

不使用文字和数字,儿童版"现金流"游戏通过颜色和图片,教会孩子们基本的货币和现金流知识,以及如何聪明地运用它们。

级别二:"现金流"101,投资的基本原则。

此游戏将教给你资产与负债之间的差异,以及如何聪明地运用负债。此游戏结合了投资原则中的会计原则。

级别三:"现金流"202,技术投资。

此游戏将让你了解股市涨跌的原则。如你所知,数百万人在股市崩盘时失去了数万亿美元。"现金流"202将教你如何在市场变幻中赚取利润,无论是高端市场还是低端市场。

你可以从我的网站www.RichDad.com中找到更多关于游戏的说明。全世界有几千个官方和非官方的"现金流"游戏俱乐部,在那里,你可以免费或以很低的成本学习如何玩这个游戏。

官方的"现金流"俱乐部从富爸爸公司定购了网上服务。他们还为我们提供了标准化的10步课程,旨在提高您的财商,而且他们还坚持富爸爸公司的原则。如果您所在地区没有这样的俱乐部,你可以建立自己的俱乐部,因为讲课是学习的最佳途径之一。

本章小结

最后,要时刻牢记一点:银行从不会破产,但你和我会。不过也有好消息!银行可以自己印钱,我们也可以。在后面的章节中,我会告诉你我是怎么自己印钱的,这就要运用到我的财商,经常使用债务,并控制自己的现金流。

第4章
对财富的阴谋

你是否为即将到来的经济萧条做好了准备

问题：最近一次的经济大萧条持续了多少年？

A. 25

B. 4

C. 16

D. 7

这个问题的答案取决于你使用的度量衡。如果你以股市为度量，最近一次的大萧条持续了25年。1929年9月，道琼斯指数创下381点的历史新高。到1932年7月8日，令人难以置信的是，市场价值失去了89%。同日，纽约证券交易所的成交量收缩至100万股，道琼斯指数跌至41点的低点。这个低点是熊市的底部。从这个低点开始，股市开始飙升飞涨——即使当时仍处于萧条中期。不过，即使是在牛市的推动下，从1929年至1954年，道琼斯指数还是花了25年时间才重新超越了当时的历史高点381点。

在不久以前，我们见证了道琼斯指数创造的又一历史新高。2007年10月，道琼斯指数上升到14 164点。仅仅在一年多以后，它下降了近50%。如果1929～1954年的股市变化是一个指向标的话，道琼斯指数预计将在2032年再次回到14 164点以上。

2009年3月10日，道琼斯指数在一天之内大涨379点并收至6 926点——当天上涨的点数几乎等同于在上次大萧条之后1932～1954年上涨的全部点数。华尔街一片欢腾，虽然几天前刚刚有报道称，仅2月份，美国就损失了65万多个就业机会。

我在写作本书时，有人就说："最糟糕的时候已经结束了。经济危机已经到达底线，经济将开始复苏。"美联储主席伯南克表示，他希望这次经济衰退在2009年秋季结束。但是，3月10日股市反弹的原因仅仅是：花旗集团通过一个"泄露"的备忘录，向公众报告其2009年前两个月的利润颇丰——尽管他们仍背负数十亿的不良负债。我猜他们是疯了。

即使在市场形势一片乐观的时候，萧条的阴霾依然笼罩着金融界。对于美国和全球的短期经济前景，我并不像某些人那么乐观。不要误解我，我并不是期待萧条的到来。绝非如此。任何一个正常人都不会盼望着另一次大萧条。但是，如果这次经济衰退演变成经济萧条，那么，最好现在就做好准备。因为，不是所有的萧条都一样，也并非所有的萧条都令人沮丧。

富爸爸和穷爸爸在大萧条时期的经历

20世纪初，经济大萧条开始的时候，我的富爸爸和穷爸爸当时都正在上小学。那段经历永久性地影响了他们的人生轨迹。一个爸爸从大萧条中汲取经验教训，并且变得非常富有。另一个爸爸则在接下来的人生中贫穷依旧，而且在财务问题上拿不定主意。

大萧条时期的穷爸爸

穷爸爸的父亲——我的祖父——在大萧条中失去了一切。他失去了自己的公司，以及在夏威夷毛伊岛上无价的海滨房产。我的祖父是一名企业家，因而他并没有稳定的薪水来保护自己的家庭。当祖父的生意遭遇失败时，我父亲的家庭便失去了一切。对于我的父亲来说，大萧条是非常可怕的经历。

大萧条时期的经济困难让我的穷爸爸信奉职业安全感、储蓄、购买房产、避免债务、购买政府养老金等观点。他不想成为企业家。他想要获得在政府工作的安全感。他不相信投资，因为他看到我的祖父在股票市场和房地产投资中失去了一切。我的穷爸爸一生都固守着这些价值观。对于我的穷爸爸来说，安全比财富更重要。儿时经济大萧条的记忆伴随了他的一生。

读者评论

我的祖母在大萧条时期已经成年了。当时，她知道重复使用一切物品，连纸巾都不例外。她会像抹布一样晾干它们，然后重新使用，直到它们变成碎片为止。每当我们难得有机会外出用餐时，她会将所有的面包和黄油都塞到自己的手袋里，以作为她第二天的早餐！

——Rromatowski

大萧条时期的富爸爸

富爸爸的家庭早在大萧条之前就已经在财务上困境重重了。富爸爸的父亲常年患病,并且在大萧条开始后不久就去世了。我的富爸爸很早就成为了家里的男丁,以及家中唯一的收入来源。由于他只是个年轻人,并且没有接受过什么教育,也没有什么工作方面的经验,大萧条迫使我的富爸爸在十几岁的时候就开始创业。他接管了家里的商店,并拓展了业务。

尽管生活很艰难,富爸爸并没有要求得到政府的支持,也没有要求获得福利。大萧条让我的富爸爸更加迅速地成长,并且学会了如何将事业经营好。从大萧条中汲取的经验和教训让他成为了一个富有的人。

"社会主义者"与资本主义者

我的穷爸爸成为了一名"社会主义者"。他在学校表现优异,各门功课都非常棒。但是在社会生活中则不是那么富有智慧。他非常相信政府应当在生活上关照人民。

我的富爸爸成为了一名资本主义者。他没有上完学,但是他在社会生活中确实充满智慧。他相信,只有开创自己的产业才能为自己的家庭和雇工们的家庭提供稳定的收入。他相信,人们应当学会照顾自己。作为资本主义者,他相信,授人以鱼不如授人以渔。

"社会主义"① 占据主导

在上一次的大萧条中,"社会主义"占据了主导地位。大量的政府福利项目得以创建。我们没有授人以渔,而是选择了授人以鱼,即使对富人也是如此。如果美国是真正的资本主义国家,我们就应当让经济崩溃,而不是一次又一次地以救市来支撑经济。熊市、市场崩溃、经济大萧条是经济循环重启的方式。衰退和萧条能够纠正市场犯下的错误,也能显露出繁荣时期犯下的罪行。

今天,我们并没有按下经济重启键,而是用数万亿美元来拯救那些没有竞争能力、采取欺诈手段以及跟不上时代步伐的企业。熊市的存在是为了清除在上一个牛市中滋生的错误、骗局,以及不足之处。然而,我们却没有让熊市完成自己的任务,而是让政府支付了数十亿美元来进行救市。将救市资金交给那些让世界背负着欺诈债务的银行家们,而事实上我们本应当将这些银行家送进监狱。诸如通用汽车公司这种在繁荣时期发展得过于臃肿、懒惰,从而在经济衰退时期无力竞争的企业也得到了政府帮助,从而免于破产。辞退了成千上万工人的企业高管们得到了奖金和黄金降落伞②,而他们本应肩负着对公司业务进行保护和发展的重任,而不是使业务收缩。随着公司股价的下跌,投资者们的财富蒙受了巨大损失。

---

① 此处的"社会主义"是指凯恩斯主义经济理论中关于国家干预的基本主张。——编者注

② 企业的高级管理层在失去原来的工作后,公司会从经济上给予其丰厚保障,包括股票期权、奖金、解雇费等。——编者注

这不是资本主义。今天,进行救市的政府是"社会主义"的——对于富人来说。我们的救市是以税收的方式从穷人那里拿钱,然后将这些钱送给富人。我并不是在指责奥巴马总统。这种财富上的掠夺已经持续了许多年的时间,这已经成为了巨富们利用我们的政府从穷人和中产阶级那里进行巧取豪夺,再将资产奉送给富人的手段。今天,我们实践着从生产者那里征税,再将税收赋予懒汉、骗子和没有竞争能力的人。

历史在重演

有人说,经济大萧条大约每75年出现一次。以此类推,21世纪的经济大萧条应当在2005年左右开始。经济萧条很难得到阻止的原因之一就是,对于萧条没有真正有效的定义。经济学家只能定义衰退。

我们没有更早进入萧条状态,其中的一个原因就是,美联储和美国政府操纵了货币供应,从而使经济得以顺利运转。他们现在也在进行同样的工作。如果他们做得够好,经济能得到拯救。如果他们失败,这个失败可能会导致经济萧条。

更好的定义

直到2008年,经济学家才最终宣布:我们处于衰退之中,而实际上我们处于衰退的时间已经长达一年之久了。在这一年中,雷曼兄弟公司破产了,股票市场崩溃了,大银行得到了数十亿美元的救市,汽车制造商破产了,人们失去了自己的房子和工作,连加利福尼亚州都准备开始"打欠条",因为加州也没钱了。尽管金融业的坏消息不断,经济学家还是用了一年的时间来指出,我们处于衰退之中。我想知道,如果要他们宣布萧条得需要多长时间。很显然,我们需要关于衰退和萧条的更好的定义——或者至少更好的经济学家!我个人对于衰退和萧条有着简单的定义。在此,我引用一句老话:"如果你的邻居失去了工作,我们就处于衰退中。如果连你也失去了工作,我们就处于萧条中。"

2008年,200多万美国人失去了工作。仅仅在2009年2月份,就有超过6.5万的人失去了工作。

永不终止的萧条

让我们回溯历史,看看过去的75年,你甚至可以认为,上次衰退至今未曾终止。现在出现的许多经济问题都源自上次的经济衰退,而这些问题一直没有得到解决。悬而未决的问题从上代人推向了我们这代人。比如,美国的社会保障制度于1933年建立,如今,这一政府项目的支出将迅速膨胀,因为婴儿潮中的7 500万人口在2008年左右将陆续开始退休。用于应对上次萧条而创建的解决方案如今却成为了一个巨大的问题。社会保障同样带来了医疗保险与医疗补助的创立,这些制度在财政上带来的问题要比社会保障严重5倍。美国联邦住宅管理局创立了房利美和房地美,而这两家公司现在正处于次贷问题的风暴中心。还是那句话,让我们回溯历史,看看过去的75年,上次衰退从来就不曾终止。用于解决过去那些问题的解决方案只会让解决的代价更高。

解决问题还是闹剧一场

下面是关于政府在应对大萧条所采取的解决方案的简要概括。

1. **社会保险，医疗保险和医疗补助**。现在，这些解决方案成为了一个耗资 65 万亿美元的问题，而且这个问题正在不断恶化。

2. **联邦存款保险公司（FDIC）**。联邦存款保险公司对银行家的保护要超过对储户的保护。通过让存款被投保，联邦存款保险公司给予那些敢于冒较大风险的银行家回报，惩罚那些谨慎的银行家，并且粉饰银行业的欺诈行为。存款保险让储户产生一种虚假的安全感，而实际上他们的存款被投入到风险更高的投资之中。联邦存款保险公司对银行业危机和信用垮台起到了推波助澜的作用。在下一章，我将对这个问题进行进一步讨论。

3. **联邦住宅管理局（FHA）**。联邦住宅管理局让政府控制了住房，并且创建了房利美和房地美。这是两家由政府资助创立的企业，它们正处于次贷危机的风暴中心，并且已经耗费了纳税人数十亿美元的资产。现在，房利美公司产生的金融问题比美国国际集团还要严重。

4. **失业保险**。失业保险体系创建于 1935 年。如果失业的话，一个人能够领取 26 周的失业保险金。当经济情况确实很糟的时候，美国联邦政府还可以延长领取失业保险金的周数。2008 年 6 月，由于失业人数加速增长，国会又将领取保险金的时间增加了13周。

5. 布雷顿森林协定。1944年，第二次世界大战即将结束，国际银行界高层在新罕布什尔州的布雷顿森林举行了一次会议——联合国货币与金融会议。这次会议促成了国际货币基金组织（IMF）和世界银行的建立。尽管人们通常认为，这两个机构的建立是为了给世界带来好处，事实上它们却严重地祸害了全球——祸害的根源之一就是法定货币体系。

1971年，美元同黄金的联系被切断，国际货币基金组织和世界银行要求世界其他国家同样脱离金本位，否则就将其驱逐出这个俱乐部。今天，全球危机的蔓延正是因为世界经济在"大富翁"游戏货币上漂浮不定。

作者注释

1944年，全球从本质上是在坚持美元本位制，这让美元成为了世界储备货币。这也就意味着全世界都必须要用美元来进行贸易，就像美国公民必须要用美元来支付自己的税务一样。美国之所以能成为如此富有的国家，是因为我们能够印制合法的纸币，用美元支付我们的债务和贸易。如果阿根廷或中国等国家可以让自己的货币成为世界储备货币的话，它们同样也能变得富有。这一点带来的危险就是，如果美元严重丧失了信用度，中国等国家可能真的会选择一种新的储备货币。如果发生这种情况的话，美国就会遭遇灭顶之灾。我们再也不能靠印发纸币来生存了。

6. 因人设事的就业项目。在 20 世纪初的萧条时期，美国创建了政府就业项目。其中一个就是地方资源养护队（CCC）。这个政府项目向失业人员支付薪水，让他们执行由政府发起的各种养护项目。还有公共事业振兴署（WPA）。这个政府项目向人们支付薪水，让他们完成桥梁建设等民用建筑项目，还涉及大型艺术、戏剧、媒体，以及文化项目。这个项目产生的就业机会一度构成了美国最大的雇佣基数。

2009 年，政府再一次投资进行因人设事的就业项目。政府赞助这些因人设事就业项目的首要原因就是——让人们填饱肚子。事实证明，如果人们吃不饱饭，他们就会反对政府。政府官员最害怕的就是政治上的动荡局面，这可能会导致革命的爆发。

20 世纪初的萧条从未停息，问题被进一步向前推动。今天，这些问题变得更大、更麻烦，也更加危险。

萧条的两种类型

在整个历史长河中，萧条主要有两种基本类别：

1. 由通货紧缩导致的萧条
2. 由通货膨胀导致的萧条

美国在 20 世纪初的萧条是由于通货紧缩导致的。与之相反，德国最近一次的萧条是由于通货膨胀导致的。

同样的萧条，不同的只是金钱

美国的萧条之所以由通货紧缩导致，其中的一个原因就是，美元依然具有真实的价值。美元还是由黄金和白银所支持的货币，即票据货币。从本质上来说，票据货币是指黄金或白银的纸质票据，假设这些黄金或白银都存储在美国财政部的金库里。

在1929年股票市场崩溃之后，恐惧开始蔓延。美国人紧抓住自己的美元不放，经济开始紧缩，企业倒闭，人们失去工作，萧条开始了。政府并没有靠印制钞票来解决问题，因为从技术上看，这样做是不合法的——尽管政府确实变通了一些规定。在这种情况下，储户是赢家，因为钱非常稀少，并且依然具有实际价值。当通货紧缩开始之后，萧条出现了。

德国的萧条是由于通货膨胀造成的，这是因为，德国的货币不再是真正的货币。德国马克成了一种"大富翁"游戏货币，是政府的借条——凭空创造出的法定货币。

德国马克只是"大富翁"游戏货币，只是在一张纸上印了一些图案，背后没有任何东西的支持，而且德国政府还在不断印制货币。这是当时的德国政府解决财政问题的方法。储户是失败者，钱的价值越来越低，因为越来越多地货币涌入经济体系。当通货膨胀开始之后，萧条也出现了。

一个很著名的故事讲的是，一个女人推了一手推车的德国马克去面包店买一块面包。当她从面包房出来取钱的时候，她发现手推车被偷走了，但是小偷留下了马克。这个故事幽默地描述出了恶性通货膨胀的破坏性后果。

为下次萧条做好准备

所以，现在的问题是：如果即将发生萧条，你认为这次的萧条会像美国的萧条还是德国的萧条呢？如果萧条发生，是现金为王还是现金变粪土呢？

准备应对美国式的萧条

大部分人都在准备应对美国式的萧条。这些人坚持储存现金，从供职的公司获得稳定的退休支票，从政府获取社会保障支票，减少债务，降低生活支出，过更简单的生活。他们这么做是因为会感到更安全。

尽管这些人做好了应对美国式萧条的准备，但如果遭遇德国式萧条，他们就会被彻底摧毁。许多共同基金经理现在看起来很精明，因为他们早早地从市场中抽身出来，坐拥大量现金。但是，如果即将出现德国式的萧条，会发生什么事情呢？现金依然为王吗？他们还算得上精明吗？

准备应对德国式的萧条

一些人正在准备应对德国式的萧条。这些人正在积攒金币、银币和一些现金，以及根据通货膨胀调整的投资。这种投资包括石油、食品、黄金和白银储备，以及政府赞助的住房。

> **读者评论**
>
> 我生活在底特律，新的萧条已经出现了。这次萧条既不是美国式的也不是德国式的，而是一次摧毁中产阶级及其生活方式的萧条。
>
> ——cindyri

即将出现什么

在我看来，一场德国式的萧条即将出现——而不是美国式的萧条。下面是我对此分析的一些原因。

1. **沃伯格效应**：保罗·沃伯格是美联储的创始人之一，他代表了欧洲的罗斯柴尔德家族和沃伯格家族。他是沃伯格家族银行的成员，该银行在德国和荷兰均有办事处。他的兄弟麦克斯·沃伯格曾是德国皇帝的财政顾问，以及德国帝国银行的总裁。沃伯格兄弟都反对黄金。他们呼吁弹性的货币供应，这种货币供应可以扩张和收缩以适应商业需求。他们支持法定货币。当然，这往往会导致通货膨胀，这对于中产阶级和储户来说是无声的税赋。沃伯格货币哲学的破坏性结果在德国得到了验证。麦克斯是一名犹太人，他在1938年逃离了德国——但是在那之前，德国的恶性通货膨胀就已经发生。这两兄弟宣扬的货币理论今天正在美国上演，美联储将数万亿的美元投入了我们的经济之中。

同样需要指出的是，在1913年以前，美国并没有所得税。

所得税的建立是为了给政府提供足够的现金来支付美联储的利息。因此，从本质上看，通货膨胀产生的无声利息以及从我们口袋中掏出钱来送给富人的过高所得税，美联储对这两者都要负责。

2. 印出摆脱债务之路：1929年的经济崩溃是由于买空的股票所引发的。2007年的崩溃是由于买空的房地产所引发的。然而，正如我们之前讨论过的那样，这两次经济崩溃的主要区别在于，美国政府在1929年不能靠印钞票来摆脱债务，因为当时的美元还同黄金挂钩。今天，美元成了一种自由浮动的货币，除了美国政府的良好信誉和信用之外，没有任何东西能支持它。既然政府有权靠印钞票来偿付债务，你认为政府将会怎么做呢？

3. 愚人的金子：富兰克林·罗斯福让美国公众在1933年上交黄金，公众每上交一盎司黄金，能换取20.22美元。然后，他将黄金的价格提高为每盎司35美元。换句话说，公众每上交一盎司黄金，就会被政府骗走大约15美元，掠夺的比例高达58%。如果有人被抓住持有金币的话，美国政府的惩罚措施是1万美元的罚款和10年监禁。这么做的一个原因就是，让公众习惯将纸币当成全球唯一的货币；另一个原因就是，为了掩饰美国政府已经印发了太多的美元，没有足够的黄金储备进行支持这一事实。换句话说，当时的美国政府破产了。

1975年，福特总统再次允许美国公众拥有实物黄金——这是在尼克松永久性切断美元与黄金联系之后作出的决定。当那些控制了我们政府和银行的人可以随心所欲地印发钞票的时候，谁还在乎黄金呢？

今天，大部分人只习惯使用纸币。大部分美国人不知道去哪里购买金币和银币，甚至不知道他们为什么要购买金币和银币。他们能够看到的只是工作机会在消失、房屋价值在下降、退休储蓄在随着股市行情下跌而减少。许多人迫切地希望政府采取救市措施，而这可能意味着他们在不自知的情况下选择了恶性通货膨胀，而不是通货紧缩。

4. 一个"手推车货币"的世界：正如我们前文说过的那样，1944年的布雷顿森林会议创建了世界银行和国际货币基金组织。这些机构是美联储与其他欧洲中央银行的延伸。国际货币基金组织和世界银行要求全球的银行将本国货币转换为法定货币，也就是失去了黄金和白银支持的货币，这同第二次世界大战之前的德国货币相仿。换句话说，美国、国际货币基金组织，以及世界银行开始向世界输出德国式的货币体系，也就是"手推车货币"。

直到1971年，美元仍是国际货币基金组织使用的首要货币。自从35美元兑换一盎司黄金开始，能够创造出的国际货币数量是有限的。为了以真正的世界中央银行的身份进行运作，国际货币基金组织需要能够发行无限数量的货币，这种货币的价值会随时波动。1971年8月15日，尼克松总统签署了一项总统令，表明美国不再用美元兑换黄金。1971年，美元开始成为全球真正的"大富翁"游戏货币。

世界货币是"手推车货币"

今天,全球的主要货币几乎都是"大富翁"游戏货币——"手推车货币"。因此,我们需要再一次问自己:下一次萧条会是美国式的通货紧缩型萧条,还是德国式的恶性通货膨胀型萧条呢?是现金为王还是现金最终变粪土?储户会成为赢家还是输家?养老金领取者会成为赢家还是输家?物价会下降还是会变得更高?

作者注释

目前,美联储和美国财政部正在努力抑止通货紧缩。通货紧缩要比通货膨胀更糟,而且要想让它停止也更难。这也是为什么我们会看到救市和刺激性方案的原因了。如果这些方案成功的话,我们会回到通货膨胀的经济中来。然而,一个更大的问题是:万一经济刺激方案无效,大量印发的钞票反过来又会导致恶性通货膨胀。而恶性通货膨胀会同通货紧缩一样糟糕。最近,津巴布韦就出现了这种情况,据报道称,10亿津巴布韦元只能买3个鸡蛋。如果这种不可思议的情况发生,如果美国陷入恶性通货膨胀的话,这也就意味着美元的终结。如果出现这种情况,全球经济就会崩溃。这也是我们的领导人最担心的事情。

要对接下来的萧条做好准备,我们需要采取的第一步就是,了解你的历史,查看事实,展望未来,作出自己的决定。然

后，你要决定是选择穷爸爸的萧条原则，还是富爸爸的方法。现在，当情况恶化时，我总记着这样一个事实，富爸爸变得更加富有，穷爸爸贫穷依旧，而他们两个受到的是同一场萧条的影响。

> **读者评论**
>
> 目前依然是现金为王，因为各国货币依然同美元绑定。不过随着美联储继续印制钞票，美元会越发失去其作为储备货币的吸引力。然后，其他国家会寻求将本国货币同美元解绑，然后将本国货币同某些更加稳定的东西进行绑定，例如黄金。那就是恶性通货膨胀到来的时候。
>
> ——deborahclark

出口债务

萧条很有可能不会出现。可能奥巴马总统有能力统一世界，全球可以继续并永远凭空印发货币。也许世界各国会继续接受美国作为全球第一的债务出口国，以支付他们的产品与服务。只要全球各国还愿意继续接受我们的债务、国库券和债券，把它们当成货币，那么旋转木马的循环就还会继续下去。但是，如果各国不再接受美元的话，音乐就会停止，随之而来的萧条就会比上次的大萧条更加严重。

2009年3月18日，星期三，美联储向全球宣布：将向市场再次注入1.2万亿美元。这是否意味着你应当系好安全带等待腾飞，还是做好措施以准备轰然坠地？这一宣告意味着美联储现在真的在印钱了，就像德国政府在上次萧条中做的那样。在正常的经济运行中，当美国财政部推出债券的时候，中国、日本、英国等国家和私人投资者就会购买这些债券。但是，当美联储购买我们的债券时，这意味着美国真的在印钱；这意味着经济依然像一个裂了缝的热气球一样，正在崩溃。

如你所知，美联储主席本·伯南克吸取了上次萧条的教训。他经常表示，他会通过印钱的方法来保持经济的顺利运转。他曾经说过，他会从直升机上往下扔钱来拯救美国经济，他也因此得到了一个"直升机本"的外号。这项计划从2009年3月18日开始实施，这也证实了他的意图——不计任何代价保持通货膨胀。但是，如果他在这条道路上走得太远，并且过度膨胀货币供给的话，德国式的萧条就离我们不远了。

金钱新规则第四条：理财需要未雨绸缪

当我还在上主日学校的时候，我听过一则故事，讲的是一个总是重复做同一个梦的埃及法老。在梦里，法老看到7头肥牛被7头骨瘦如柴的牛吃掉。他因这个梦而感到心烦意乱，于是到处找人来解梦。最后，他遇到了一个年轻的奴隶，那个奴隶告诉法老，这个梦意味着世界将有7年的丰饶生活，然后是7年饥荒。法老听后，立即开始为饥荒做准备，从而埃及也得以继续保持强大的国家实力，很好地养育了这个地区的人口。

当我在1983年读了富勒博士的《巨人之现金抢劫》这本书之

后，我就开始在为今天的金融危机未雨绸缪。现在，我和我的妻子、我们的公司，以及我们的投资仍然状态良好，这是因为我们总在为最坏的可能性做准备。这也是为什么金钱新规则的第四条是：理财需要未雨绸缪。在本书后面的部分，你会了解更多关于这条法则的内容。

只知好光景

我这代人——婴儿潮的一代——以及我们的孩子只经历过经济繁荣。婴儿潮的一代不知道什么是萧条。在大部分情况下，他们所了解的一切都只有好光景。婴儿潮的一代是幸运的，因为他们生在巨大的经济繁荣之中。这次繁荣开始于1971年，当时，全球货币都变成了"大富翁"游戏货币。在这一代人中，有许多人都在自己的"手推车"中攒满了钱。2007年股市崩盘之后，我这一代人中有许多人失去了自己"手推车"里的钱。但是，比失去金钱更糟糕的是，他们可能会被时代所抛弃。

我担心，我这一代人和他们的孩子并没有为经济衰退，也就是可能到的萧条做好准备。如果一个人只经历过不断向前发展的扩张经济，很可能不会为通货紧缩或恶性通货膨胀做好准备。

解决这种问题的一个好方法就是，找到那些经历过经济大萧条的人，请他们吃个午饭。我就曾经和经历过德国经济大萧条以及美国经济大萧条的人吃过饭。未雨绸缪是防备下次萧条的好方法。你准备得怎么样了呢？

读者评论

　　首先，我非常相信在某种程度上萧条确实即将到来，而且我也的确相信大部分人都会在没有警觉的情况下陷入其中，因为他们一直生活在经济扩张的时代，我也是这样。我认为硬资产是下次萧条时的生存之道。在理想状态下，你现在可以从一种硬资产中获取现金流，从而投资黄金和白银，当美元一文不值的时候，这也许能足以抵消你在现金流或货币价值上的损失。

——dkosters

第 5 章
对财商的阴谋

抢银行的最佳方式

> 问：银行家和杰西·詹姆斯有什么区别？
> 答：杰西·詹姆斯从外面抢银行，银行家从内部抢银行。
> 问：抢银行最佳的方式是什么？
> 答：抢银行最佳的方式是——拥有一家银行。
>
> ——威廉·克劳福德
> 加利福尼亚州储蓄贷款部委员

人们是精明的

随着人类的进化，金钱也在演化。之所以会有这么多人陷入金融危机，其中一个原因就是我们的钱发生了演化，而我们并没有随之改变。我们没有改变的一个原因就是：存在一个与我们的财务智慧作对的阴谋。我们的演化被阴谋阻碍了。

每当涉及钱的问题时，大部分人都很精明。即使 10 岁大的小孩都知道 5 美元和 50 美元面额的钞票之间的区别。如果可以在 5 美元和 50 美元的钞票之间进行选择，大部分小孩都会选择那张 50 美元的。

为了消除我们在财务上的天生资质，就必须要让我们在财务上变得驽钝。这一点通过银行得到了实现。通过银行复杂而令人困惑的系统，金钱得以创造。对于有逻辑的人来说，现代货币体系在很多方面并没有什么意义。比方说，它是如何无中生有地创造出数万亿美元的？

> **读者评论**
>
> 　　你有多少次被人要求在"这里、这里、还有这里"签字，却没有仔细看看自己正在签字的具体内容，或者连要求你签字的人都没有向你简要解释其中的内容？这种行为通常被说成是为了方便客户，让问题更加简化。然而，在大部分情况下，这只是让客户变得更驽钝了而已。
>
> 　　　　　　　　　　　　　　　——dafirebreather

金融童话

当我还是个孩子的时候，我相信童话，但是在我七八岁的时候，我知道了童话只是为小孩子编写的故事。因此，当一方面美国总统让我们相信希望，另一方面美联储却在无中生有地印刷数以万亿计的美元时，我便开始考虑我们的领导人是否希望全球的人们都相信有金鹅的存在。很显然，我们的领导人已经在无意间发现了一只能够下金蛋的神奇的鹅，这只鹅能够从空气中创造出财富。我希望，我们的结局不会像《会下金蛋的鹅》那个故事中写的那样。

魔术表演

我小时候很相信魔术，长大后才知道原来并不存在什么魔法，那只不过是骗人的戏法，是熟练的手法罢了。不幸的是，今天创造金钱的真实方式恰恰就是魔术——熟练的手法。创造金钱就是一场魔术表演。美国财政部以国库券的方式发行了一种债券，美联储为这种债券填写了一张神奇的支票，接着支票被存进了商业银行，商业银行再将支票发放给地方银行，地方银行再发放给更下一级的银行。

然而，这并不是戏法的全部。真正的魔术在于，货币供给在每个银行都增加了。由于存在一种被称为部分准备金制度①的戏法，所以每当银行收到一美元，事实上它就能印刷出比一美元要多的货币。关于这个制度，我们随后将在下文中进行更加具体的讨论。每个银行都可以进行这种戏法。银行必须要做的一点就是，找到像你和我这样为了金钱不顾一切、愿意为借这种魔术货币宁可出让自己生命的人——你越不顾一切，利率也就越高。

所有的银行，不论大小，实际上都被授予了印刷钞票的权

---

① 部分准备金制度是相对于全额准备金制度而言的。它指商业银行留下一部分准备金，把其余的资金全部贷出的制度。——编者注

力。你不需要戴上面具来抢银行。你所需要做的就是拥有一家银行。

今天的人们要理解金钱是很困难的。如果你是一个诚实勤劳的人，银行如何创造这种魔术货币你是不会明白的。有钱人会通过一种让诚实的人们难以理解的货币系统来消除我们的财务智慧，这就是他们的阴谋。拥有一家银行并不仅仅是印钱的执照——还是合法偷窃钱财的执照。

我并不是说银行家全部都是骗子。大部分银行家都是诚实的人，并且不知道这种抢掠是如何完成的。许多银行家并没有意识到自己是如何习惯于从客户那里盗取财富的。银行家同理财师或房地产中介商没什么区别，他们会主动同你握手，问："我可以为你提供什么服务吗？"大部分银行家只是在做一份工作，与我们其他人一样，讨生活而已。偷窃我们财富的是货币创造体系。这个体系让一些人变得非常富有。

金钱的演变

随着人类社会变得越来越复杂，社会要求人们以更加复杂的方式来进行交易，金钱发生了演变。接下来，我将用非常简单的术语来描述金钱的演变阶段——金钱如何从真实货币演变为魔术货币。

1. **以物易物**：最早的货币系统是以物易物。以物易物是指，用一种产品或服务来换取其他的产品和服务。比如，如果一个农民养了鸡，而他需要鞋子，他可以用自己养的鸡来换他人制作的鞋子。以物易物的一个显著问题就是，交易速度慢、单调乏味，而且耗费时间，很难衡量物品的相对价值。比如，如果鞋匠不需要鸡怎么办？即便鞋匠需要，他的鞋值多少只鸡呢？可见，人类需要更快速、更有效的交易方式，因此金钱发生了演变。

然而，需要说明的一点是，如果经济持续下滑，货币持续吃紧的话，你会看到易物交易次数的增加。以物易物的一个好处就是，政府很难对这种交易征税。税收部门可不接受鸡。

2. **实物货币**：为了加速交易过程，一些部落中的人们开始以某些物品来代表价值。贝壳是实物货币最早的形式之一。石头、有色宝石、珍珠、牛、羊、黄金、白银都曾经当过实物货币。养鸡的农民不再需要用鸡来换鞋了，他可以给鞋匠6个有色宝石来买鞋。实物货币的使用加速了交易的过程。更多的交易可以在更少的时间内得到完成。

今天，黄金和白银依然是国际范围内被普遍接受的实物货币。这是我在越南汲取的经验教训。纸币是国内的，而黄金是国际的，甚至在敌国也能作为货币被接受。

3. **票据货币**：为了保护贵重金属和宝石的安全，有钱人会将自己的黄金、白银、宝石交给自己信任的人保管。然后，保管人为这个有钱人发放票据，作为保管贵重金属和宝石的凭证。这就是银行的雏形。

票据货币是最早的金融衍生物之一。再次重申，衍生物这个词表示"从别的东西那里衍生出来"的意思，就像橙汁来自橙子，鸡蛋来自鸡一样。随着货币从代表价值的实物演变为价值的衍生物——票据，商业的速度加快了。

古时候，当商人穿越沙漠，从一个市场到另一个市场的时候，他不会带着黄金或白银，因为他害怕在路上被抢劫。他会随身携带代表了自己存储的黄金、白银，或者宝石的票据。票据就是他所拥有的贵重物品的衍生物。如果他在远方的目的地购买产品的话，他会用票据来支付自己的产品——这种票据就是真实价值的衍生物。

然后，卖方就会拿走票据，并且将其存入自己的银行。这两个城市的银行家不用将黄金、白银、宝石运过沙漠，存入另一家银行，而是简单地根据票据将买方和卖方的借款和存款进行结算或调整。这就是现代银行与货币系统的初期形态。货币再一次得到了演变，而商业的速度又提高了。如今，票据货币的形式有支票、银行汇票、电汇，以及签账卡。罗斯柴尔德三世曾对于银行的核心业务进行过描述，那就是："推动金钱从 A 点——它所在的地方，向 B 点——需要它的地方的移动。"

4. **部分准备金票据货币**：随着财富通过贸易而增加，银行的金库开始装满了贵重的实物货币，例如，黄金、白银、宝石。银行家迅速认识到，黄金、白银、宝石对于他们的客户并没有什么用。对于交易业务来说，票据更加方便，它更加轻薄、安全、便于携带。为了赚更多的钱，银行家从存储财富转变为出借财富。当客户来银行借钱的时候，银行家只需发行另一张有利息的票据就可以了。换句话说，银行家认识到，他们不需要用自己的钱来挣钱。事实上，此时银行家已经开始印钱了。

以货代款（in kind）这个金融术语源自德语，Kinder 的意

113

思是孩子。以货代款也是幼儿园(kindergarten)一词的字面起源。以货代款这个金融术语源于一个借款的人用牛作为担保从银行家那里借钱的典故。如果借方的牛在银行担保期间生了小牛的话，银行家就将小牛也看做是贷款协议的一部分。这就是利息支付的起源，或者按照银行家的话说，叫做以货代款。

由于银行家可以从利息支付、以货代款中挣钱，很快他们就开始放出比自己金库中的货币更多的贷款。这就是魔术表演开始之时，这就是银行家从帽子里面拽出兔子的时候。比如，他们的金库里可能有价值1 000美元的黄金、白银和宝石，但是他们可以发放2 000美元的票据用于流通，这些票据都可以对那价值1 000美元的贵重物品主张所有权。在这个例子里，他们创建了一种2∶1的部分准备金——金库中每一美元的黄金、白银和宝石对应两美元的票据。银行里的钱只是流通中票据的一部分。银行家用自己不曾拥有的钱来获取利息。如果普通人这样做的话，会被看成是欺诈或伪造。然而，银行这样做却是完全合法的。

由于有更多的钱在流通，人们感到自己更加富裕了。只要每个人不会同时要回各自的黄金、白银和宝石，这种扩张的货币供应就能正常运作。用现代的术语来说，这就是经济学家口中的"经济增长是因为货币供应的扩张"。

在美联储等中央银行出现之前，许多小银行都发行自己的货币。当这些银行逐渐变得贪婪，向外借出的票据货币比自己金库中所储备的黄金、白银、宝石多太多，又无法满足储户取款的需求时，银行破产了。这也正是英格兰银行和美联储创建的原因。他们只想要一种形式的货币——他们的货币——而且他们想要规范部分准备金制度。

中央银行的创立受到了开国元勋的激烈反对——美国宪法的签署者反对建立这样的机构。然而，1913年，在伍德罗·威尔逊总统和美国国会的批准下，美联储还是成立了。美联储的成立标志着这个超级财富体开始同美国财政部进行合作。美国现有的钱都被这个合作关系所控制。没有其他银行能够发行自己的货币。这再次印证了梅耶·阿姆斯切尔·罗斯柴尔德在将近一个世纪前说出的具有预见性的话，如果我能够控制一个国家的货币供应，我就不在乎法律由谁来制定了。

现在，奥巴马总统和美国国会正在努力通过改变或加强金融规则来解决金融危机。但是，就像罗斯柴尔德一样，有钱人的阴谋共同体根本不关心规则。所有控制全球中央银行的银行联合体只关心总统和国会能够为处于挣扎中的经济注入多少救市和刺激性货币。这个联合体想要的一切只是这些救市货币所带来的利息，这些为了救市和刺激性项目而创建出的数万亿美元的魔术货币。

2009年，当总统和国会讨论一项新的8 000亿美元救市计划时，一整套政府项目被创建，都用于为经济运转注入金钱，其中大部分都是秘密进行的，并且用了"一级交易商信贷便利"或"商业票据信贷便利"等奇怪的名称。我们很少从媒体那里听到这些项目行动的消息。但是，通过这些新近创建出的项目行动，美联储为保障贷款注入了至少3万亿美元，以及发放了高达5.7万亿美元来保障私人投资。

所以，谁的权力更大？美联储主席伯南克还是奥巴马总统？

115

> **读者评论**
>
> 　　这确实是一个非常引人入胜的问题。随着我阅读了越来越多有关这个问题的内容，我得出这样一个结论，美联储不仅仅是政府创建的一个用于控制货币的实体。同样，我认为关注哪个实体更有权力意义不大，我在意的是它们在一起时具有凌驾于人民之上的更大权力。
>
> 　　　　　　　　　　　　　　　　　　——rdeken

　　这就是上一代和这一代银行家对银行进行的掠夺。不管人们是否认同这场阴谋，现实就是，数万亿美元的魔术货币加上利息，这笔巨款将不得不由未来的几代人来支付。我们用子孙的未来为自己今天的错误埋单。

　　5. **法定货币**：当尼克松总统在1971年切断了美元同黄金的联系时，美国就不再需要在自己的金库里储备一定量的黄金、白银、宝石，或者其他任何东西，也可以创造货币了。

　　严格来说，1971年以前，美元是黄金的衍生物。1971年之后，美元成为了债务的衍生物。切断美元同黄金之间的联系意味着银行正在进行着严重到令人无法容忍的掠夺。

　　法定货币只是由政府的良好信誉与信用支持的货币。如果有人妨碍了政府和中央银行在货币上的垄断，政府有权将这些团体或个人以欺诈或伪造的罪名送进监狱。法定货币意味着各种税收等政府应得款都必须要用这个国家的货币进行支付。你不能够用鸡来支付自己的税款。

刮下硬币的边缘

当货币还是实物货币，特别是金币和银币的时候，人们很容易就能知道自己的钱什么时候变少了，被人掠夺了。早在罗马帝国时期，骗子会试图刮下硬币的边缘来骗人。这也就是为什么大部分罗马硬币的形状都不规则、看上去怪怪的原因了；这也就是为什么许多现代硬币都在边缘上有凹槽的原因。如果你收到一枚边缘光滑、形状不规则的25美分硬币的话，你很快就会知道有人从这枚硬币上锉掉了一些金属，而这枚硬币也就不值钱了，即，有些人偷走了你的钱。在钱的问题上，人们是精明的——但是只有当他们能够看到、触摸到，即感觉到钱的时候才是如此。

降低硬币的成色

罗马人在货币上被欺骗的另一种方式就是硬币成色的降低。这就意味着政府铸币厂不再使用纯金或纯银硬币，而是将黄金或白银与镍或铜等非贵重金属进行融合，稀释硬币中黄金和白银的含量。从本质上说，硬币已经失去了价值，而通货膨胀也随之增加了。通货膨胀是货币价值下降的衍生物。

1964年，美国政府做了罗马政府当年做过的事情，政府收走了我们的银币，将它们换成了普通金属硬币。这也就是为什么今天我们的硬币凹槽边缘会有铜的色调。尽管凹槽保护了硬币免遭边缘被刮的命运，但政府却将银币中的银拿走了，这意味着硬币的价值被刮掉了。在1964年以后，没有人再刮硬币边缘了，因为硬币本身不再有价值。

1964年，还在上高中的我就开始尽可能多地搜集旧银币。我不知道自己为什么要这么做，但就是有一种类似强迫症的感觉。我知道有些事情发生了变化，而自己最好能坚持持有真正的银币，而不是硬币。几年后，我发现自己的做法印证了格雷欣法则。格雷欣法则指的是：当劣币进入流通后，良币将被藏匿。其实我和上一章中提到的那个越南水果小贩一样，都对货币系统的改变作出了回应。我将劣币换成良币，即银币，然后将其放进我的硬币收藏中。直到今天，我还保存着当时搜集的一些银币。

看不见的银行掠夺

今天，在我们的货币中，刮掉硬币的边缘和降低硬币的成色等情况依然在继续，只是换了种形式出现而已。由于一些货币变成隐性的了，成为了债务的衍生物，银行家进行的银行掠夺也变得更隐蔽了。这也就意味着大部分人都不能看到银行是怎样偷走他们的货币的。

下面就是现代银行家对银行进行掠夺的两种方式。

1. 银行部分准备金制度：假如设定12 : 1的储备限制比例（比例可以根据经济形势进行调整），当你往银行存入100美元的时候，你的存款银行就可以发放由这100美元关联出的1 200美元的贷款。每当出现这种情况的时候，你的钱就被刮取和稀释了，通货膨胀也会增加。

比如，如果银行为你的100美元每年支付5%的利率，即每年支付给你5美元的利息。然后，收入银行就能以10%的利率向外放出贷款1 200美元，这就给他们带来了120美元的利息收入。银行通过部分准备金制度降低了你的货币成色，抢走了你的财富，而且利用你的100美元赚了120美元的利息。而你用这100美元却只能赚5美元。

银行部分准备金制度是现代的银行家从硬币上刮取价值、降低硬币成色的一种隐蔽方式。这是一种现代的银行掠夺方式，却很少有人能够了解这一点，每家银行，甚至你家隔壁的银行都可以用这种方式无中生有地创造出金钱。当银行收到你的存款时，他会说："谢谢你。"因为他可以像变魔术一样印出更多的钱了。当银行家借出比你存入的钱更多的货币时，货币供给就会扩张，而通货膨胀也在随之加剧。

1983年6月，聪明的投资银行家又想出了一种新方法，他们将数以千计的抵押进行打包组合，将它们转化为债券，然后统称为债务抵押债券（CDO），这是债务的一种衍生物。接着，他们将债务抵押债券出售给全世界，作为政府和公司债券的替代产品。

穆迪和标准普尔等评级公司将这种重新包装的债务定位为投资级别。而美国国际集团、房利美、房地美等保险公司也确保了这种交易具有信用违约互换[①]。为什么这些准保险公司用"互换"这个词，而不是"保险"？这是因为公司被要求，保单背后需要有资金的支撑，而互换背后不需要资金的支持。这也是为什么美国国际集

[①] 又称贷款违约保险。是目前全球交易最为广泛的场外信用衍生品。它的出现解决了信用风险的流动性问题，使信用风险可以像市场风险一样进行交易，从而转移了担保方风险，降低了企业发行债券的难度和成本。——编者注

团等公司在抵押市场崩溃的时候会破产的原因了。这就像当事故发生之后，你却发现对你的车进行保险的保险公司也破产了一样。

随着对债务抵押债券需求的增长，抵押银行家们争相提供服务。最后，他们终于发现了可以放贷的新客户，有些穷人非常缺钱，又想要在没有首付款的情况下买新房子或者用旧房子做二次融资，并且投入了他们所有的资产。词汇表中从此出现了一个新词：次级贷款。

当次级贷款者能够按月支付月供的时候，一切都运行顺利。而2005年，作为贷方的房地产市场开始崩溃。这次金融危机源自美联储赋予银行过度的权力，银行通过部分准备金制度出借自己并不拥有的财产。

问题在于，联邦政府做好准备替这个衍生物付账了，这个数目要超过600万亿美元。

政府付账的行为导致了现代银行家抢掠银行的第二种方式：存款保险。

2. 存款保险：存款保险是为了保护银行——而并非储户。在美国，我们有联邦存款保险公司（FDIC），这个公司能够保护我们的存款。但是，它的首要目的是保护花旗银行、美国银行、摩根大通——那些导致这场危机的银行。

当所有储户都在排队，要同时取出自己的存款的时候，就意味着发生了银行挤兑。联邦存款保险公司的存在就是为了确保银行不会出现挤兑。当20世纪80年代的存贷危机出现时，存款最多得到5万美元的保险。当存款和贷款出现问题的时候，存款保险增加到了10万美元。2007年经济危机开始后，保险增加到了

25万美元。这些保险额的增加让人们相信：即使银行倒闭，储户也不会失去自己的存款。从2007年到2009年，尽管银行经营不善的案例越来越多，银行挤兑的情况也非常少。其中一个原因就是，储户感到很安全，因为联邦存款保险公司会保护他们。

尽管联邦存款保险公司做了很多好事，但它同样也保护了不合格、贪婪、不诚实的银行家。通过给人一种外显的安全感——一种财政支持，联邦存款保险公司奖励了那些银行家，而银行家却在用储户的金钱进行风险越来越高的操作。尽管联邦存款保险公司声称会对那些买了保险的银行进行赔付，但联邦存款保险公司实际上并没有足够的钱来应对今天的损失。因此，对这些损失的赔付落在了纳税人肩上，这是通过救市的形式进行的。银行家带着数十亿美元离开，而我们则陷入了账单偿还之中。

银行不是平等的

现在，我们一次又一次地听到救市这个词。事实上，并不是所有银行都得到了援助。救市只是针对最大的银行进行的。

如果规模较小的银行破产，联邦存款保险公司通常会通过股息率来解决问题。比如，如果你和我拥有一家小型银行，而我们的银行有太多的贷款坏账，联邦存款保险公司就会关闭银行，付清储户的存款，而我们和我们的投资者就会失去开创银行时所投入的股权。股息率通常是较小的银行家在没有政治影响的情况下处理问题的方法。

第二种选择就是证券跌价。当大型银行开始接管遇到困难的银行时，就会出现证券跌价。在最近的金融危机中，这种情况发生了好几次，其中最著名的就是摩根大通收购华盛顿互助银行的案例。这是较大规模的银行获取市场份额的简单方法。联邦存款保险公司在周五接管了遇到问题的银行，然后在下周一将其作为较大银行的分公司重新开张。我们需要再次声明，这是证券跌价，而不是救市。

救市通常只留给那些拥有政治影响，那些常进行高风险操作，因而对经济有重要影响的大型银行和银行家们，即所谓的"树大不易倒"。就像联邦存款保险公司前董事欧文·斯普拉格说过的那样，"在救市中，银行不会关闭，每个人不管有没有投保都得到了充分保护，除了那些被解雇的管理人员或持有的股权价值被严重稀释的股东。这种待遇是联邦存款保险公司授予选定的部分银行的特权"。

救市只是为有钱人准备的。如果摩根或花旗银行之类的大银行遇到问题，纳税人就会为所有的损失埋单。这意味着25万美元的限制不适用。如果欧洲的银行或者来自墨西哥的富人在美国大银行内存有数百万的存款，他们的钱会得到全额偿还。美国纳税人会为他们埋单。

如果你和我也去冒银行所冒的高风险的话，我们便会失去一切。我们是得不到救市援助的。用最简单的话来说，联邦存款保险公司就是一个保护最大银行的烟幕弹。如果美国大银行陷入困境，政府就会为其进行救市。

曾经的错误

2009年，美联储前主席艾伦·格林斯潘向全世界承认，美联储犯了错误。但他没有说谁将为这些错误埋单。当然，我们已经知道了——那就是纳税人。

迄今为止，已有超过1 800亿美元的纳税人的钱流向了美国国际集团。当这笔救市款中的1.65亿美元被用于给造成损失的首席执行官们发奖金的消息披露后，纳税人愤怒了。他们的愤怒传到了美联储主席伯南克、财政部长盖特纳和总统奥巴马那里，3位领导人这才承诺对这个问题进行调查。许多人都想知道，这些奖金到底流向了谁的口袋。

但一个更重要的问题是：为什么美国国际集团这样的保险公司会先得到救市款呢？救市的钱不是为银行准备的吗？《华尔街日报》引用了一份秘密文件，声称美国国际集团的救市资金中有500亿美元流向了高盛、美林、美国银行，以及部分欧洲银行。换句话说，美国国际集团得到救市的原因是，它欠了全球最大的银行很多钱，并且没有现钱来偿还。在2008年第四季度，美国国际集团公布了公司历史上最大的亏损——大约617亿美元。这意味着，它每小时损失了2 700万美元。

比美国国际集团更大的失败

2009年，对美国国际集团的援助暂列美国历史上最昂贵的一次救市。但是，房地美可能会成为更大的救市案例。就像联邦存款保险公司的业务是为我们的存款进行保险一样，房地美的一个主要业务就是对贷款进行保险。随着越来越多的人失去工作，房地美同样也出现了巨大的亏损。例如，2009年3月，房地美收回了3万多处住宅，每个月对每一处住宅进行的维护大约要耗费3 300

美元。所以说，预计对房地美的这次救市要比美国国际集团更加昂贵。

回到未来

在本书的第1章中，我曾引用老布什总统的话，他安慰我们说，这项立法将会保障和稳定美国的金融体系，并将推行永久性的改革，使得这些问题不会再发生。他说的是20世纪80年代后期和90年代初期对于储蓄和贷款业的救市。今天，你和我都知道，这些问题确实又一次发生了。

在储贷危机中，参议员约翰·麦凯恩卷入了林肯储蓄与贷款机构的失败以及数十亿美元的损失之中。比尔·克林顿和希拉里·克林顿卷入了麦迪逊担保储蓄与贷款公司的失败之中。而布什家族则直接卷入了希尔弗拉多储蓄贷款银行的失败之中。

参议员菲尔·格拉姆在1997年和1998年帮助废除了《格拉斯—斯蒂格尔法案》，这项法案是在20世纪初大萧条期间编写的，其目的是为了避免储蓄银行同时进行储蓄和投资。随着《格拉斯—斯蒂格尔法案》的终止，银行的抢掠就开始迅速增加。有趣的是，我们需要指出，参议院银行委员会主席格拉姆参议员从银行、股票代理公司、保险等行业获取了260万美元的竞选捐款。美联储前主席格林斯潘、克林顿总统和他的财政部长罗伯特·鲁宾、拉里·萨默斯，以及蒂姆·盖特纳（现任财政部长）都是参与废除《格拉斯—斯蒂格尔法案》的人员，该法案的废除也导致了花旗银行的形成。巧的是，鲁宾马上离开了白宫，成为了这个新公司的首脑。

我的观点是：大银行的抢掠需要以政治为后台，这也就是我们的政治家对于救市方面的反应如此缓慢的原因。在一个如此腐败的体系中，我们还能相信会出现什么改变吗？

> **读者评论**
>
> 我不确定这是不是正确的问题。我不知道我们能否改变这个体系。所以，也许我们应该问一个问题，既然这个体系存在，我们该如何从中获益呢？
>
> ——罗曼诺夫斯基
>
> 我记住的最好的一句话是圣雄甘地曾经说的："欲变世界，先变其身。"
>
> ——just mailme

全国性破坏

让我们回到1791年，托马斯·杰斐逊非常反对成立中央银行，反对的原因就是我们今天所正在经历的一切。杰斐逊指出，宪法并没有授予国会创立银行或其他类似机构的权力。他继续指出，即使宪法授予了国会这种权力，国会应用这种权力也是非常不明智的。因为，允许银行造钱只会导致全国性的破坏。事实上，杰斐逊不止一次将银行业的危险同现役部队的危险进行比较。

让我们重复约翰·梅纳德·凯恩斯说过的关于放任货币供应的话："没有比放任货币供应更能以微妙而确切的方式颠覆现存社

会基础的了。这个过程涉及经济规律在所有破坏方面的隐藏力量，并且用一种十分隐蔽的方式进行，100万人中也很难有一个能够认识到这一点。"换句话说，我们很难认识到自己看不到的东西。今天，银行正在我们的鼻子底下抢夺我们的财富，他们是隐身的小偷。只有当你知道自己该寻找什么的时候，隐身的小偷才会暴露在光天化日之下。

金钱新规则第五条：睡觉也能赚大钱

在本章的开头，我们讨论了货币是怎么从以物易物演变为数字化货币的——货币的演变速度快如光速。今天，为什么有人能日进数十万美元，有人还在为7美元一小时而工作，这就是速度的差异。今天，一个人能越快地进行业务交易，赚的钱也就越多。比如，一个普通的医生一次可以看一名病人，在同等时间内，一个拥有全球网络业务的高中生能够同无限多的客户进行交易，还能一周24小时全天无休，他可能会比医生多挣很多。这其中的差别我将在下一章中谈到，一种工作是非物质的（网络业务），另一种工作是物质的（医生）；一种工作成指数地创造财富，另一种则成线性地创造财富。

许多人至今仍在财务上苦苦挣扎，因为他们创造财富的速度太慢了——他们挣钱的速度超不过银行印钱的速度。当涉及金融交易时，大部分人依然处于石器时代。他们以小时、月，或者交易数量来获取报酬，为佣金工作，就像房地产中介或股票经纪人一样。那些在未来能够成功的人是了解业务和货币变化速度有多快的企业家，以及那些对变化具有很强的适应能力与灵活性的人。

附言

关于全球货币系统的更多细节

如果你想了解更多关于货币体系的细节,我将向你推荐以下这些非常棒的书籍。

1. G. 爱德华·格里芬的《从哲基尔岛来的家伙》:这是一本很厚,但是很易读的书。该书讲述了富人阴谋的历史。我曾将这本书读了3遍,每一次都能开阔我的眼界,让我进入一个只有1%的人才了解的世界。这本书详细地描述了美联储是怎样形成的,货币是怎样创造出来的。格里芬的许多观点都与我不谋而合。这本书早在1994年就已出版,但书中内容却准确地反映了现在的一些问题。另外,该书看起来更像是一本犯罪小说,而不像是关于全球经济的纪实作品。

2. 理查德·邓肯的《美元危机》:这本书完成了对经济阴谋的全球性描述。《美元危机》解释了一点,今天世界经济正在发生的事情是由哲基尔岛会议导致美联储的形成而引发的。邓肯的书还解释了美元是如何影响日本、墨西哥、中国、俄罗斯等国,以及东南亚、欧盟和其他地区的繁荣与衰落。

这两本书的内容都很棒,也都是由杰出的作家所写的。这两本书对于我们为什么会陷入全球金融危机给出了更加完整和深入的描述。

到了继续前进的时候

《富人的阴谋》第一部分到这里就结束了。在第二部分，你将会了解如何在经济繁荣和衰落的时候都能有出色的财务表现。当数百万人都坐在他们的屋顶上，被洪水般的债务所包围，盼望有人能够拯救他们时，总有一些人仍在继续前进，这本书讲得就是这些。

现在，你已经知道这场危机的一些历史性原因了，到了该关注个人解决方案的时候了，而不只是一味关心是什么导致了这场全球性的问题。

本书的第二部分将告诉你如何利用这场阴谋的策略，以其人之道还治其人之身。

第二部分

反 击

将计就计，将阴谋击垮：为什么赢者总是赢，输者总是输呢

历史和未来的重要性

每当别人问我："你会教给人们关于金钱的哪些内容，来增加他们的财务智慧和财务知识呢？"我的回答是："我会从讲述历史开始，因为通过对往事的回顾，你可以更好地看到未来。"如果你觉得在第一部分没有任何收获，请了解一点，只有通过学习历史，你才能够对未来做好准备。

本书的第一部分是关于美国的经济历史，以及这个历史在今天是如何重演的。主要讲了有钱人和有权人是如何通过中央银行、跨国公司、战争、教育，以及政府政策来操纵我们的生活的。

在历史的长河中，有钱人和有权人既给社会带来了很多益处，也带来了很多危害。我并不认为有钱人追求自己或家族的利益有什么错。我并不想指责什么，而是想去研究有钱人的历史，

了解他们的游戏规则，在洞悉他们的金钱规则的情况下过自己的生活——并且在此基础上创造一些属于自己的法则。大部分了解有钱人游戏规则的人都没有陷入财务困境之中。在大部分情况下，只有那些财商较差，或者停留在货币旧规则下的人才会在金融危机中受到伤害。

在本书的第一部分，我还希望你能了解，美联储通常会以保护经济的名义来保护那些最大的银行——"树大不易倒"。事实上，我一直坚持认为美联储的存在是为了保护大型的和有势力的银行。

你可能已经注意到了，美联储拯救了陷入这场危机的银行，但是却没有解雇那些银行的执行官——他们中的许多人在这场危机中都起到了推波助澜的作用。而在此次经济低迷中受到伤害的其他产业却并非如此。政府"解雇了"瑞克·瓦格纳，而不是银行主管。为什么？政府并没有追究穆迪公司或标准普尔公司等评级公司的责任，这些评级机构对次贷的评分是AAA——最高信用等级。正是这个AAA的评级导致外国政府和各类养老基金项目放心地投资于有毒资产。在此我们再次产生疑问，这是为什么？只有在巨大的公众压力下，美国国际集团——这家对有毒资产进行保险的保险巨头，才透露了它所接收到的数十亿救市款都去了哪里——最大的银行。例如，高盛、法国兴业银行、德意志银行、英国巴克利银行、瑞士联合银行集团、美林银行、美国银行、花旗银行，以及美联银行。

在第3章中，我讨论了"启示录"一词的意义，以及它如何源自"揭开面纱"这个希腊词汇。对于我来说，撰写本书的过程简直令人不可思议。我一直在遭受打击，我认识到在我描写金融

132

史时，金融史本身却正在被创造。从字面意义上看，当这本书被打开的时候，金融启示录正在我们眼前发生。覆盖在贪婪无能的华尔街商人与政客之上的面纱正在被揭开。2009年4月14日，高盛宣布，由于获得了高于预期的收益以及50亿美元股票的销售额，公司已返还自己收到的不良资产救助资金。但是，就像马里兰大学教授彼得·莫里奇当天晚上在美国全国广播公司财经频道的一个节目中所指出的那样，银行在衍生产品投机上出现的系统性问题并没有得到解决。另外，他指出，高盛希望能够像一个模范公民一样退出，然后照常经营。但是，他认为："你并不是一定要规范他们的行为，让他们不再在衍生品上创造新的衍生品再创造新的衍生品，然后还支付给布兰克费恩（高盛董事长兼CEO）一年7 200万美元。"这个观点简直太荒谬了。这就是面纱被揭开的一个例子。这就是金融启示录。

事实上，高盛现在的财务状况之所以良好，并不是因为有效合理的金融决策。根据《纽约时报》的报道，美联储通过对美国国际集团的救济对高盛进行了援救。这是因为美联储所做的并不是在拯救穷人弱者，而是富人弱者。小型银行并没有得到救市，小型企业也没能得到。那些诚实守信地支付自己贷款的人也没有得到——即使他们为其他账单付出了代价。

富爸爸的预言正在变成现实

另一个有必要提出的重要金融启示录是关于养老金和退休金的。简单来说，有保障的退休金是一个即将消失的事实。养老金担保公司（PBGC）是政府养老基金背后的保险机构。该公司于

2009年4月宣布，由于股票市场的崩溃，公共养老金出现了数千亿美元的资金缺口。这也就意味着州政府必须要提高税收来确保政府工作人员能够安然退休。换句话说，州政府正身处困境，因为它们承诺了自己无法负担的福利。这就进一步验证了一点，传统的养老金观念已经不复存在，而且也难以复活。

2002年，我在《富爸爸如何应对不可知的未来》一书中写了关于养老金危机的内容，预言史上即将到来的最大的股市崩盘。尽管现在市场上已经出现了如此大的浩劫，但我认为大崩溃还没有完全到来。我预言的大崩溃是由401（K）退休计划的漏洞造成的。401（K）退休计划是国会在1974年通过的，目的是稳定正在衰亡的养老金系统。当那一本书出版时，股票市场正在不断地左右摇摆，至少在数字上是这样的。毫无疑问，那时权力部门认为股票市场和共同基金能够为许多美国人解决退休问题。可想而知，华尔街媒体自然也认为那本书一文不值。

但是如今，我们看到股票市场经常出现比历史最高点低50%的状况。正如我说过的那样，如果不久的将来进一步下跌，我也不会惊奇。我相信市场会在现有基础上进一步崩溃，因为401（K）计划像催化剂一样，将婴儿潮这一代人的退休养老金推入股票市场，而婴儿潮一代是美国历史上人数最庞大的一代人，这一代人的退休养老金带来了对股票和共同基金的无限需求。随着婴儿潮一代人逐渐退休，他们即将支取这些钱来生活，这意味着他们将出售而不是购买股票。当出售股票的人超过购买股票的人时，股票市场就会下跌。那些年纪在45岁以下，并且参与了同股票市场相关的退休计划的人遇到麻烦了。许多人相信自己是安全的，因为他们相信股票市场的行情会恢复。但实际上不会，到

2012～2016年，当婴儿潮一代人真正退休时，股票市场会继续下跌。那时，无论是年轻人还是老年人，舒适退休都会成为不切实际的神话。

古老历史的重现

最后，关于历史我还要讲一点。美国的开国元勋们都反对建立美联储这样的中央银行。乔治·华盛顿经历过政府制造货币带来的痛苦。当时，他必须要用"美国军人"（continental）这种纸币来支付自己的部队开支，这种货币最终回到了自己真实的价值——零。托马斯·杰斐逊也非常反对创建中央银行。然而，今天的中央银行控制了金融王国，我们赋予了它为我们解决金融危机的能力，而这个危机恰恰是由它参与创造的。

简单来说，中央银行能够无中生有地创造货币，并向我们收取利息。这个利息是通过税收、通货膨胀，以及今天的通货紧缩从我们手中取走的，最终导致失业和我们房屋的贬值。美联储的政策并不抽象。它们是以或公开或隐蔽的有力措施决定着人们的财务福利。

任何购买了房产的人都知道，第一年向银行偿还的钱主要是用于支付利息的，只有很少一部分钱是用来支付本金的。银行得到了并不属于它，而是通过无中生有地创造货币所产生的利息。本书第5章是很重要的一章，它讨论了部分准备金制度。比如，银行系统是如何用你储蓄的1美元向外借出12美元的。银行通过部分准备金系统无中生有地创造货币，然后通过让我们的美元贬值来掠夺我们的财富。今天，全球的中央银行正在印刷数万亿的美元，这些钱将通过债务、税收和通货膨胀的形式最终由我们埋单。

政府赞助的现金掠夺

当美联储于1913年创建时，美国的银行和美国财政部之间达成了一项交易——这是一项由政府支持的现金抢掠。如果对历史和货币没有全面了解，真正的财商教育就不可能实现。用孩子也能理解的话来说，中央银行操作手册的内容就是："找工作、存钱、买房子，用多样化的投资组合进行长期投资，包括股票、债券、共同基金"。这是超级富豪们所宣传的成功秘诀。

这本书讲了大量历史，描述了许多富人阴谋的事实，只为了一个目的：让你拥有回答下面这个问题所必备的历史知识——如何在阴谋家的游戏中以其人之道还治其人之身？本书的第二部分给出了答案。

美联储是为你而生吗

今天，许多人抱怨、批评大银行、政客以及金融危机。在我看来，这是浪费时间。就像G. 爱德华·格里芬在《从哲基尔岛来的家伙》一书中说过的那样："救市就是这个游戏的名字。"换句话说，今天你所看到的救市就是美联储的游戏。这个体系的设计就是为具有政治影响力的大银行获取暴利，继而经营失败，最后由纳税人来救市开了方便之门。在这个过程中，富人越来越有钱，而穷人越来越穷。美联储不是为你而生的，是为富人和有权力的人而生的。

> **读者评论**
>
> 我最惊讶的是，有多少钱从美国国际集团的后门流向了高盛等大型银行，以及迷雾背后正在进行着的更大的抢掠。最近，我在电视上看到了纳税人的抗议。有趣的是，没有人举着任何关于停止印钱的标语牌。抗议中说得最多的内容就是，不要再从我们的孩子身上征税了（我同意这一点）。似乎没有人看清膨胀的货币供应所带来的真正税务。
>
> ——herbigp

美联储应当被取消吗

有些人建议取消美联储。我的问题是：用什么系统来替代它？取消美联储会造成多少骚乱？骚乱会持续多久？

我们现在要做的不应当是抨击美联储，而是问自己该如何将美联储对自己的财务状况造成的影响降到最小？就我个人而言，我决定学习富人的游戏，根据自己的规则来玩这个游戏。1983年，在读了富勒博士的《巨人之现金抢劫》以后，我就遵循并应用了从富爸爸那里学到的知识，以不同的方式来玩这场富人的游戏。如果在这场金融危机发生之前的数年时间我没有开始准备的话，我很可能也会成为一个看着自己的养老金灰飞烟灭、房子贬值，害怕自己会失去工作、医疗保险的上了年纪的婴儿潮一代。最糟糕的是，我还可能因为社会保险和医疗保险变得依赖政府了，就像我的穷爸爸一样。

本书的第一部分讲述的是历史以及历史如何在今天重演。现在，了解了必要的历史知识，你可以清晰地看到未来。本书第二部分主要讲述未来，以及你应该做什么准备，通过应用你的金钱新规则在富人的游戏中击败这场阴谋。

第6章是本书第二部分的开始，主要是关于当前经济的简要评论，并提出这样一个问题：经济是不是正在复苏？从第7章开始，我将介绍自己是如何应对金融危机以及为未来做准备的，我还将向你介绍一些你自己能进行的准备。你将知道如何在富人的游戏中击败阴谋家，摆脱富人的阴谋。

读者评论

在整个历史长河中，有些人在任何经济状况下都能保持常胜不败。如果别人能够做到这一点，我也能做到。作者和其他一些人用自己毕生的精力来引导人们走上这条道路。我很高兴能够从作者的例子中学到知识，我愿意用学到的知识来帮助尽可能多的人。

——deborahclark

第6章
认清现实

经济是否正在复苏

2009年3月23日,道琼斯指数反弹了497点,这成了股票历史上最大的反弹。在不到两周的时间内,道琼斯指数上涨了1 228点。

当我在2009年4月写这本书的时候,华尔街的股票指数依然在反弹。有些人认为最糟糕的时候已经过去,开始重返股市。另一些人则认为这只是熊市反弹,或者就像我想要说的那样,这是一次吸金的反弹。吸金的反弹会吸入那些认为市场已经见底,想要抢购便宜股票,赶上下次电梯上升的人。电梯确实上升了——就那么一会儿。接着,在没有警告的情况下,熊市切断了电梯的缆绳。当电梯下坠的速度比上升的速度还要快时,贪婪就变成了恐慌。

现在,人们常问这样一个问题:"危机已经过去了吗?经济是否正在复苏?"

我的回答是:"没有,经济并没有复苏。经济已经继续前进,而那些询问它是否复苏的人已经被抛在了后面。"

在开始讨论实际应用之前,本章将解释,在排除政府干预的情况下,世界从上次大萧条中摆脱出来的方法,并且通过探索历史为我们的今天服务。通过了解历史,你能对现状有更加清晰的认识,能够更好地看到未来。

读者评论

经济不会回到它过去的状况。它会发生变化并继续前行,就像它一直以来那样。这种前进可能是正面的也可能是负面的,只有时间能给出答案。我们应该为自己做好准备,而不要管经济作为一个整体如何能够繁荣发展。

——Jerome Fazzar

1954年的新经济

正如我们在前文讨论过的那样,美国经济一直到1954年才从大萧条中恢复过来,当时道琼斯指数最终达到了381点的历史最高。1954年经济的发展有下列几个原因:

1. 经历了第二次世界大战的一代人已经安定下来。当战争结束,士兵们回到了家乡,去上大学,结婚,生子。到20世纪50年代,购房潮和婴儿潮出现了。

2. 1951年,美国推出了第一张信用卡,购物变成了一项全国性的运动。随着郊区的发展,大型购物中心在郊区雨后春笋般遍地开花。

3．美国重建了交通要道和桥梁，汽车产业也因此兴旺发展。汽车影院变成了孩子们喜欢的地方，而快餐业也产生了。1953年，麦当劳得到了特许经营权，成为了新快餐业的闪耀之星。

4．电视在全美国得到普及，婴儿潮时期出生的人是最早被电视带大的一代人。《艾德·沙利文秀》(*The Ed Sallivan*) 给我们的生活带来了娱乐，体育明星成了新的超级富豪。广告为人们的日常生活带来了一个全新的维度。

5．波音公司推出了 707 喷气式飞机，喷气机时代到来了。飞行员或空乘人员忽然成了诱人的职业。机场越修越大，以适应蓬勃壮大的空中旅行需求，而巨型机场本身就成为了一项产业。旅馆和目的地度假酒店开始大量涌现，迎合了旅途劳顿的旅行者的需求，旅行业开始繁荣发展。较低的票价和更快的航程将大量旅行者带到夏威夷，我的富爸爸就得益于此，变得非常富有。

6．工人享有公司提供的终身养老金和医疗保险。在不需要担心退休储蓄和购买医疗保险的情况下，工人能够更加自由地花钱。

7．中国当时还是一个贫穷的国家。

8．美国当时是新的金融与军事大国。

55 年以后

2009 年，55 年前促使新经济迅速发展的许多因素正在消失：

1．婴儿潮的一代人正在退休，像经历了第二次世界大战的父母一样，需要接受社会保险和医疗保险。

2．由于次贷危机，美国郊区几乎变成了"归零地"（指"9·11"后世贸大楼遗址）。由于郊区的不景气，许多购物中心面临困境，零售商纷纷关门，而网络购物开始腾飞。

3．我们的公路和桥梁急待整修。汽车产业正在衰退和过时。就像一句老话说的那样，"通用往哪里走，美国就往哪里走"。现在看来，这句话比以往任何时候都更加确切。

4．电视正在流失广告商，许多广告商都转向了网络。

5．泛美航空等主要航空公司已经成为历史，而联合航空等巨头也都挣扎在生死线上。今天，人们能够通过互联网足不出户地拜访全球的朋友。

6．人们的寿命在变长，但是许多人要么超重，要么健康状况较差。糖尿病成了新的癌症，而我们的医疗体系正在崩溃。医疗保险的高成本导致了许多企业关门，进而造成了更多的就业问题。

7．养老金计划濒临破产。几乎没有多少工人能够在退休后拿到公司养老金或医疗保险。当7 800万婴儿潮一代人开始依赖美国的医疗保险和社会保险系统时，这种依赖会成为政府项目的灾难。

8．中国很快就会成为地球上最富有的国家。中国现在正在要求美元不再成为全球的储备货币。如果这种情况出现的话，美国就会遭遇灭顶之灾。

9．美国现在是全球最大的债务国，而且军事扩张实在太大了。

所以，经济究竟恢复了吗？我认为没有。将我们从上次萧条中拉出来的繁荣经济正在消亡。数百万人都在等待旧经济恢复的过程中被抛在了后面。随着工作岗位的变迁，失业率正在上升，一些工作被机器替代，或者外包给了劳动力更加低廉的国家。这意味着在既得利益者与非既得利益者之间、穷人和富人之间，出现了更大的鸿沟。中产阶级将会像两极冰盖一样迅速消失。

美国的未来

我们中的许多人都亲眼或者从电视上看到过贫穷和穷人聚居的贫民窟。每次看到，我都不由思考该如何解决这个问题。

如果你有机会去南非的开普敦，请千万不要错过。开普敦是世界上最美的城市之一。它是一个富有而且现代化的城市，充满激情和活力。我相信，你能够在开普敦看到世界的未来。但从机场开车进入市区，你所能看到的是绵延数英里的贫民窟，以及成千上万挣扎在文明生活边缘的人们。当我开车经过贫民窟，到达繁华的开普敦后，我常常会想：我正在看的是不是美国的未来。我想知道：有一天我们的中产阶级会不会也成为这些贫民窟中的一员。

读者评论

作为一名年纪比较大的婴儿潮一代的人，当我考虑到自己的退休生活时，我常感到非常悲观。我很难想象是否能够在健康状况恶化之前恢复我的经济状况。我很担心自己年老时的生活质量，特别是我们的寿命更长了。

——jeuel152

> 因为我喜欢挑战，所以我对未来充满乐观和好奇。美国会以一种新的方式卷土重来。我想这需要时间和彻底的思想转变。
> ——annebecker

1987年的股灾

今天，中产阶级在社会中的比例正在日趋减小，贫富差距在加剧，其中的一个原因可以从1987年和2007年的股灾差异中找到。

1987年10月19日，我正乘坐飞机从洛杉矶飞往澳大利亚悉尼。当飞机停在火奴鲁鲁加油的时候，我下了飞机，用航站楼的投币电话给朋友打了一个电话。

"你有没有听说股市崩盘了？"我朋友问。

"没有，"我回答道，"我一直在飞机上。"

"这次很严重，"他说道，"道琼斯指数今天下跌了23%。很多人都完了。"

"对其他人来说这不是个好消息，但对我却是个好消息。"我回答道，"到发财的时候了。"

从1987年到1994年，我和妻子正在努力拓展我们的业务，并且投入了我们拥有的所有资金。我的亲戚朋友们都认为我们丧失理智了。他们按兵不动，等待着经济的恢复。他们并没有投资，而是把钱都塞到了自己的床垫里。到了1994年，金和我实现了财务自由，并且赶上了1995年开始的下一轮牛市腾飞。我的许多朋友什么都没做，现在的他们依然处于财务困境之中。

> **读者评论**
>
> 是的，我记得1987年……当时我决定在经济上更加独立，并且辞职开始搞承包。我听取了会计的建议，将我的资金都投入了私人基金。我还记得我问过会计，为什么只买一种管理基金，而不是分别购买两种或三种。他说："这么少的钱，没必要分散购买。"这是股市崩盘之前的几个月发生的事情，而我辛苦赚来的钱（10年的心血）瞬间只剩下一半。当时，我的金融智慧培训甚至还没有开始。
>
> ——10 Billion

2007年股灾

2007年的股市崩盘与1987年的不同。我不知道市场是否会回到过去的道路上。许多曾经引发1954年经济繁荣的产业正在灭亡。这一次，情况不同了。

1987年的股灾和2007年股灾之间的差别在于互联网的崛起。互联网在改变一切。同有毒资产和破产政府一样，互联网是让人们被抛在后面的一个主要原因。

我相信，互联网正在带给世界巨大的变化，比哥伦布1492年发现美洲大陆深远100万倍。就像哥伦布等探险家发现了通往财富的新世界一样，互联网为我们今天的探险家开启了一个更大的财富世界。

然而，哥伦布和互联网有着显著的差异。人们能够看到哥伦布带来的变化，能够看到掠夺来的满船的财富，还有抢夺来的原住民和他们的土地。

我们的双眼看不到互联网的世界。互联网的世界是看不见的，我们必须要用思想来看它。这也就是人们被抛在后面的原因。他们看不到正在重新构建的变化中的世界，从而在自己的盲目中变得过时。

你是否正在变得过时

巴克敏斯特·富勒博士曾经说过，当变化不为人们所见时，变化的速度就会成指数增长。他在一篇文章里提出了这个概念，还用了一个术语对此进行概括，即"加速的加速"。他引用的一个例子就是航空技术的迅猛发展。想象一下，在上个世纪，航空技术的发展是多么的迅速。1903年，莱特兄弟试飞了第一架可以在空中持续飞行的飞机。1969年，人类首次登陆月球。而今天，我们拥有了时速达17 320英里的航天飞船，并且很快就可以飞上火星。这就是"加速的加速"这个概念的一个范例。技术，以及对我们产业的影响，正在以无比迅猛的速度变化着。因此，想要追赶上技术的变革几乎是不可能的。

在20世纪80年代早期的课程中，巴克敏斯特·富勒讨论了一项技术，该技术能够在80年代迅速膨胀。通过追溯技术发展的速度，富勒声称自己能够预测未来。他的演讲中有一句话深深地吸引了我。他说："我们正在进入隐形的世界。"为了阐释清楚，他进一步说："当你躺在地上，仰望白云的时候，你不会看到云朵在移动。只有当你把眼睛闭上一会儿，再抬头看的时候，你才能感觉到变化。"

富勒博士对此深表担忧。他要传递的信息是：上百万人将会失业。他们会被自己视野之外运行的技术和发明赶下工作岗位。我对他的话至今仍记忆犹新："你无法逃避那些你看不见却又正在接近自己的东西。"

作为范例，他还讨论了从马匹到汽车的变迁。他说道："人们可以看到汽车，因此能够看到变化。如果一辆车朝人们开来，人们可以及时避开。"因为人们能够看到汽车，所以可以逐渐适应，让自己的认识发生变化。但是，他声称未来的很多发明将是不可见的，所以人们看不出自己的生活正在发生什么变化。最后，他简单地说道："人们正在被自己看不到的东西所辗过。"

今天，人们正在被自己看不见也无法理解的技术和创新所辗过。很多人与时代脱节，数百万人失去了工作，因为他们的技术已经不再被社会需要了。他们变得过时了。

高速运转的业务

20世纪70年代，我开始了人生的第一笔业务，不久我就成了联合航空和泛美航空的百万英里旅客。今天，我坐在自己的办公室里完成了更多的业务，利用网络，在更短的时间内联系了更多的人，并且耗费的能量更少——这种沟通方式能节省很多钱。当我赚了更多钱的时候，航空公司遭遇了困境，因为像我这样的商务旅行者都在用一种更迅速又不那么昂贵的方式来同全世界的人进行交易。

1969年，我毕业于纽约州金斯角城的美国商船学院。当时，我们是全世界薪水最高的毕业生。我的许多同学一毕业年薪就能达到8万~15万美元,如果他们前往越南战区的货船上的话。这对于一个22岁的孩子来说算是很好的起薪了。

毕业后,我在标准石油公司的油轮上航行了几个月。但是,当我的兄弟参军并前往越南战场之后,我就辞去了高薪的工作,成为了海军陆战队的志愿飞行员。我的收入从每个月近5 000美元减少到了200美元。这是相当大的落差。

今天,我的一些同学还在航行。许多人每年大概能赚40万美元,退休金大概每年20万美元。对于他们为接受大学教育所付出的来说,这算是不错的回报了。

战争结束后,我并没有回去航海或者为航空公司开飞机,而是选择了创业。今天,我正在收获这个选择带给我的收益。

我和同学之间主要存在两个差异。第一个差异就是,我的工作中有90%是脑力劳动,而他们的工作中有90%是体力劳动。他们必须在船上航行才能挣到钱,而我甚至在睡觉的时候都可以挣钱。第二个差异就是交易速度。我的同学每周工作5天,按月领工资。我每年工作365天,每周24小时全年无休,每分钟都能得到报酬。即使我停止工作,钱还是会涌进来。在下文中,我将解释自己是如何做到这一点的。

当我了解了富勒博士说的"加速的加速",我就采取了决策性的行动以保证自己不过时。我不希望自己变得过时,我并没有等待经济恢复。我通过努力工作来保持自己处于不断加速的经济前列。

巴甫洛夫的狗

就像我们在第一部分中通篇讨论的那样，自美国教育系统1903年被劫持开始，今天这场金融危机的种子就已经播下了。直到现在，我们的学校依然没有完善的财商教育。

在美国奴隶制尚存的黑暗年代，奴隶是被禁止接受教育的。在一些州，教奴隶读写甚至是犯罪。受过教育的奴隶阶层是危险的。今天，我们没能给孩子财务知识的教育，这创造了另一种奴隶——工资奴隶。

离开学校后，大部分孩子马上开始找工作、存钱、买房子，并且利用多样化的共同基金进行长期投资。

现在，数百万人正在失去工作，他们在做什么呢？他们回到学校，重新接受培训，寻找新工作，试着去存钱，还贷款，并且利用共同基金为自己的退休进行投资。而且，他们也是这样教育自己的孩子。

凭借对狗的消化系统的研究所取得的重要成就，伊凡·巴甫洛夫在1904年获得了诺贝尔生理学和医学奖。今天，当我们听到"巴甫洛夫的狗"这个说法的时候，指的就是条件反射。去上学，获得高薪职位，为买房存钱，在多样化的股票和共同基金中进行投资就是条件反射的一个范例。许多人不知道为什么自己要做这些事情。他们这样做仅仅是因为这就是他们受到的教育，这就是一种条件反射。

从职员到企业家

1973年,我从越南战场上回来,发现穷爸爸一个人在家里,他失业了。他竞选夏威夷州的副州长,但是失利了。尽管他很聪明、受过良好教育、工作很勤奋,他的职业生涯还是在50岁的时候结束了。他是教育系统的明星,但是在商业和政治方面一窍不通。他可以在学校生存,但是无法在市井生活中生存。

他对我的建议就是,回到学校,拿博士学位,然后从政府那里获得一份工作。尽管我非常爱我的爸爸,但我知道他的生活并不是我的生活。从家里出来以后,我开车去了怀基基海滩,并且在27岁的时候再一次成为了富爸爸的学徒。这是我所作过的最明智的选择。

历史上有很多忽视条件反射,走出自己道路的成功故事。莱特兄弟和亨利·福特根本没有念完高中。比尔·盖茨、迈克尔·戴尔和史蒂夫·乔布斯根本没有上完大学。谷歌的谢尔盖·布林中断了在斯坦福的博士课程学习。马克·扎克伯格在哈佛大学的宿舍里创办了Facebook,然后去了加利福尼亚旅行,从此再也没有回来完成学业。所有这些改变世界的人都从学校中离开了,因为他们不再需要找工作了。他们有理想,以及实现这个理想的勇气。他们开创了自己的事业,并且为其他人创造工作。今天,创业正在全球飞速发展。更重要的是,最成功的企业家们知道我们正处于信息时代,他们具有独特的视野,能看到大部分人看不到的变化。

不同的未来

今天，人类又拥有了新的一代，这代人将改变未来。这代人是1990年以后出生的孩子，只知道互联网的世界。他们与1990年之前出生的人不同，他们出生在一个不同的世界，并且将创造一个不同的未来。未来将会怎样，我还不是很清楚——我只知道他们看到的未来不是我看到的那个未来。

我知道的是：富人和穷人之间的差距还将继续扩大。抱有终生高薪工作这种想法非常荒谬，因为低工资的国家已经加入全球性的竞争，各国公司在以光速进行越洋交流。我预测，拥有低成本掌上电脑，熟识互联网的年轻企业家将很快从贫民窟中崛起并改变世界。富人和自鸣得意的人将发现自己奢华的生活受到了干扰，因为年轻而饥饿的企业家们改变了世界的未来——他们中的一些来自贫民窟。

在工业时代，全球的富国控制了全球的自然资源，例如，石油、金属、木材以及粮食。随着信息时代的发展，那些富国强国没法继续垄断世界上真正的自然资源——我们的思想。在互联网这个看不见的世界里，世界上的天才将被释放，持续了数个世纪的阶级分界线将消失。新的超级财富群体将崛起。

新经济，新财富

随着新经济的到来，新财富将会得到迅速发展。新的百万富翁和亿万富翁将会出现。货币将以超高的速度被创造。问题是，你会成为新富豪中的一员还是新穷人中的一员？让我们回到20世纪50年代，我的富爸爸看到了新经济，并且采取了行动。我的穷爸爸却被新经济击垮了。他选择了财务安全而不是财务自由。而最后，他什么也没有得到。

今天的我们身处何处

股票市场最终会涨回来的。但是要记住，股票市场从1929年开始，直到1954年才回到了381点的历史最高点。当股票市场恢复的时候，道琼斯指数将由新的公司组成。新的蓝筹股将占据主导地位。随着人口的增长和人们重新就业，房地产市场将最终恢复。但是，老房子里面会住进新的家庭。而且还会有更多无家可归的人。

但是，旧经济，我们所了解的那个经济是不会回来了。经济在阔步向前。1954年诞生出的经济正在灭亡，新经济正在产生。新经济将被1990年以后出生的孩子所引导：他们是只知道网络——这个看不见的高速世界的年轻人。

聪明的人，错误的工作

当唐纳德·特朗普和我共同撰写《让你赚大钱》(*Why We Want You to Be Rich*) 这本关于萎缩的中产阶级的书时，唐纳德对我说的一些话深深地打动了我，他说："我有很多同学要比我聪明得多，但是我比他们更会挣钱。一个原因是我是创业者，而他们成为了大公司的雇员。另一个原因就是他们从事了错误的行业。他们去了那些夕阳产业工作。"

听了他的一番话以后,我反省了一下自己的生活轨迹。如果我当年遵循了穷爸爸的建议,我同样也会成为夕阳行业的雇员。今天,来自美国商船学院的毕业生不怎么好找工作了。美国商船学院毕业生就业难的原因同通用汽车公司衰落的原因一样。由于付给商船官员的报酬太高了,所以航运公司将自己的船只转移到工资水平更低的国家。工会开出的高工资要求让雇员们失去了工作。

当我和唐纳德坐在他的办公室里,俯瞰中央公园和第五大道时,我认识到,如果我遵循穷爸爸的建议——从上次大萧条的经历中总结出的人生哲学,我现在很可能就不能坐在这个位置上了。新一轮萧条越来越近,但我和唐纳德并没有感到恐惧,而是准备好应对面前的挑战和艰难时光。我们以前曾经度过了艰难的岁月,每次我们都能更加聪明、更加富有地从中摆脱出来。

水晶球

2009年4月,就在我写这些内容的时候,全球经济似乎正在好转。人们开始乐观起来。股票市场正在反弹,现金正在从黄金和储蓄账户中流出,银行也回到了市场之中。正如我先前说过的那样,我认为这只是熊市的反弹——吸金的反弹,是所有市场反弹中最凶险的一种。当然,我也可能是错误的。

我认为最糟糕的时候还没有到来。原因是基于以下几点。

1. **旧的产业正在衰亡**。许多年纪比较大的人都依靠旧产业里的公司支付的红利生活。在这场危机中，随着收入的下降，许多公司正在减少红利。通用汽车公司将自己的红利减少了68%，而摩根则减少了86%。这意味着，如果你是一个每月从通用汽车公司获得1 000美元红利的退休员工，现在你只能收到320美元。如果你是来自摩根的分红者，你只能依靠140美元生活，而不是1 000美元。

2. **税收将增加**。随着美国继续印发上万亿的美元，我们的儿子和孙子将会用上升的税收来为这场危机埋单。税收通常会惩罚生产者，并且回报那些狡猾、懒惰，或者没有竞争力的人。

比如，白宫宣布了免税慈善捐款的上限，这会对有钱人造成不利影响。2006年，400万美国人的总收入是20万美元以上。这400万人占美国人口的比例不到3%，却捐赠了所有慈善捐款的44%。对免税捐款的上限进行限制意味着许多慈善机构将被迫关闭，而数百万人将转向政府寻求帮助，这会导致政府进一步提高税收。

在美国，一种"报复"有钱人的情绪正在蔓延。这种情绪体现在国会议员杰瑞·麦克纳尼的行动中。他要求对有钱人征收90%的税率。民众开始游行，要求政府惩罚那些辛勤劳动的有钱人——那些纳税、创造价值、进行慈善捐款的人。而那些真正的有钱人，那些影响政客和美联储的人则毫发无伤。

3. **美国是全球最大的债务国**。美国的国内生产总值超过14万亿美元。2009年，所有的救市计划金额加起来大约是这个数字的一半。

4. **中国正在威胁美元的储备货币地位**。2009年3月,中国开始急切地进行讨论,要求废除美元作为全球储备货币的地位。最终,这也许意味着美国可能无法用"大富翁"游戏货币来支付自己的账单了。

5. **美国消费者正在负担沉重的债务,并且为了挣钱而备受折磨**。根据美国劳动统计局的数据,美国经济大约有70%都由消费带动,而全球几乎每个国家都依赖美国消费者的能力来实现本国的经济增长。在没有太多储蓄的情况下,普通美国人无法承受长时间的衰退。如果衰退继续,美国消费者花光了钱,世界将陷入萧条之中。

6. **失业率正在上升**。世界上的每一家公司,无论大小,都在尝试减少管理费用。实现这一点最迅速简单的方法就是,解雇职员以降低薪水支出。

2009年3月,美国官方统计的失业率是8.5%。根据美国劳动统计局公布的数据,在2009年3月,美国大概失去了69.4万份工作。而且,这个失业统计数据并没有计算那些在30天内没有找到工作的失业人员,或者那些做着兼职等待全职工作的人。根据www.Shadowstats.com网站的统计,当你将这些人同官方数字相加,真正的失业率是19.1%。在20世纪初的大萧条期间,失业率达到了24%。按照这个速度,我们很快就会达到这个程度了。

7. **技术是看不见的，而且相对便宜**。今天，公司可以用更少的雇员来进行更多的业务以获得更大的利润。这将导致更多的失业。

8. **我们的学校还没有让学生做好应对信息时代的准备**。技术及其应用的更新太快了，大学毕业生并没有获得在市场上取胜的能力。今天，大部分毕业生在得到毕业文凭的那一刻起就已经被时代抛在后面了。

9. **现在，节俭成了很酷的事情**。近30年来，人们都通过负债让自己看起来有钱。购买最新款的手袋或者开昂贵的车是很时尚的事情。现在，情况恰恰相反。人们开始以节俭为荣，并且更加理智地花钱。这将进一步加剧经济危机。正如第一部分所讲的那样，经济扩张的唯一方式就是让我们负债。变得节俭也许很酷，但是对经济发展并没有帮助。当全美国人都停止花钱的时候，失业率就会上升，小型公司就会倒闭。

一个老笑话

有这样一个老笑话：两个朋友在树林里走路，这时候，忽然跳出一头熊来。

"你认为我们能跑过熊吗？"一个朋友问。

他的朋友这样答道："我要跑过熊干什么，我能跑过你就行了。"

在我看来，这就像我们今天所生活的世界。许多公司都会倒闭，强者将生存下来，并且变得更加强大。不幸的是，和我同时代的许多人都没有为未来做好准备。他们把生活看得太简单了。他们要么健康状况不好，没有什么储蓄，要么根本没有医疗保险，因为政府医疗项目正在破产。

我认为，我们正在进入长期而艰难的金融严冬。好消息是，春天终究要来临，花朵将会绽放，新生命将被孕育。最后，我们将走出这场金融危机。但不幸的是，数百万人将会永远地被抛在后面。我希望总统能够拯救他们。

在我看来，政客做什么事情来拯救经济与我们关系甚微。最终，他们将以经济救市的名义拯救那些富人。

真正重要的是，你要做什么来拯救自己。你不需要跑过熊，只需要跑过那些等待被拯救的人就够了。

对于那些准备好进入勇敢新世界的人来说，这是个好消息。这是那些愿意学习、学习速度快、努力工作、不消极抱怨的人们最好的时机。从过去中学习，在未来取得成功。到你发财的时候了——如果你想要发财的话。

在我们深入讨论第二部分之前，让我们来回顾一下迄今为止讨论过的5条金钱新规则。它们对于如何击败富人游戏中的阴谋至关重要。

金钱新规则第一条：知识就是金钱。今天，你不能依靠传统的资产变得富有或者拥有财务保障。你可能会在经商，投资房地产、股票、债券、商品，甚至黄金上损失财富。但知识可以让你富有，而缺乏知识则会让你贫穷。在这个勇敢的新世界，你的知识就是新的财富。

第二部分将告诉你如何增加财务知识。

金钱新规则第二条：巧用债务理财。1971年后，美元从资产变成了负债——债务。债务迅速增加，因为银行可以通过创造更多的债务来创造更多的钱。当前的次贷危机就是由次级贷款者和次贷银行造成的。很显然，穷人和富人都需要学习如何更好地使用债务。

债务本身并不是坏事，对债务的错误使用则是坏事。债务可以让你富有也可以让你贫穷。如果你想要在财务上领先，你需要学习使用债务，而不是滥用它。

第二部分讨论了如何使用良好的债务，从而让你的生活更加富裕，并且让你实现财务上的安全。

金钱新规则第三条：让钱生钱，财滚财。在美元成为债务之后，游戏的目的就变成了让你和我陷入债务。当你陷入了债务，你的现金就流向了别人。今天，许多人都陷入了财务困境，因为太多的现金流出了他们的口袋，却只有很少的流进来。如果你想获得财务保障，就需要学习如何让更多现金流入口袋。

第二部分将讨论如何控制你的现金流，不管是流出的还是流入的。

金钱新规则第四条：理财需要未雨绸缪。上次萧条让我的富爸爸变得很富有，穷爸爸变得很贫穷。一个爸爸将萧条看成机遇，而另一个则将它看成危机。

婴儿潮一代只经历过好光景。许多人都没有为坏光景做好准备。我今天的成功是因为在20年前就开始为坏光景做准备了。通过为坏光景做准备，我在好光景时做得也很好。

第二部分是关于如何让你在坏光景里做得很好，甚至做得比好光景更好。

金钱新规则第五条：睡觉也能赚大钱。 随着世界金融系统的加速运作，货币从以物易物发展到了数字货币。今天，行动缓慢的人被抛在了后面。准备充分的人可以全天候地进行业务交易。人们不再以"天"或"时"为单位来挣钱，而是以秒为单位。

自我检查

在我们继续深入《富人的阴谋》第二部分前，来进行一下自我检查，问自己以下几个重要问题：

1．你是按月、日、小时、分钟、还是秒得到报酬？
2．你是一天工作 8 小时来挣钱，还是每天工作 24 小时来挣钱？
3．如果你停止工作，还会继续有钱流入口袋吗？
4．你是否有多个收入来源？
5．如果你是雇员，你是否在为一个落在后面的雇主工作？
6．你的朋友、家庭在财务方面是在继续前进，还是被落在了后面？

只有你才能够诚实地回答上述问题；只有你才知道自己是不是真的满意目前的财务状况；只有你才能够每天为自己的生活带来变化。

如果你做好准备进行改变，并且计划拥有更光明的财务未来，本书就是为你而写的了。

读者评论

  我参加了一些课程,并且读过一些关于财富和个人发展的书,但我不知道如何创造被动收入。我已经很努力地学习关于被动收入的课程了。我是个体经营者,有一次,我的脚做了手术,有3个月不能工作。在那段时间里,我依靠自己的储蓄生活。这段经历让我了解了被动收入的重要性。我现在正忙着购买不动产,并且寻求投资机会。

——henri54

第 7 章
你的游戏叫什么名字

问：你从普通人那里得到什么建议？
答：不要做普通人。

90/10 法则

大部分人都听说过 80/20 法则，即帕累托法则，也称少数关键法则。这条法则是这样说的，在很多情况下，80% 的价值来自 20% 的因素。该法则是意大利经济学家维弗雷多·帕累托在注意到意大利 80% 的土地是被 20% 的人拥有——"少数关键"这一现象之后命名的。在商业中的一个经验就是，你 80% 的业务来自于 20% 的客户。所以，要好好照顾关键客户。

我的富爸爸将这个法则进行了扩展，他认为 90% 的金钱是由 10% 的人赚取的。他将自己提炼的法则称为 90/10 货币法则。比如，在高尔夫球比赛中，10% 的高尔夫球运动员挣了 90% 的钱。在今天的美国，大约 90% 的财富是由 10% 的人拥有的。

如果你想要赢得金钱的游戏，就不能做一个普通人，你需要成为顶端的 10%。

对于普通人的财务建议

之所以 90% 的人在财务上都很普通,原因就是他们遵循了普通的建议。比如:

1．"去上学。"
2．"找工作。"
3．"努力工作。"
4．"存钱。"
5．"你的房子是一项资产,也是你最大的投资。"
6．"量入为出。"
7．"从债务中摆脱出来。"
8．"用股票、债券、共同基金等多种投资组合进行长期投资。"
9．"退休后有政府养活你。"
10．"从此过上幸福的生活。"

读者评论

先父是一名法官,也是投资银行家。他告诉我,股票市场是唯一可以去的地方。他还说房地产是愚蠢的投资,具有很多缺陷。他不相信被动收入。去年,他去世了,他遗留下的资产在今年春季得到了确认。他的净价值从他去世之日起

> 到资产确认时,减少了87%。他辛辛苦苦想为孩子留下的遗产消失了一大半。
>
> ——FredGray
>
> 我的爸爸经常说:"做个普通人没有什么错。"我从来没有真正了解过这句话。我感觉,你只要竭尽全力,就不会再是普通人了。
>
> ——arnei

关于金钱的童话

我在上文列举的普通建议中加上了一句"从此过上幸福的生活"。这是因为我把普通的财务建议称为关于金钱的童话。每个人都知道,只有在童话故事里,人们才会从此过上幸福的生活。这是经历过第二次世界大战的一代人相信的童话。但是,童话并不是现实。

到了我这一代,越南战争的一代,一些曾经过得很好的朋友如今都陷入了麻烦之中,因为他们也相信了这些童话故事。很多婴儿潮时代出生的人现在希望,并且期待股票市场能够回升,只有这样他们才能够安心退休。

现在,有很多大学毕业的孩子担心自己离开学校后找不到工作。他们也愿意相信这些童话故事,特别是"去上学"以及"找工作"。

这场阴谋中的有钱人希望每个人都相信这10个童话故事。由于轻信了这些童话故事,我们中有90%的人变成了有钱人游戏中的棋子。大部分人只知道这10个童话故事,却不知道金钱的现实。因此，也很少有人知道这场游戏的名字。

游戏的名字是什么

对于阴谋者来说，这场游戏的名字是"现金流"——成为关键的10%，从剩余90%的人那里获得现金流。阴谋者希望你陷入这10个童话，这样一来，现金就能从你这里流向他们那里了。

现在，有些人可能会说："去你的！你所做的一切就是为了推销你自己的'现金流'游戏。"的确，我正在推销我自己的游戏。我为自己的游戏和它所得到的赞美而感到骄傲。事实上，在www.steroids.com 网站上，它被称为"大富翁"。"现金流"不仅仅是一个棋盘游戏，它是有关这场阴谋的游戏。这场阴谋的终极目标就是，让你的钱从你的口袋流到那些阴谋家的口袋里。

就像鱼儿看不到水一样，大部分人都看不到这场阴谋。然而，就像鱼儿被卷入水中一样，我们都淹没在这场阴谋之中。不管是富人还是穷人、受过教育的还是没受过教育的、有工作的还是失业的，我们都陷入了"现金流"的游戏中。差别就在于，有些人是这个游戏的玩家，有些人则是游戏中的棋子。

为了帮助你更好地理解"现金流"这个游戏，下面列举了几个范例，以说明"现金流"游戏如何在现实生活中进行。

范例一：良好的教育还不够

许多学生和他们的父母都深深地陷入了大学贷款的债务中。而且上大学时学生就能够自由使用信用卡，因而产生了更多的坏账。一旦学生开始贷款并且为信用卡签单以后，现金就开始年复一年地从学生的口袋里流出来,以支付贷款和信用卡的债务。这场阴谋喜欢学生,因为他们是现金流的巨大来源。他们对待财务通常都很随意,并且总是把信用卡的钱当成免费的。许多学生尝到苦头后才知道这并不是现实——当然,大部分人始终意识不到这一点。学校可是训练人们让钱从自己口袋流入富人口袋的好地方。

学生常常在毕业的时候陷入沉重的债务之中,然后进入了社会,找到一份好工作,欠更多的债,眼睁睁看着自己的现金通过税收流向政府。人们赚得越多,需要支付的税收比例也就越高。为了省钱,人们在麦当劳吃饭,现金流向麦当劳。人们将自己的工资存在银行里,每当人们用自动提款机取钱的时候,现金就会以手续费的方式流向银行。人们买车,现金流向汽车公司、金融公司、汽油公司、汽车保险公司。当然,为了获取汽车驾驶执照,现金还会流向政府。人们买房子,现金从他们的口袋里流出,用于支付抵押贷款、保险、有线电视、水、气、电,以及给政府的财产税。每个月,现金都会流向华尔街,作为退休计划在共同基金中进行投资,现金还会以佣金与服务费的方式从共同基金流向基金经理。在生活中,当人们变老、变得虚弱,现金就流向了养老院。当人们死去,现金仍会流走,用于支付他们的遗产税。对于大部分人来说,整个生命都被用来努力追赶他们不断流出的现金流。

90%的人都在财务上挣扎的原因就是,现金总是在流向其他人或物——流向那10%知道游戏名字的人。90%的人越努力工作,挣越多钱,流向这10%的人的现金就越多。

穷爸爸的故事就是典型。他非常努力地工作。他回到学校获取更高的学位以及特别培训。他挣了很多的钱,并且存了一些。但是,他从来都没有控制住自己向外的现金流。当他失去了工作,并且被迫停止工作时,没有现金流入却还必须要履行自己向外的现金流义务。他陷入了财务困境之中。

学校并没有教会孩子们关于现金流的内容。学校的财商教育课程只教孩子把钱存在银行里,然后投资共同基金,即培训他们将现金送给有钱人。

如果由我来掌管教育系统,我就会开设关于如何控制向外的现金流,如何创造向内的现金流的课程。这个理念将在下面的章节中进一步讨论。

范例二:什么是第一位的?手机还是现金流

答案当然是现金流。如果没有现金流,永远都不会有手机——不管手机是多么有用。现金流是创新背后的唯一驱动力。当投资者认识到手机是获得现金流的一个机遇,人们就筹集了资金来开发全球手机网络。如果手机不能带来现金流,没有人会对开发全球手机网络感兴趣。

每当你使用手机,现金就从你的钱包流向手机运营商的钱包。这种流通是通过手机业务完成的,但是这场游戏的名字叫做现金流。

今天,有很多不错的产品、服务或者业务能够拯救世界。但是因为没有从消费者到有钱人的现金流,这些产品或业务就得不到资金支持。如果你即将推出一个新产品或者开展一项新业务,你必须注意现金流。如果你的业务只为你自己提供了现金流,就可能吸引不到投资者,无法得到发展。

范例三：股票市场崩盘了

当股票市场在 2007 年开始崩溃时，这意味着现金正在从股票市场流向其他资产。一旦市场崩盘，我可以负责任地说，90% 的投资者会赔钱，因为他们的动作太慢了。投资者行动缓慢的原因是，听信了用多样化的共同基金投资组合进行长期投资的金融神话。

然而，那 10% 不相信金融神话的人已经将自己的钱转移到了更加安全的避风港，例如，黄金。当股市崩盘时黄金的价格迅速上涨。随着现金从股票市场流出，共同基金的投资者遭受了损失，而黄金投资者赢得了收益。房地产市场也出现了同样的情况，房产泡沫破灭，现金流出，留给房产拥有者的只有不值钱的房子。

知识就是新的金钱

为什么金钱新规则的第一条是：知识就是金钱？"现金流"游戏能解释这一点。学校没有财商教育，学生毕业时虽然接受了很多科目的教育，但是并没有接触过"现金流"的游戏——我相信这才是所有科目中最重要的。大部分学生毕业后努力工作，获得现金流入，但对现金流入并没有加以控制和管理。每个月流出的钱比流入的要多得多，这促使他们更加努力地工作，或者陷入到更深地信用卡债务之中。

对于许多人来说，工作安全非常重要，因为他们对自己向外的现金流并没有什么控制。这也就是为什么众多财务专家会建议："剪掉你的信用卡，量入为出。"这是对那90%需要控制自己现金流的人的财务建议，以免自己的现金流向另外10%的人——而那10%的人了解如何获取现金流，甚至在非工作时间，现金也能照常流入。

当涉及投资的时候，普通的投资者对于现金流几乎没有什么控制。在传统的退休计划中，现金甚至在工人拿到退休支票之前就流入了401（K）养老金计划之中。然后，共同基金公司拿走了投资者的钱，并且通过隐性的服务费和支出合法地敛取现金流。

多年来，我一直对共同基金持批判态度。共同基金是可怕的投资工具，它们的出现就是为了使人们在财务上变得平庸。因此，许多金融专家一直在对我进行抨击，因为他们收取了共同基金公司的资助。无论是在电视节目上，还是在热卖的金融出版物上，你都能看到这些共同基金的推行者们提出同样的建议：长期投资具有多样性的共同基金投资组合。这就是为普通投资者做出的普通建议，但并不是好的建议。

约翰·博格是我崇拜的一个偶像，他是先锋集团的创始人。作为这个指数基金的创始人，他通过减少管理经费来保持较低的成本，他同样也对传统共同基金进行了坦率的批评。在接受www.SmartMoney.com网站的采访时，他说道："共同基金投资者投入100%的钱，冒了100%的风险，却只赚了20%的收益——如果有收益的话。"共同基金公司通过管理费和手续费获取了80%的收益。更糟的是，2009年，由于大量现金流出了股票市场，共同基金公司开始提高管理费和手续费。这也就意味着更多的现金流出了投资者的口袋。

在《讨还资本主义的灵魂》(*The Battle for the Soul of Capitalism*)一书中,博格谈到,共同基金公司和银行家谈到了复利的魔法,但却没有谈到复合成本的力量,而复合成本会显著降低你的净回报。我非常尊敬博格,因为他说出了这场阴谋最强大的力量之一——共同基金产业。在我看来,很少有出版物或电视频道有勇气站出来批评这一产业,因为他们可不想失去来自共同基金的广告收入。

金钱新规则第六条:你会说"钱话"吗

当一个学生进入医学院,他会学习医学的语言,并且很快就能开始讨论心脏舒张压和心脏收缩压。当我进入飞行学校的时候,我必须要学习飞行员的语言,并很快开始用到高度计、副翼、方向舵等术语。当我开始驾驶直升机以后,我又开始用不同的术语,例如,周期、扭力、旋翼。如果我不知道这些词,我就不可能成为一个成功的飞行员。

1903年,也就是我认为的这场阴谋控制了我们的学校系统的那一年,阴谋家带走了金钱的语言,并且用学校老师的语言进行了替代。学校教给学生代数和微积分等词汇,这些词汇在现实世界中应用得很少。90%的人在财务上苦苦挣扎的一个主要原因就是,他们从来没有学习过金钱的语言。

> **读者评论**
>
> 我们通过语言进行思考,一旦失去了语言,我们便无法描述概念。这也就是为什么了解、掌握这种语言是我们了解金钱的概念、工作方式的途径。了解并掌握金钱的语言,我们就能自主作出财务决策,而不是被那些"专家"所引领,或者盲目地遵循传统建议;我们就能摆脱诸如"我不够聪明,所以没法这样做""这超出了我的理解范围"等思想倾向。如果你能够学会这种语言,就可以理解并且控制自己的收益。
>
> ——buzzardking

加入10%俱乐部

你学会了关于金钱的语言,就学会了这场阴谋的语言。每天投入少量时间来学习金钱的语言,你就有了更好的机会来成为那10%——少数关键之人。更重要的是,通过学习金钱的语言,你将减少自己被冒牌的货币预言家愚弄的机会。正是这些冒牌的预言家建议你存钱、买房子、摆脱债务、用共同基金的多样化投资组合进行长期投资。

好消息是,当我们学会了金钱的语言,就能更便捷地将其传授给孩子。我们不需要投入太多的教育资金——只需教他们一些常识。如果学校能够教给学生金钱的语言,财务困境和贫穷就能减少。如果更多的孩子学会了金钱的语言,未来就会有更多的企业家,他们将创造更多的工作岗位,不再需要政府努力创造工作机会。

本书接下来将介绍给读者一些关于金钱和投资的基本词汇，只有了解了这些词汇，你才能加入这个 10% 俱乐部。

成就我们的现实

生活是一种态度。想要改变自己的生活，首先需要改变自己的词汇，你使用的词汇将反作用于你的态度。下面就是一些常见的对金钱的态度。

"我永远都无法富有"是一个具有穷人心态的人所用的词。他可能会终生在财务问题上苦苦挣扎。当有人说"我对金钱不感兴趣"的时候，他实际上是在将金钱从自己身边赶走。当我听到"要想挣钱先得投入钱"的时候，我会回答："不，挣钱从使用词汇开始，而词汇是免费使用的。"当有人说"投资是有风险的"，我会回答："投资没有风险，缺少财商教育、听取糟糕的财务建议才是有风险的。"我使用的词汇显示出了我独到的前瞻性以及对金钱和投资的不同态度，这与那些具有穷人心态的人不一样。

知识从词汇开始

知识就是金钱，而知识始于词汇。词汇是我们大脑的燃料，能够塑造我们的现实。如果你使用错误的词汇、贫穷的词汇，你就会有贫穷的思想和贫穷的生活。使用贫穷的词汇就像好车使用便宜的汽油一样。下面就是词汇如何影响我们的范例。

穷人的词汇

从一个人的词汇中我们很容易看出这个人是不是穷人。

1. "我永远也不会富有。"
2. "我对钱不感兴趣。"
3. "政府应当照顾好人民。"

中产阶级的词汇

中产阶级会使用不同的词汇。

1. "我拥有高薪安全的工作。"
2. "我的房子是我最大的投资。"
3. "我正在投资具有多样性的共同基金组合。"

富人的词汇

就像穷人和中产阶级一样,富人的词汇令其与众不同。

1. "我在找一些优秀的职员为我工作。"
2. "我要投资能给我带来现金流的公寓楼。"
3. "我的退出策略就是,通过首次公开募股让我的公司上市。"

你能看出这些词汇之间的区别吗?每种词汇反映了怎样的现实?让我们重复在主日学校学到的那句话:"言成血肉之躯。"正是我们所用的词汇塑造了我们。

资本利得 vs. 现金流

在下文中,我将为你介绍一些想要成为那 10% 之人必须要了解的基本术语。

其中两个非常重要的词汇就是：资本利得和现金流。正如我们前文说过的那样，最重要的术语就是现金流。因为现金流是这场阴谋游戏的名字。当2007年房地产市场和股票市场崩溃时，为什么90%的人都失去了金钱？原因就是他们没有参加"现金流"游戏，却参加了资本利得的游戏。参加资本利得游戏的人通常会希望自己的住房价格能够上涨，或者股票市场能上涨。然而，那些为现金流投资的人却并不在乎市场或者住房价格是上升还是下跌。

另一个同资本利得和现金流相关的重要术语就是资本净值。你常会听到有人吹嘘自己的资本净值上升了，因为他买了昂贵的房子或者拥有很多昂贵的股票。事实上，在我们当前所处的市场中，所谓的资本净值其实是毫无价值的。

资本净值常通过资本利得来衡量。比如，你用100万美元买了一栋房子，严格意义上说，房子是你资本净值的一部分。但是，如果你不能以100万美元的价格卖掉房子，只能以50万的价格卖掉，而你的贷款是70万美元的话，你的资本净值就毫无价值了。

而且现在不仅仅是个人会这样思考。今天，逐日盯市[①]这个术语是公司和银行表现资本净值的另一种方法。当经济繁荣的时候，公司喜欢用逐日盯市制度，因为这能够让他们的资本利得表看起来表现良好。然而，由于市场日渐崩溃，逐日盯市制度正在让许多公司贬值，因为他们的资本净值每天都在消失，变得越来

[①] 指结算部门在每日闭市后计算，检查保证金账户余额，通过适时发出追加保证金的通知，使保证金余额维持在一定水平之上，防止负债现象发生的结算制度。——编者注

越一文不值。

我不使用资本净值,而是用现金流来衡量我的财富。我的投资每个月都能为我带来金钱,这才是真正的财富——而不是某些真假莫辨的关于价值的概念理解。

在金融危机中,我和妻子金在财务上都表现良好,原因就是我们的业务和我们的投资都关注了现金流。我们之所以能在较早的时候"退休",金37岁,我47岁,正是因为我们作出了理智的决定,为现金流投资。自1994年起,我们每年都有大约12万美元的收入(被动收入)来自投资的现金流。现在,我们的年现金流已经超过了那个数字的10倍,甚至在金融危机时也是如此。这一切都要归功于我们继续投资现金流。

我的一个邻居是亚利桑那州最富有的人之一。几年前,他来到我们家,感谢我们的游戏和书。他微笑着说:"我和我的孩子,还有孙子一起玩了你的'现金流'游戏。玩过游戏后,我终于能够向他们解释自己的投资行为了。多年来,我的孩子、孙子一直问我为什么不像别人的父母那样从事正常的工作,我甚至都没法向他们解释我到底在做什么。"

4间绿房子

我9岁的时候,我的富爸爸开始通过"大富翁"游戏对我进行财商教育。多年来,这个游戏我们一玩就是几小时。当我问富爸爸,为什么我们要这么频繁地玩这个游戏,他说道:"你可以从这个棋盘游戏中找到财富的公式。"

"那么,公式是什么呢?"我问道。

"把4间绿房子变成一座红旅馆。"他回答道。

在我19岁的时候,我从纽约的学校回来,发现富爸爸买了一家很大的宾馆,就坐落在怀基基海滩上。那些年,从我9岁到19岁,我的富爸爸从一个小商人成长为夏威夷商界的重量级人物。他成功的秘诀就是:投资现金流。

当我还是个小男孩的时候,富爸爸会教他的儿子和我一些"大富翁"游戏中更加精细的差别。比如,他会拿起一张卡片问我们:"如果你的地产上有一间绿房子,你能够得到多少收入?"

我会回答:"10美元。"

"如果你在同样一块地上拥有两间房子,你能得到多少收入?"

我会说:"20美元。"

我知道基本的数学知识,20美元要比10美元好得多。富爸爸正是通过这种方式教会他的儿子和我关注现金流——而不是资本利得。

关注现金流

1971年以后,当尼克松将美元同黄金切断后,通货膨胀开始进入我们的经济体系。人们感觉到某些方面出了问题,但在没有相应财商教育的情况下,他们并不知道什么出了问题。1980年,金价达到了每盎司850美元,白银达到了每盎司50美元,因为通货膨胀开始迅速扩大化了。

在里根总统的政策下,当时的美联储主席保罗·沃尔克开始遏制这种势头,并且将美联储基金利率增加到了20%,从而消除通货膨胀。当时有一个新词进入了日常词汇:滞涨。该词的意思就是,经济是停滞的(民众和公司挣的钱并没有增加),而通货膨胀正在加剧(东西变得越来越贵)。

我记得每次去饭店吃饭,总能看到菜谱上的价格被划掉,几乎每个月都会涨一次价。商业活动停滞,物价不断上涨,以支付增长的成本。

即使房贷利息很高,大约为12%~14%,房屋的价格还是像火箭一样直线上升。1973年,我在怀基基海滩买了一套公寓,当时的价钱是3万美元,两年后我以4.8万美元的价格卖出。我又以1.8万美元一套的价格在毛伊岛买了3套公寓,然后以每套4.8万美元的价格抛出,一年挣了大概9万美元。这几乎是我做海军陆战队飞行员时收入的6倍。当时,我认为自己简直就是财务天才。

幸运的是,我的富爸爸适时地同我谈了一些道理。我的下一个财商教育阶段开始了。我不再是一个和富爸爸玩"大富翁"游戏的10岁大的孩子了。我当时已经20多岁了,我在玩生活中的"大富翁"游戏。

富爸爸耐心地为我讲述了资本利得和现金流的差别。这是一次及时的提醒。每当我抛出地产,我都在为资本利得投资。富爸爸告诉我,税法在处理资本利得和现金流上存在差异,就像现在那样。"为现金流投资,"富爸爸说,"要记住我几年前从'大富翁'游戏里教给你的东西。投资资本利得就像在赌博。"

富爸爸拿出一张"大富翁"游戏中的契约卡,问我:"从一间绿房子里能够收到多少钱?"

我把卡片拿在手里,说:"10美元。"尽管我当时已经快30岁了,我还是想起了他讲的资本利得和现金流之间的区别。这是我在孩童时期学习的课程,但是我成年以后却忘记了。

"很好,"富爸爸耐心地说道,"两间绿房子赚多少?"

"20美元。"我回答道。

"很好,"富爸爸坚决地说道,"永远不要忘记这一点。为现金流投资,你就永远不用担心金钱;为现金流投资,你就不会被市场的繁荣和衰退所击垮;为现金流投资,你就会成为一个富人。"

"但是,"我开始争辩,"通过资本利得挣钱会更容易。因为房地产价格正在飞速上升,而要找到能够创造现金流的投资却很难。"

"我知道,"富爸爸说道,"听我的话。不要让贪婪和轻易挣来的钱阻碍你成为一个富有且具有财务智慧的人。永远都不要混淆资本利得和现金流。"

读者评论

我年轻的时候,我的父亲就让我投资房地产,但没过多久我就卖掉了这些房产。我去工作,然后和其他人一样投资共同基金。当我在玩"现金流"游戏的时候,我才认识到拥有能够为自己创造现金流的投资是多么重要。那时我没有认识到,如果我持有那些地产并且继续购买能有很大好处。如果我那时这样做了,今天就会处于非常有力的位置。我现在又开始购买能带来收入的地产了。

——miamibillg

现金流更难了

1971年以后，物价上涨，但工资并没有跟上通货膨胀的速度。与此同时，人们开始在海外开发工作岗位。当了解到美元出了些问题，并且想要快速致富时，人们就开始进行资本利得的投资。人们从直觉上判断，美元变得没有价值了，因此不再存钱，并且开始投资那些能够随着通货膨胀的扩大而升值的东西，如：艺术品、古董、老汽车、芭比娃娃、棒球卡，还有陈年红酒。股票市场和房地产则成了资本利得投资者们最欢迎的投资类别。许多人通过借钱的方式进行投资，因此变得非常富有。然而现在，他们中的很多人成为了新的贫民。这次，他们的赌注没有带来回报。

1929年，就在市场崩盘之前，人们还在借钱买股票以求获利——主要是贷款买股票。他们在用资本利得赌博。2007年，人们再一次用借来的钱进行资本利得的赌博。这一次，他们赌的是房地产和股票。同样，这次崩盘的破坏性不亚于上次。

资本利得危机

2009年，陷入苦闷的投资者大部分是那些投资资本利得的人。如果他们曾关注过现金流的话，可能就不会受到这场危机的影响，不会为退休、孩子的大学费用、失业而担心了。

2007～2009年，股票的市场价值下跌了50%——这是一个用资本利得进行衡量的价值。

根据彭博社的数据显示，从2007年1月开始，20个美国大城市的标准普尔住房价格指数每个月都在下跌。在圣地亚哥、迈阿密、拉斯韦加斯，降幅高达33%。最近，据《亚利桑那共和报》的报道，我所在的城市凤凰城房价下跌最严重，房价从最高点下跌了50%。又一次，标准普尔住房价格指数在衡量资本利得——某个特定时候的资产价格对比另一个特定时间的资产价格。

数百万我这个年纪的婴儿潮时代的人正在祈祷，在他们退休之前房地产和股市能够回升，这样就不用在年老的时候还担心生计问题了。但是，他们祈祷的仍然是资本利得，而不是积极地控制自己的收入现金流。他们把自己的信心寄托在市场上。

为现金流投资

我的房地产投资公司在凤凰城拥有很多房产。但我的公司在金融危机中并没有受到伤害。我们做得很好，因为我们投资的是现金流。我们靠出租公寓挣钱。我们很少对房产进行抛售。我们和那些阴谋家同台竞技并击败了他们。这就是"现金流"游戏，这是我在和富爸爸玩"大富翁"的时候学会的。

"大富翁"不是一个关于抛售的游戏；不是一个关于低买高卖的游戏；不是一个关于多样化的游戏。"大富翁"是关于集中注意力、规划、耐心、长期控制的游戏。游戏的第一个目标就是控制棋盘4个边中的一个。第二个目标就是在你所控制的边上开发地产，增加绿色的房子，最后变成红色的旅馆。最终的投资策略就是，在你的一边只剩下红色的酒店，然后你就坐等收益。而其他玩家在拐角时则尽力避免落在你的任何地产上，以免付钱给你。游戏的最终目标是：你拿走其他玩家所有的钱，让他们破产。2009年，许多人在现实中的"大富翁"游戏里破了产。

我原本可以更富有

如果我为资本利得投资，抛售房地产的话，我原本可以赚更多钱。当其他人都在为资本利得投资的时候，想投资于现金流是很困难的。然而在2009年，我越来越认同富爸爸的课程了。我知道他为什么一直坚持要我关注现金流，而不是卷入低买高卖的狂热之中。

今天，我拥有了4个主要的现金流来源。我将在接下来的章节中讨论这些问题。它们是：

1. 我的公司：无论我工作与否，现金都会流进来。即使公司即将关闭，现金流依然会流入。

2. 房地产：我和妻子拥有的房地产每个月都会为我们带来现金流。

3. 石油：我并没有在石油公司上投资，而是作为一个进行石油开采的合伙人进行投资。当我们发现矿藏，我就会从每个月卖出的石油和天然气中获得收益。

4. 版税：我的书授权给了大约50家出版公司。每个季度，我都能从这些出版公司得到一笔版税。除此之外，我的棋盘游戏也授权给了大约15家游戏公司，每个季度也能从这些公司得到版税。

普通人的现金流

大部分人都知道，每个月拥有流入的现金流是非常重要的。

问题在于，他们并不理解良好的现金流策略和普通现金流策略之间的区别。良好的现金流策略为你带来低税率的被动收入，而且你可以对其进行控制。普通现金流策略会给你带来高税率的被动收入，而且你对其控制很小或者根本没法控制。

1. 储蓄：储蓄利息是一种现金流。今天，短期证券的利息率低于零。如果你够幸运的话，银行可能会为你的储蓄支付3%的利息。

来自储蓄的现金流存在两个问题。第一，3%的利息要作为普通收入纳税——而且税率非常高，这意味着3%的利息事实上税后只有2%。第二，美联储正在印制上万亿的美元来对大银行进行救市。20世纪70年代晚期，救市资金还只是上百万美元。到了20世纪80年代，救市资金开始以10亿为单位。到了2009年，救市资金是以万亿为单位的。

这种救市往往会导致通货膨胀，还有可能是恶性通货膨胀。实际上，如果通货膨胀率高于2%的话，你想把钱存在银行以获得利息的做法只会让你损失更多。了解救市资金和通货膨胀的关系是了解历史的一种重要手段。通过了解一些历史，你可以了解你的储蓄利息在价值损失上的速度有多快。就在中央银行印制数万亿美元的时候，你放在银行的储蓄只得到了3%（税后2%）的回报。

2. 股票：一些股票向股民支付红利，这也是一种现金流。数百万退休人员依靠他们股票的红利生活。问题在于，在这场危机中，许多公司削减了股票红利。2009年4月的第一周，标准普尔宣布，367家公司在2009年的第一个季度削减了770亿美元的红利。这是标准普尔自1955年开始追踪红利支付以来的最低分红。这意味着衰退正在蔓延，威胁着那些曾经靠这些收入过得很好的人。

3. 养老金：养老金也是一种现金流。问题在于，联邦养老金担保公司（PBGC）将640亿美元养老金中的大部分从债券转入了股票、房地产等资产，正巧又赶上了这些资产崩盘的时候。这意味着幕后操纵联邦养老金的那些天才们将现金流从债券中转移出来，投入了股市和房地产市场，也许是因为他们认为债券的收入太低了，希望能够从资本利得中获取更大的利润。这说明许多养老金计划现在都处于严重的财务危机之中。

除此之外，养老金这个概念对大部分人来说将成为一个古老的历史。绝大多数公司都不再提供任何养老金，或者大幅度降低了养老金项目的范围。现在能够依靠养老金的主要是政府和工会雇员。大多数人都必须找其他方式来为自己的退休创造现金流。

4. 养老年金：养老年金也是一种现金流。比如你将100万美元投入保险公司，相应，保险公司会在你的余生中按照你投保的钱支付给你一定比例的利息。

问题在于，养老年金通常是由你无法控制的商业房地产支持——大型机构类投资者购买商业房地产或其他金融工具，其中很多机构都是上市公司，他们的目的是资本利得而不是现金流。上市公司投资资本利得的问题就在于，在标准的计算法则下，他们必须要将自己的资产削价出售，然后再购买更多资产来弥补损失。这也就对保险公司和你的养老年金回报造成了损害——你只需要看看美国国际集团就会明白这一切。

为什么没有更多人玩"现金流"这个游戏呢

最近，我参加了一个关于投资的会议，听取了与会者针对不同的投资进行的发言。有一位金融理财师建议人们重新平衡自己的股票和共同基金投资组合。在我看来这实在是太荒谬了。重新平衡只不过是为资本利得投资的另一种说法。那位金融理财师还说："我知道你们有人在市场中损失了金钱。但不要担心，股市总会好转的。要记住，平均来说，股票市场大概每年会上升8%。所以，我建议你们继续保持长期投资。"当我看到观众席里的人们点头同意时，我气愤地离了场。我不知道人们怎么会这么容易就被愚弄了。

阴谋家们希望你的现金流向他们。所以他们才会培训金融理财师和股票经纪人等销售人员，并怂恿这些人对你说一些股票市场每年增长8%之类的话。他们用资本利得的诱惑来让你的现金流入他们的口袋。

房地产中介采用同样的销售策略。他们通常会说："你最好在房价上涨前购买。"在房价上涨之前购买的想法就是基于对资本利得的预期。又一次，这些销售人员用资本利得的诱惑拥有了你的现金流。这就是游戏。从你签署抵押贷款的那一刻起，现金就从你流向了他们。

为什么人们不投资于现金流呢

大部分人都投资于资本利得而不是现金流是出于很多原因的。下面是其中一些原因：

1．大部分人都不知道资本利得投资和现金流投资的差别所在。

2．经济增长时，玩资本利得游戏是很简单的。人们自然而然地认为自己的房子和股票投资组合的收益会随着通货膨胀上升。

3．现金流投资要求投资者具备更高的财务能力。任何人都可以买一些东西，并希望其价格会增长。发现现金流交易需要具备有关隐形收入和支出的知识，以及基于这些变量预测投资表现的知识。

4．人们都很懒。他们为今天而活，却忽视明天。

5．人们指望政府照顾他们，这就是我穷爸爸的态度，因此他直到去世也是个穷人，对于他来说，指望别人照顾更简单。今天，有超过 6 000 万的美国人，也就是我的同龄人，婴儿潮的一代，他们即将遵循穷爸爸的足迹。

如果你不想遵循穷爸爸的足迹，就请仔细阅读下一章。

总结

击败这场阴谋的方法就是，先要知道这场游戏的名字，而这场游戏的名字就叫"现金流"。了解了游戏的名字后，你就需要学习游戏的术语——关于金钱的语言。学习金钱语言的一种方法就是通过我的棋盘游戏——"现金流"。你可以从"现金流101"开始玩起，它会教给你基本的财务概念。接下来，你可以继续玩"现金流202"，这是为高级财务学习准备的。游戏的目的是为了让你做好准备，以应对身边正在发生的真实的"现金流"游戏，生活中的"现金流"游戏每时每刻都在发生。

正如我们讨论过的那样，现金流和资本利得是两个非常重要的术语。简单地说，90%的人都在玩"资本利得"游戏，只有10%的人在玩阴谋者的"现金流"游戏。因此，只有10%的人才能胜出。你想成为赢家还是输家？你想成为普通人还是杰出的人？如果你想要在"现金流"游戏中获胜，这本书接下来的部分就是为你准备的。

第8章
印自己的钞票

克莱默 vs. 斯图尔特：喜剧大亨的碰撞

乔恩·斯图尔特的《每日秀》节目是非常流行的新闻讽刺节目，该节目在戏剧中心播出。尽管这个节目原本是为了讽刺政治，但很多人把它看成获取新闻的主要来源。人们认为主流新闻很无聊，并且认为讽刺这些新闻的节目更加真实。

吉姆·克莱默的电视节目叫《私房钱》。这个节目在美国消费者新闻与商业频道（CNBC）播出，是全球领军的财经新闻节目。克莱默很优秀，具有很强的娱乐精神，并且总在竭尽所能地让财经新闻变得有趣。他和乔恩·斯图尔特针对不同的话题主持着风格类似的节目。克莱默的节目是关于金钱的，斯图尔特的节目则主要针对政治。

2009年3月12日，乔恩·斯图尔特邀请了吉姆·克莱默上他的节目，双方进行一次公开辩论。那天晚上，斯图尔特并不像往常那样搞笑幽默,他很愤怒,并且为数百万民众说话,表达民众对整个金融行业的失望,包括金融新闻报道。

斯图尔特总结了美国公众的普遍看法,认为CNBC和财经新闻媒体可以帮助美国人提高认识,告诉他们存在着两个市场:一个是普通美国人进行投资、并且被鼓励投资的长期资产市场;另一个就是从公众眼中消失的快速市场。斯图尔特认为,快速市场"很危险,它在道德上是令人生疑的,并且伤害了长期市场。所以它给我们的感觉——我完全是从一个旁观者的角度来说——就像我们在用自己的养老金和辛苦赚来的钱为别人的冒险提供资本"。

读者评论

我认为主流媒体中有关金融危机的论断不足以令人信服,也不足以到可以让我对自己的投资组合采取行动的地步。事实上,我认为他们并不是在故意误导,只是从狭窄的视角出发向我们提供知识。

——hattas

以我经商的经历来说,我认为失去金钱最迅速的方式就是,在浏览财经新闻网页的时候进行交易。

——gonel7

针对养老金的现金掠夺

历史上发生过的事情现在再一次发生了。1974年,美国国会通过了《雇员退休收入保障法》(ERISA),这导致了401(K)

计划——历史上最大的一次现金掠夺开始了。

就像我在前面说过的,许多经历了上次大萧条的人都不再相信股票市场。我的富爸爸和穷爸爸都不信任股市。他们认为股市是受到操纵的,往股市投资就是赌博。1974年,《雇员退休收入保障法》有效地将数百万人推入了股市,即使他们对投资所知甚少。1974年以前,大部分公司都会支付工人养老金。然而对公司来说,把工人推向股市更合适,因为它不再需要通过养老金计划支付工人终身工资了。401(K)计划为公司省了钱。但是,如果工人并没有在股票市场中投资,或者如果股票市场崩盘的话,工人在退休时就没钱可用了。这也正是当股票市场在20世纪70年代蓬勃发展之时,理财作为一种全新的职业被创造出来的原因。

我的富爸爸认同乔恩·斯图尔特有关两个市场的观点——一个长期投资市场和一个用投资者的钱进行赌博的交易市场。当401(K)计划在美国实行之后,富爸爸告诫我要保持镇定。他的告诫让我在2002年写了《富爸爸如何应对不可知的未来》一书,并且随后在2006年同唐纳德·特朗普合作写了《让你赚大钱》。

我和唐纳德并不反对股票市场。我们都开了自己的贸易公司。事实上,我们提倡的是负责任的财商教育,由于许多人和组织忽视了财商教育,所以我们才会极力倡导。他们利用那些对于金融一窍不通的人,用所谓的新闻和教育赚快钱。正如乔恩·斯图尔特在CNBC对吉姆·克莱默进行采访的时候谈到的:作为主要的财经新闻网,他没能告知公众,用他们的钱进行的真正游戏是什么。

在我看来,曾经的对冲基金经理吉姆·克莱默是这场阴谋游戏的专家。如你所知，对冲基金通常会猎食共同基金，就像鲨鱼捕食金枪鱼一样。尽管克莱默在访谈中向斯图尔特保证，他会忏悔，并且向公众提供更好的财商教育。但事实上，迄今为止我没有看到任何改变——只听到了更多借口和谴责。的确，他能怎么改变呢？他自己的生计还要依靠这场阴谋。

鲨鱼和金枪鱼

大概在5年前，我的弟弟和他的妻子生了个孩子。他们问我，能不能为孩子的大学教育开立一个529教育计划[①]。我非常乐意帮忙，但是我想先确认一点，自己的钱没有白白扔掉。我立即打电话给我的股票经纪人汤姆，询问了关于这个计划的内容。

"我可以为你开个账户，"他说道，"但是我知道你不会喜欢。"

"为什么？"我问道。

"因为大部分529教育计划的资金都只能投入共同基金，"汤姆说道，"而且我知道你清楚共同基金在玩什么把戏。"

"谢谢，"我说道，"我会再考虑一下别的计划。"

谢天谢地，我没有开立那个账户。否则，我就会在2007年的股市崩盘中损失至少40%的投资。就像乔恩·斯图尔特指出的那样，有两个游戏同时在进行。一个游戏是为长期投资者（金枪鱼）而准备的，其中包括了股票、债券、共同基金，另一个游戏是为

[①] 529教育计划是一种大学教育储蓄计划。投资者在开户时既可以选择以现今学费的费率向一家合格的教育机构预付学费的方式；也可以选择以把钱存在递延税收帐户，从而可以用将来的费率支付教育费用的方式。——编者注

对冲基金经理和专业贸易商等短期投资者（鲨鱼）而准备的。

即使股市没有崩盘，我也不会投资529教育计划，因为它依靠的是共同基金。正如我们在第7章中已经详细讨论过的那样，共同基金通过管理费和手续费的方式收取不成熟投资者的钱。我知道，529教育计划提供了新的税收奖励，但是这些税收奖励很难弥补通过管理费和手续费从账户中抢走的金钱，这些税收奖励也无法弥补由于市场挥发而损失的金钱。共同基金仅仅是那些不具备财商的人设计的一种无用的投资。

拒绝400万美元

2001年，当《富爸爸穷爸爸》热卖的时候，美国一家大型共同基金公司找到我，希望我能为他们的共同基金组合做代言人。这家公司为我的代言开出了4年400万美元的价格。尽管这个价格很让人心动，但我还是拒绝了。

原因之一就是：我不希望代言一款自己不信任的产品。而且，我也不需要他们的钱——尽管有这些钱生活会过得很好。在下面的章节中，你会发现如果拥有系统的财商教育，赚400万美元并不困难。我知道，自己真正的财富是自身掌握的金融知识而不是现金。我能够运用自己的智慧和运营自己信任的业务挣400万美元甚至更多。拒绝400万美元很难，但是为这些钱出卖自己的灵魂更不值得。

我并不是反对共同基金的理念，我只是反对共同基金通过高昂的费用和潜在的成本掠夺投资者的钱。首先，在大量共同基金中只有不到30%能够真正跑赢标准普尔500指数。换句话说，你所需要做的只是投资标准普尔指数基金，然后你就可以用更少的钱和更高的回报击败 70% 的共同基金经理。正如我们在前面所说的那样，共同基金在本质上是为普通到不能再普通的投资者设计的，也就是财商世界中的 C 等生。A 等投资者和 B 等投资者都不需要它们。

词汇的力量

正如我们在第 7 章中简要复述的那样，金钱新规则第一条是：知识就是金钱，而金钱新规则第六条是：学会说"钱话"。

为什么会有这么多人因为糟糕的投资损失了大量的钱？其中一个原因就是，我们的学校甚至没有对我们进行最基本的财商教育。财商教育的缺乏导致了我们对于金钱语言的误解。比如，当理财师建议你进行长期投资的时候，有经验的投资者都会询问长期的具体含义，就像爱因斯坦发现的那样，一切都是相对的。

乔恩·斯图尔特对吉姆·克莱默失望的一个原因就是，克莱默是一个商人。一般来说，商人都是超短期投资者，他们眼中的长期投资可能是一天——甚至一小时。商人在投资市场里进进出出，骗取其他投资者的退休金或者为孩子的大学教育攒下的钱。有经验的投资者不会使用长长的术语，而会使用"退出策略"这个词。聪明的投资者知道，问题不在于你坚持投资多久，而在于你如何将这项投资在预定的时间内按计划增加自己的财富。

另一个经常被误解的词就是"多样化"。如果你听信大部分金融学者的话，他们总会告诉你，聪明的投资者会进行多样化选择。但是，让我们引用沃伦·巴菲特在《巴菲特之道》中说的：

"多样化投资是对无知的保护。对于那些知道自己在做什么的人来说,这几乎没用。"

大部分人投资失败的另一个原因是,不知道自己正在做什么,而且投资也不具有多样性,尽管他们的理财师说有。下面,让我给你举几个例子。

1. 如果你投资了不同的行业,理财师会说你的投资具有多样性。比如,你可以投资由小型股、大型股、增长股、贵金属股、房地产投资信托基金(REITs)、交易所交易基金、债券基金、货币市场基金,以及新兴市场基金组成的共同基金。即便你在其他领域还具有"多样化"投资,这也并不是多样性,因为你只拥有一个资产类别——纸质资产。当2007年股市崩溃时,所有与股市相关的纸质资产也都崩溃了。对于那些只在纸质资产这一个类别上具有多样性的投资者来说,具有"多样化"也没有什么用。

2. 从定义上看,共同基金已经是具有多样性的了——在纸质资产中。共同基金是一种由多样化的股票组成的基金。更糟的是,共同基金的数量比个股还多。因此,许多共同基金中会包括同一只股票。共同基金就像是复合维生素。买3只共同基金就像是吃了3种复合维生素。你可能只吃了3种不同的药片,但是这3种药片中含有很多相同的维生素——很可能会超量。

3. 大多数理财师只能出售共同基金、养老年金、债券、保险等纸质资产。事实上,在1974年,当《雇员退休收入保障法》通过后,许多保险销售人员一瞬间就将自己的头衔从"保险推销员"改成了"理财师"。由于大部分理财师只有销售纸质资产的资格，因此卖给你的也仅限于纸质资产。他们并不出售真实的资产，像房地产、公司、石油，或者黄金白银。他们只能卖给你他们能卖的理财产品，而不是你所需要的，而且肯定也不是多样化的。

就像一句老话说的那样："永远都不要问保险推销员你需不需要保险。"你知道答案会是什么。理财师推荐多样化产品的两个原因是：能够卖给你更多纸质资产；即使他们作了错误的决策，也可以帮助他们分散风险。通常，你的最佳利益是不会被放在心上的。

老练的投资者

一般有4个基本的投资类别：

1. 公司：有钱人通常拥有许多家公司，这能够给他们带来被动收入，而普通人可能更多地依靠工作获得收入。

2. 能带来收入的房地产投资：特指每个月以租金形式产生被动收入的房产。你的居所或者度假屋并不计算在内，即使你的理财师告诉你那是资产。

3. 纸质资产：包括股票、债券、储蓄、养老年金、保险，以及共同基金。大部分普通投资者都有纸质资产。因为纸质资产很容易买到，不需要花很多时间管理，并且是流动的——即投资纸质资产很容易抽身。

4. **实物资产**：包括黄金、白银、石油、铂金等。大部分普通投资者不知道如何投资实物资产，或者去哪里投资。在很多情况下，他们甚至不知道如何以及去哪里购买真正的黄金或白银。

成熟的投资者会投资上述所有类别的资产。这才是真正的"多样化"。普通投资者认为自己实现了多样化投资，但其实大部分人都只投资了第三类——纸质资产。这算不上是多样化投资。

同样的词汇，不同的语言

我认为，尽管我们可能使用着同样的词汇，但我们说的却是不同的语言。长长的术语对于老练的投资者和入门投资者来说意味着不同的含义，多样化投资和其他许多词汇也是如此。单从投资这个词考虑，也具有不同的含义。对于一些人来说，投资意味着在市场内迅速地买进卖出。当有人对我说"我在投资房地产"时，我通常都会想想他是什么意思。他是否想表达他拥有自己的居所？又或者他是炒房者，在房地产市场中进进出出的投资者？或者他的意思是说，他通过房产为自己提供现金流呢？

关于词汇和语言，我的第二个观点是：许多所谓的专家想要让自己看上去更聪明，所以他们爱用一些不寻常的词语，例如信用违约互换、套期保值，来让普通人感到困惑。这两个术语其实就是保险的两种不同方式，但是这些"专家"从不用通俗易懂的词。因为这样一来，每个人都知道他在说什么了。

在《巨人之现金抢劫》一书中，富勒博士写道："我有一个去世很久的老友，他曾经是一个大亨，而且是摩根家族的成员。他曾经对我说，'布基，我很喜欢你，所以我想诚恳地告诉你，你永远也无法成功。你到处用简单的术语向人们解释他们不理解的东西，而成功法则的第一条就是：当你能把事情弄复杂时，永远不要让它们变简单。'尽管他是出于好心的建议，但我在这里还是要继续向大家解释这些巨人。"

我很自豪地延续着富勒博士的工作。我没有使用巨人这个词，而是使用了阴谋家。但是，我的目标一直都是：在别人都用复杂的术语解释问题的时候，我要用简单的术语阐释问题。

变得更有力量

富勒博士坚信词汇的力量。在一次课程中，他说道："词汇是人类发明的最有力量的工具。"在他的《关键路径》一书中，他写道："在工业化初期——也就是人类在技术上的有效合作之时，首先用到的就是词汇。用来表达和交流的词汇在很大程度上加快了人类应对生活挑战的信息的发展。"

在我跟随富勒博士学习之前，从来没有重视过词汇的力量。直到1983年，我36岁时，才刚刚明白为什么我的穷爸爸，一名职业教师，会那么重视词汇。我知道为什么自己高中时两次英语考试不及格。原因就是我没有重视词汇的力量。由于不重视词汇的力量，我令自己失去了改变生活的力量。使用穷人的词汇表让我在现实中很贫穷，持有穷人的态度让我不断在财务上苦苦挣扎。我最终理解了富勒博士所说的："词汇是人类发明的最有力的工具。"我认识到，词汇是人类大脑——也就是我们最伟大的资产——的燃料，同样也是我们最大的责任。正因如此，在1903年金融词汇从教育系统中被剔除了。我终于明白了，为什么富爸爸禁止他的儿子和我说"我买不起"或者"我做不到"之类的话了。富爸爸反而要求我们去问"怎样才能买下它？"或者说"我该怎样做到？"我最终认识到，我的生活就是我所用词汇的总和。

如果我不知道、不理解、不使用阴谋家用的那些词，我就会成为这场阴谋的棋子、受害者、奴隶。因此，我开始禁止自己使用普通人所用的那些词语，例如："找份好工作""存钱""量入为出""投资有风险""负债是坏事""房子是资产"，以及其他与金钱相关的咒语。我知道，自己摆脱财务奴隶命运的方法就是：了解财务词汇和金钱的语言。1983年，我成了学习财务词汇的学生，认识了这场阴谋的语言。

读者评论

我有一个4岁大的儿子。从他会说话开始，我就教他一些与金钱相关的简单知识，在他心中种下理财的种子，希望这些知识能够在他成人后伴随着他。每当他收到金钱作为礼物的时候，我都会问他："你拿这些钱来干什么？"紧接着我教他说："存起来！"我曾经为此感到非常骄傲，直到我再一次仔细考虑了这个问题。现在，我教他说："用来投资！"当然，这只是一方面……现在，我开始教他有关投资的4个领域。

——bgibbs

大规模杀伤性武器

沃伦·巴菲特将金融衍生产品称为"大规模杀伤性武器"。然而，直到2007年，却只有很少一部分人知道什么是金融衍生产品。现在，数十亿人听说过金融衍生产品，却仍然不了解这个词是什么意思。因此，在财务上一窍不通的人现在认为金融衍生产品是不好的、危险的，是金融精英才能使用、创造、理解的复杂的金融产物。遗憾的是，这些说法离事实相差甚远。

在此，我想重复一下巴克敏斯特·富勒从他摩根家族的故友那里得到的建议。"成功的第一条法则就是——当你能把事情弄复杂时，永远不要让它们变简单。"这就是金融世界的处事原则。它遗弃了简单的东西，使一切变得复杂。

通过将简单的事情复杂化，金融世界给人们一种神秘莫测的印象，并且在涉及钱的问题时令一般人自我感觉很差。当你认为自己很愚蠢时，拿走你的钱也就更容易了。我和妻子金在1997年创建了富爸爸公司。我们的目标就是，保护人们免受金融掠食者的伤害，让人们能够作出全面的财务决策。我们的具体方法是，开发财商教育产品，比如游戏、图书、网络产品、培训班，以及高级财商教育项目等，从而让金融变得简单。无论你是孩子或大人，是小学生或博士，你都可以理解我们的产品。

今天，金融衍生产品是世界上最有威力的一个金融词汇。金融体系正在努力为这个词笼罩上一层神秘色彩，并且让它看起来更像是一个复杂的概念。正因如此，直到最近，也只有小部分人理解这个词，大部分人仍然不明白为什么沃伦·巴菲特把金融衍生产品称为大规模杀伤性武器。事实上，金融衍生产品的概念并不复杂。

对于衍生产品的广泛定义是：能够从一种物质中产生的物质。比如，橙汁是橙子的衍生产品。金融衍生产品的一个定义是：从潜在的可变资产中获得价值。举例来说，普通股的股份就是现有公司的衍生产品，例如苹果公司。如果你买了苹果公司的股份，就意味着你在买苹果公司的衍生产品。如果你买了共同基金的股份，你就是在买这个基金的衍生产品，也就是股票的衍生产品——衍生产品的衍生产品。

有一句话沃伦·巴菲特没说，但他应该说。那就是，金融衍生产品同样也是大规模金融创造的工具。金融衍生产品是10%之人用来从90%的民众那里攫取金钱的工具。我相信巴菲特的观点是，当你开始投资衍生产品的衍生产品的衍生产品时，你的投资风险就越来越高。

以葡萄树为例，葡萄来自葡萄树，所以葡萄是葡萄树的衍生产品。你可以吃葡萄，这对你的健康很有益。你也可以用葡萄榨汁，做成葡萄汁。这时，葡萄汁就成了葡萄的衍生产品，而葡萄又是葡萄树的衍生产品，喝葡萄汁对你依然很好。但是，当你用葡萄汁酿葡萄酒的时候，葡萄酒就变成了衍生产品，而且效力更大，风险更高。如果你沉迷于葡萄酒这种衍生产品，你就成了酒鬼。一旦你变成酒鬼，葡萄酒就变成了破坏健康的大规模杀伤性武器。健康、家庭、财富都会因酒瘾而失去。在这场金融危机中，相似的连锁反应也正在发生。令人担忧的是，许多有毒、强效、高风险的金融衍生产品的创造者依然在位——而且还在继续创造邪恶的产品。

本书的第一部分之所以要讲述金融历史，原因就是通过历史能够更好地认识现在和未来。1971年以前，美元是黄金的衍生物。1971年以后，美元变成了债务的衍生物，成为美国国债和国库券之类的债券，这些债券都是由美国纳税人偿还账单的承诺所支持的。现在，一个很大的问题就是：美国纳税人能够支付得起数万亿以救市为名，流向富人的美元吗？美元的未来是什么？现在，美元成了真正的大规模杀伤性武器。

印自己的钞票

创造一种衍生产品就像从橙子里挤橙汁一样简单。通过对金融衍生产品定义的简化和了解，你可以很简单地利用这个词的力量。即，你也可以印自己的钞票。一个非常简单的例子就是有利息的债券。比如，你有100美元，你的朋友想借这些钱，为期一年。于是，你就让你的朋友签署一项协议，要求他以10%的利息借走这100美元。换句话说，你的朋友同意在一年之后还给你110美元。这样一来，你就创造了一种衍生产品，即你在一年之内收到的10美元利息。你从你的100美元里面榨出了10美元。

现在，让我们将衍生产品推入下一层次。比如，你手头没有朋友想借的100美元。所以，你就去你的父母那里，以3%的利息向他们借100美元。你的父母同意了。然后，你再以10%的利息借给你朋友100美元。一年后，你的朋友还给你110美元。你拿出103美元来还给你的父母，一切顺畅。你通过自己的努力赚了7美元。你在没有钱的情况下挣到了钱，这就是通过创造衍生产品的衍生产品挣到的。

我在第 5 章中阐释了有关银行部分准备金系统的内容。银行的运行手段就像我在上一段中描述的那样，但银行的运作层次要高得多。银行将衍生产品推向了三次方——衍生产品的衍生产品的衍生产品。

比如，你把 100 美元存在银行的储蓄账户里。银行拿走了你的储蓄并创造出一种衍生产品，承诺付给你 3% 的利息。然后，银行法允许银行通过部分准备金系统借给你 100 美元，可以借好几次，每次支付一定的利息，比如以 10% 的利息借出 10 次。这样一来，银行为你的 100 美元支付给你 3 美元，然后以 10% 的利息借出去 1 000 美元（100 美元乘以 10）。在这个例子里，银行用 1 000 美元赚了 100 美元，却只支付给你 3 美元。这种情况在现实生活中每时每刻都在发生着。

2007 年金融危机严重爆发的一个原因就是，在 2004 年，美国证券交易委员会（SEC）允许美国最大的 5 家投资银行将它们的部分准备金比例从 10 提高到 40。换句话说，假设你往银行存 100 美元，最大的银行能对外借出 4 000 美元。然后，数百家借了这些钱的银行能够对外借出的钱是这 4 000 美元的 10 倍。所有这些钱都必须要投往某些地方，紧接着抵押贷款经纪人就开始寻找一些投资客户。次贷危机扩大，然后迅速发展——这让整个世界的经济低迷。可见，衍生产品并不是问题的本源，问题的本源是银行和政府高层的贪婪。让我们再次引用巴菲特在《巴菲特之道》一书中的话吧："当你把无知和借来的钱结合在一起时，结果将会非常有趣。"

人人都可以创造衍生产品

我认为，人人都可以创造简单的衍生产品。我们都可以无中生有地创造钱——一种思想的衍生产品。我们都有能力印刷我们自己的钞票，如果我们能训练自己从衍生产品术语的角度进行思考的话。换句话说，金钱可以成为金融知识的衍生产品。可见财商教育多么重要。也正因如此，学校的财商教育迟迟没有开展。阴谋家不想让你和我进入他们的游戏！

> **读者评论**
>
> 我妻子刚刚问我，还记不记得我们第一次创造衍生产品的时候有多厉害。我们开创了一个强有力的销售培训项目，并且在一场研讨会中和22个人达成了协议。天啊！2万美元直接进入了我们的银行账户！（我们有22个客户，他们很乐意能卖出更多房地产……）我们达成了一种双赢局面。人们说，上帝给每个人至少一种特殊技能或才能。能从你所拥有的、别人想要的知识或经验中"衍生"出产品或服务，是一种能力的释放，潜能的启发，是令人非常激动的一件事！当我们第一次做到这一点的时候，我们知道自己将会走上财务自由之路，真正掌控自己的人生。
>
> ——davekohler

金钱是无限的

一旦你了解了如何创造衍生产品,金钱就变得无穷无尽了。接下来,我用简单的话进行解释。

为了获取衍生产品,必须要有现金流。比如,银行创造出的抵押贷款就是房子的衍生产品,你同意每个月向银行支付一笔钱以偿贷款。衍生产品的存在需要具备两方面,一方面是进行支付,另一方面是进行收取。在抵押贷款的情况下,银行家坐在这两方的一边,你坐在另一边。问题在于,你想要坐在哪一边?你想坐在承押人的位置还是抵押人的位置?

当我了解到衍生产品这个词的力量时,我就知道我想要坐在哪一边了。我想坐在收钱的一边,从90%的人那收取现金流的10%之人。

我不存钱的原因就是,我是贷出者,而不是储蓄者。我热爱负债——只要别人能够为我支付这个债务。我在做银行做的事情。比如,我以10%的利息借了100万美元,然后去买间复式公寓。我遵循了金钱新规则第一条:知识就是金钱。我应用自己的知识让我的租户为我支付这100万美元中的至少20%,而这100万美元是我以10%的利息借来的。

在这个简化的范例中,我从借来的100万美元中每年能挣20万美元,而我为这100万美元只需支付给银行10万美元——对我来说,还有10万美元的净收益。在这个例子中,从租户签租约的那一刻起,我就在用我的复式公寓创造衍生产品了,这个复式公寓为租户提供了根据我的规则以约定价格居住的权利。如果这让你感到迷惑,那么就找一个朋友,讨论一下这个简单的衍生产品范例,直到它浸入你的身体,直到它变成血肉,成为你的一部分。

当我了解了衍生产品这个词的力量,并且将知识付诸实践时,我知道自己会成为一个自由人,再也不需要工作了。我不再需要购买共同基金,不再期待退休生活来临的那一天。

同样,当我了解了衍生产品这个词的力量之后,我还可以将其运用到房地产之外的领域。比如,这本书就是一个衍生产品。为了增加这本书的效用,我让律师为这本书创造了一个版权。版权就是这本书的衍生产品,而这本书就是我的知识的衍生产品。然后,我将这个版权出售给全球50多家出版商,让他们进行刊印。这些出版商从我这里购买版权后,就可以印书了。这些书是另一个衍生产品,将出现在各个国家的书店里。每个季度,我都能从这50家出版商那里得到版税收入。版税收入是这些书的衍生产品,这些书是版权的衍生产品,而版权是我写的书的衍生产品,我写的书是我的知识的衍生产品。大部分作者是从书的角度来看授权翻译等问题。而我是从衍生产品的角度来看这些问题。如果这听起来太复杂的话,就和身边的朋友一起讨论一下吧。因为有时候我们最好的学习方式来自对话,大声说出想法有助于我们进一步明确它们。

再一次重申,一旦你了解了衍生产品这个词的力量,你就能获得这个词中蕴含的力量。正如富勒博士说过的那样:"言成血肉之躯。"换句话说,你成为了你自己的词汇。

我原本可以举出一些更复杂的例子,但是为什么没有呢?我的工作就是让事情变得简单,而不是更复杂,我永远都不像摩根家族那样。然而,虽然我尽力让金融概念变得简单,但其实它们并不简单。我用了多年时间将自己的思维方式从穷爸爸的转变成富爸爸的。而且直到今天，我还在继续学习。如果你认为自己什么都知道——你其实是一无所知。

我刚刚列举了两个简单的例子以说明为什么10%的人挣了90%的钱，以及为什么90%的人只能分得10%的钱。这一切都是源于知道、了解、重视词汇的力量，并仔细选择自己的词汇。你必须要摆脱一些让你落后的词汇，例如，"摆脱债务""我永远也无法富有""投资有风险"以及"用具有多样性的共同基金投资组合进行长期投资"。你需要知道并且使用一些词汇，如，衍生产品、现金流、资本化率，以及阴谋者们常使用的其他词汇。如果你能够扩大词汇量，你就可以丰富自己的人生。我将在下文中讨论如何加速扩大词汇量的过程。换句话说，如果你想改变自己的生活，就要从改变你的词汇开始。好消息是，对于所有人来说，词汇是免费的。

总结

在本章的开始，我描述了乔恩·斯图尔特——一名讽刺性的时政新闻评论员，以及吉姆·克莱默——一名娱乐化的财经新闻评论员之间的一次谈话。

在这次访谈中，乔恩·斯图尔特对吉姆·克莱默说："我知道你想让金融变得具有娱乐性，但这并不是一场游戏……你不知道我有多生气，因为一切都告诉我，你都知道。你知道正在发生什么。"

虽然我非常认同乔恩·斯图尔特的愤怒，但我还是不认同他的某些观点。克莱默可能知道商人是如何像鲨鱼一样混进一群金枪鱼中，攫取普通人的投资储蓄，而普通人购买共同基金进行长期投资，希望并且祈祷市场会上升，希望资本能产生增益。但是我怀疑，克莱默是否真的知道富人正在操纵的这场金钱游戏。

克莱默是一个非常聪明的商人和投资者，还被包装成娱乐明星。但是，我认为克莱默的确是在为这场阴谋工作。他需要推出一些选择股票的娱乐活动，并且教你一些关于股票上升或下跌的小窍门和观点。在我看来，他的工作就是鼓励更多的金枪鱼（即普通人）把钱放进股票市场，让他们的现金流入股票、债券、共同基金等金融衍生产品。所有这一切都是一个巨大游戏的衍生产品。我相信，克莱默的工作就是吸引90%的人加入10%之人的游戏。在接下来的几章中，我将告诉你如何成为自己印制金钱的那10%之人中的一员。毕竟，如果你能够创造债券，你就可以创造衍生产品，而这就是为自己印制金钱。

请记住金钱新规则第一条：知识就是金钱。而要想获得知识，要先从词汇的力量着手。词汇让你能够使用阴谋者的语言，与阴谋者使用同样的语言能够让你了解这场阴谋的内幕，从而避免成为这场阴谋的棋子、奴隶、受害者。通过使用阴谋者的语言，你可以玩自己的游戏，而这场游戏的名字叫做"现金流"。

第 9 章
成功的秘密：卖出

问：为什么老鼠的球（balls）① 很小？
答：因为老鼠卖不出去那么多票。

你在想什么

不难想象，有些人会对这个笑话产生不满和抱怨情绪；有些人可能不知道是怎么回事；有些人可能会考虑我在讨论哪种球。我不想解释这个笑话，我说的"balls"是慈善晚会或就职舞会——奢华的聚会。我知道，有些人还会想到一些不同种类的球，例如足球，或者其他东西。

我讲这个笑话的原因是想说明词汇拥有的力量以及具有的多重含义，而正是这些导致了误解、欺骗、误导。许多具有建议效

---

① ball 又指舞会。——译者注

果的金融词汇真的能损害一个人的生活。我将这些词汇称为金融童话。

金融童话一：量入为出

在我看来，量入为出是毁灭梦想的罪魁祸首。首先，有谁喜欢过量入为出的生活？难道大部分人都不想过上满足、富有、丰富多彩的生活？"量入为出"这个概念让许多人在经济上贫穷，在情感上空虚，在精神上失去立场。只要深入探究一下这个词，你便能得出多种含义，例如，"不要奢望生活会更好"或者"你不能拥有想要的东西"。我们不应当无条件接受这条建议，而应当质问，量入为出能不能让我们过上想要的生活？我们会不会像童话故事中的人一样，从此过上幸福的生活呢？

读者评论

我从来没有想过量入为出有什么不好。对于我来说，做到量入为出就意味着是一个好管家，花的钱比挣的钱少。如果你想要花更多，就必须先挣更多。但是，现在我看到了"量入为出"这个词是具有破坏性的。这个词并没有提到要扩展你自己的能力，或者鼓励你这样做。这个词基本上可以理解成"为你拥有的东西感到高兴，因为这就是你拥有的一切了"。这其实是梦想的灭亡。

——Ktyspray

我的穷爸爸信奉量入为出。我们家过得很节俭，不断地努力存钱。作为生于大萧条时期的孩子，父母喜欢把一切东西都存起来，甚至连用过的铝箔都存着。而且他们购物时只买便宜货，包括食品。

相反，富爸爸不相信量入为出。他鼓励他的儿子和我去追逐自己的梦想。这么做并不意味着他很浪费或者喜欢挥霍。富爸爸并不浮夸，也不为自己的财富招摇。他只是认为，量入为出是一种对人们的心理和精神都具有破坏性的财务建议。他相信，财商教育能够让人拥有更多的选择和自由来决定自己想要过的生活。

富爸爸相信，梦想很重要。他经常说："梦想是上帝赋予每个人的礼物，是天空中的守护星。梦想将引领我们的一生。"如果不是因为拥有梦想，富爸爸永远都不能成为一个富人。他还说："拿走一个人的梦想就等于拿走了他的生命。"正因如此，在我的"现金流"棋盘游戏中，第一步就是让玩家选择自己的梦想。我和妻子金刻意用这种方式设计了这个游戏的第一步，以纪念富爸爸。

富爸爸说："你也许永远都无法触及星辰，但是星辰却会引领你在人生的道路上前行。"在我10岁的时候，我梦想着能够像哥伦布和麦哲伦那样环游世界。我不知道自己为什么有这个梦想。我仅仅是怀有这样一个梦想。

在13岁的时候，我没有像别的孩子那样，在木器店雕刻沙拉碗，而是用一年时间建造了一艘两米多长的小船。当小船建成后，我就在思想的海洋中航行，梦想自己航行到了遥远的地方。

在16岁的时候，我高中的指导老师问我："高中毕业后，你想做什么？"

"我想去塔希提岛航行，在奎因酒吧（塔希提岛上一家著名的酒吧）喝啤酒，然后约会漂亮的塔希提女人。"我回答道。

老师面带微笑，并递给我一份美国商船学院的宣传手册。"这就是你未来的学校。"她说道。1965年，我就被美国国会选走，进入了专门为美国商船培训官员的这所联邦军事院校学习。这所学校是美国当时最挑剔的学校，只在我们学校挑走了两个人。如果没有去塔希提岛的梦想，我就永远也不会上这所学校。是梦想给了我力量。就像小蟋蟀①在《当你向星星许愿》这首歌中唱的那样，"如果你的心中有梦想，什么要求都不过分"。

读者评论

2003年，当我的独生女订婚时，我的家族公司正濒临倒闭。债务堆积成山，我们根本没法售出足够的产品来达到财务收支平衡。然而，我多么希望能够让女儿有一个难忘的婚礼。毕竟，她是我唯一的孩子。所以，一个人该如何支付2.6万美元的婚礼，并且解救处于困境中的公司？答案就是：拥有一个大梦想，你的愿望就会实现。最终，我们赶上了房产繁荣的尾巴，并且卖了一栋房子……这笔收入让我们能给女儿一个难忘的婚礼。

——synchrostl

---

① 迪士尼动画片《木偶奇遇记》中的角色。——编者注

1968年，作为美国商船学院的学生，我乘坐标准石油公司的油船去了塔希提岛。当油轮的船头轻柔地切开像水晶一样透明的海水，穿过世界上最美丽的岛屿时，我激动得哭了出来。是的，我的确去了奎因酒吧，遇到了一些非常美丽的塔希提女子。4天之后，我搭乘的油轮返回了夏威夷，童年梦想的实现给了我很大的满足感。因此，到了向下一个新梦想前进的时候了。

富爸爸不断提醒我提升自己的生活，而不是过量入为出的日子。即使处于经济困难的时候，我还是开着好车，住在钻石海滩的海滨公寓里。富爸爸的建议是：永远不要像穷人一样思考、看待问题，或者行动。他不断提醒我："你怎么对待自己，这个世界就会怎么对你。"

开好车，住豪宅并不意味着我花钱不计后果。相反，对高品质生活的追求要求我不断推进自己的思想，进而思索该如何支付奢侈的生活，即使我没有多少钱。在富爸爸眼中，我通过与自己心中的穷人战斗训练了自己的大脑，能像富人一样进行思考。他经常说："当你没有钱的时候，思考并使用你的头脑。永远不要向自己内心的那个穷人妥协。"

我利用自己的头脑获得了想要的东西。我通过从事车辆使用咨询工作开上了奔驰敞篷跑车。我还为一个住在夏威夷岛上的家庭进行市场营销工作，从而住进了海滩的美丽公寓。作为我为他们工作的交换，他们让我以每月300美元左右的价格住进钻石海滩最美的一家水畔旅馆——其他人以300美元的价格只能在那住一晚上。我没有量入为出，而是充分利用了自己的大脑，找到了不会让自己的财务状况崩溃就能过上优雅生活的方法。现在，我在经营公司中使用了同样的技能。如果我没有钱来做自己想做的事情，就利用自己的头脑来找出得到这笔钱的方法。我不会让银行账户中的存款数量来划定自己生活的界限。

每当听到金融顾问说"量入为出"时，我就会深感厌恶。我感觉自己好像听到"金融专家"在说："我比你聪明。所以，让我告诉你该如何生活。第一步就是，把你的钱给我，然后我会替你进行管理。"数百万人无条件地遵循这一建议——量入为出，并且将自己的钱交给了"金融专家"。事实上，他们的钱最终都流入了华尔街。

富爸爸反对我们把钱交给"专家"，而是鼓励他的儿子和我通过学习金钱、商业、投资等知识成为自己的专家。对于某些人来说，量入为出可能是个不错的建议，但对我不是。当自己可以过上富足充裕的生活时，为什么还要量入为出呢？

如果你想要改变自己的生活，就从改变词汇开始吧。开始使用有关梦想，有关你想成为什么样的人的词汇，而不是那些有关恐惧和失败的词汇。把这场金融危机看成是一种福佑而不是诅咒，看成是机遇而不是困难，看成是一次挑战而不是阻碍，看成是一个赢的时刻而不是输的时刻，看成是变得勇敢的时刻而不是害怕的时刻。当事情变得很困难的时候，要感到快乐。因为，困难就是赢家和输家的分界线。直面困难并且努力竞争，把它看成是胜利的训练场。

不要选择量入为出，而要选择大大的梦想和小小的起步。不积跬步无以至千里。保持精明，接受财商教育，创造计划，找到指导，并且朝着你的梦想前进。作为一个玩"大富翁"的年轻人，富爸爸在游戏棋盘上看到了自己的梦想——对于自己生活的梦想和摆脱贫穷的计划。他从在"大富翁"棋盘上建造小绿房子开始，梦想着在怀基基海滩上建立一座属于他的大旅馆。大概用了20年时间,他的梦想变成了现实。多亏了富爸爸——我的良师益友,我开始认真努力地拼搏,经过10年坚定不移的努力,我终于实现了财务自由的梦想。实现梦想的旅程并不是一帆风顺,我犯了很多错误,我所受到的责难要比赞扬多得多。我赔了钱又赚了钱。我遇到了很多好人,一些伟大的人,也遇到过一些非常非常坏的人。从每个人那里,我都学到了学校没有教给我们的东西,从书本上无法学会的东西。梦想实现的旅程与钱的关系并不是特别大,更重要的是自己能在这个过程中成为什么样的人。我成为了一个富人,我不让金钱,或者对于金钱的匮乏限定我的人生境界。

生活的游戏

在"现金流"游戏棋盘的内圈,是"老鼠赛跑"跑道,这是专为那些通过找份安定的工作、买房子、投资共同基金等进行着"安全游戏"的人设计的。这些人都是信奉量入为出的人。

游戏棋盘的外圈是快车道。这是有钱人玩的金钱游戏。摆脱老鼠赛跑,进入快车道的方法就是:通过使用游戏的财务报表变得具有财务智慧。在现实生活中,你个人的财务报表就是你的财务成绩单。这是你财商的反映。问题是:大部分人在离开学校的时候,并不知道财务报表是什么。所以,他们很可能会在自己的财务成绩单上得到F。即使一个人上过很好的学校并且学业成绩单全得A,他的财务成绩单也很可能不及格。

"现金流"游戏的个人之旅

如果您想要更加深入地理解"现金流"游戏，请登录www.richdad.com/conspiracy-of-the-rich，通过在线视频展示，我会亲自解释为什么我和金创造了"现金流"游戏，以及通过玩这个游戏你能够学会什么。

财务童话二：去上学，这样你就可以得到稳定的工作

穷爸爸非常重视工作保障。因此，他非常相信学校和良好的学术教育。

富爸爸非常重视财务自由。因此，他非常相信财商教育。他经常说："拥有最稳定生活的人都住在监狱。这也就是监狱被称为'最高戒备'的原因"。他还说过，"你越是追求稳定，你就越没有自由"。

下图是现金流象限图，它频繁地出现在"富爸爸"系列丛书中。

在这个现金流象限图中：

E 代表雇员。
S 代表小型业主或专业人士。例如，医生或律师。
B 代表大企业家（拥有 500 名或更多员工）。
I 代表投资人。

你可能会注意到，学校系统在满足 E 和 S 方面，也就是象限图的左边，做得很好，即安全得到了重视。

B 和 I 象限，也就是象限图的右边，是自由得到重视的一边。由于缺乏财商教育，B 和 I 象限对于大多数人来说依然是个谜。这就是为什么大部分人都说，开公司或者投资是有风险的。如果你缺少这方面的教育、经验以及指导，一切都是有风险的。

仔细选择你的专家

我听过很多金融顾问的建议，但我只采纳了很少一部分人的建议。理查德·罗素是我非常信赖的一位顾问，他是股票市场专家。针对长期投资股票的行为，罗素曾经说过："投资股票有点类似于在拉斯韦加斯赌博。当你赌博时，你需要付给赌场筹码。因此，只要你在拉斯韦加斯玩的时间够长，你一定会输掉自己的钱。"

对那些按财务童话方法进行投资的人，罗素说："投资于股票市场是一项长期的课税，征税的对象就是那些既想获取收益又不愿意努力工作的人。"

大部分金融顾问的问题就在于，他们处于 E 和 S 象限，并且为B和I象限的人工作。他们大多数都不属于B和I象限,也不是富人。他们中的大部分人被称为经纪人——股票经纪人、房地产经纪人、保险经纪人。就像富爸爸经常说的那样:"他们被称为经纪人(broker)的原因是,他们比你还穷(broke)。"[1]

在《巴菲特之道》一书中,沃伦·巴菲特是这样描述金融顾问的:"华尔街是唯一一个有钱人开着劳斯莱斯,去向坐地铁的穷人征求建议的地方。"

下图来自富爸爸的顾问安迪·坦纳,他用数据证明了一个事实:依靠经纪人来管理多样化投资组合其实是不明智的。他对富达麦哲伦基金(全世界最著名的基金之一)、道琼斯工业指数以及标准普尔500的回报率进行了对比。

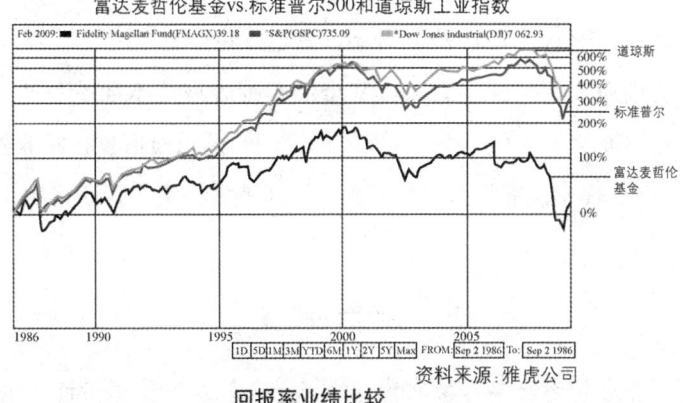

回报率业绩比较

正如上图所示,从总体上来说,未经管理的道琼斯指数和标准普尔500在过去二十多年要比富达麦哲伦基金表现得更好。

---

[1] 此处巧用"broke"一词的双关意。"broke"意为"没有钱的,破了产的";"broker"意为"经纪人"。——编者注

更坏的情况还在后面。下图展示了富达麦哲伦基金的业绩表现和管理费用之间的关系。

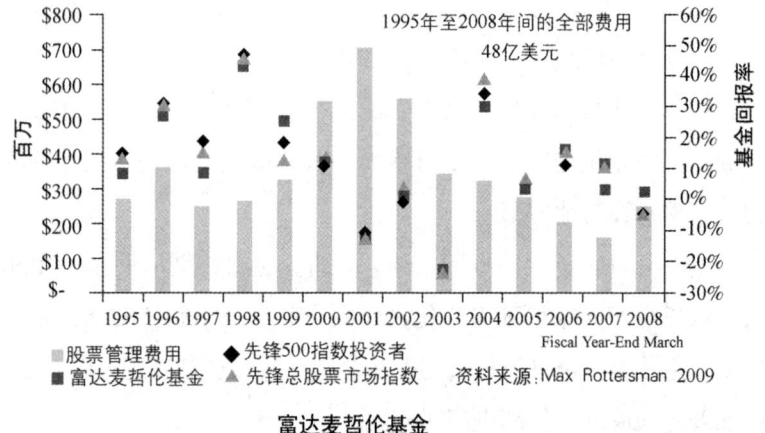

富达麦哲伦基金
年度基金管理费用和业绩表现

如上图所示,从 1995 年开始,富达麦哲伦基金产生了 48 亿美元的管理费。而与此同时,该基金的业绩表现还不如道琼斯工业指数和标准普尔 500。通过投资简单管理的道琼斯指数和标准普尔 500 股票,你不仅能得到更好的回报,还能省去很多管理费用。

读者评论

作者关于股票市场的建议相当准确地反映了我在过去 15 年中的经历。从大学毕业开始工作时起,我一直在股票市场进行投资。至今,我仍拥有几种共同基金,我看着它们的股价先是大跳水,然后步履蹒跚地回升,然后再次大跳水。我没有看到任何价值上的增长或稳定增加。

——obert

如果你的目标是过上富有的生活。那么，了解现金流象限中左边和右边之间的差别，并且区别对待各类建议是很有必要的。你在现金流象限中所处的位置对你摆脱老鼠赛跑的现状，进入快车道意义重大。

现金流象限的个人之旅

如果你想要进一步了解现金流象限，请访问 www.richdad.com/conspiracy-of-the-rich，我将以在线视频的方式向你讲解。

财务童话三：社会保障和股票市场

2008年12月，全世界都知道了伯纳德·麦道夫和庞氏骗局。在此之前，很多人都不知道伯纳德·麦道夫是谁，或者什么是庞氏骗局。庞氏骗局这个词源自查尔斯·庞齐，此人从意大利移民到美国，并且在1920年被指控欺骗投资者。庞氏骗局的意思是"用投资者自己的钱或者后来投资者的钱偿付前期投资者的一种虚假投资。"简而言之，庞氏骗局就是从彼得和保罗那里抢钱来付给庞齐。

伯纳德·麦道夫在2009年3月12日承认自己炮制了庞氏骗局。由于偷取投资者650亿美元，他受到了11项犯罪指控。

伯纳德·麦道夫的庞氏骗局被认为是史上最大的一起诈骗案，但我不这么想。因为几乎没有人能清楚地认识到庞氏骗局是什么，也根本发现不了最大的庞氏骗局至今还在运行之中。简而言之，庞氏骗局就是一个财务童话，只有当新的投资者不断投资的时候才会有效。在庞氏骗局中，经理——在这个案例中是伯纳德·麦道夫，就可以用新投资者的钱去偿付老投资者。换句话说，只要有新人愿意继续投钱，庞氏骗局就能继续骗下去。庞氏骗局本身并不能产生足够的现金流来支持自己的运行。

只需想想庞氏骗局的定义及其暗示，你就会发现社会保险才是美国历史上最大的庞氏骗局。只有在年轻人不断把钱放进社会保险这个罐子里时，社会保险系统才会生效。大部分人都知道社会保险基金是空的。然而，人们还在不断把钱投入一个由政府赞助的庞氏骗局之中，并且希望该骗局能有足够的钱保证他们的退休生活。

而且，社会保险并不是现在唯一一个正在运行的庞氏骗局。有趣的是，在乔治·沃克·布什总统的任期内，他推动立法让年轻人把钱投入股票市场，而不是社会保险系统。在我看来，他是想让年轻人把钱投入到另一个庞氏骗局——股票市场中。在股票市场中，投资者只有在股票价格上涨的时候，也就是新钱会不断地注入市场的时候能挣钱。如果钱从股票市场中抽出，股票价格就会下跌，投资者就会失去自己的钱。

正因如此，了解资本利得和现金流之间的差异是很重要的。所有的庞氏骗局都基于资本利得。为了抬升价格，新钱必须注入。所以，我认为股票市场就是一个庞氏骗局。如果没有新钱的进入，股票市场就会崩溃。房地产市场或者债券市场也是如此。只要有现金流入，基于资本利得的庞氏骗局就会继续让船浮在水面上。但是，一旦人们想要拿回自己的钱，股票价格就会下跌，市场也就没有足够的钱来返还给每个人。

2009年，共同基金公司面对的最大问题就是向外流出的现金流。今天，许多共同基金公司在筹集资金以支付给那些离开的投资者时遇到了麻烦。投资者终于发现，大部分共同基金都是披着合法外衣的庞氏骗局。

财商教育的重要性

今天，要取得成功需要接受多种教育。它们是：

1. 学术教育：阅读、写作、数学能力。
2. 专业教育：学会为钱工作。
3. 财商教育：学会如何让钱为你工作。

我们的学校系统在前两种教育类别方面做了充足的工作，但令人遗憾的是没能提供必要的财商教育。数百万受到良好教育的人在经济困境中苦苦挣扎，只是因为学校系统遗漏了财商教育。

我上学时表现并不好。我向来都不擅长阅读、写作和数学，我也不想成为 E 或者 S 象限中的一员。当我还是个小男孩时，我就知道学校并不是一个能造就赢家的环境。这也正是我重视自身财商教育的原因。通过向 B 和 I 象限中的人学习，我知道自己能够比那些处于 E 和 S 象限中的人挣更多钱，拥有更多的财务自由。

大萧条后的生活

正如我在前文中提到的那样，20 世纪初的大萧条对穷爸爸造成了深远的影响。他进入学校，努力学习，并实现了自己的财务童话。他获得了一份安全、稳定的教师工作。他在 E 象限中感到很安全。但是，他失业了，又遵循了糟糕的财务建议，这使他失去了自己的退休存款，他的财务童话变成了噩梦。如果没有社会保险，他就会处于非常严重的财务危机之中。

大萧条同样对富爸爸造成了深远的影响。他知道，自己的未来应该处于 B 和 I 象限中。尽管他在学术方面从来都不是一个一流的学生，但在财商教育方面是一个非常机敏的学生。一旦经济恢复，他的财商就做好了充分的准备，他的生活和业务开始迅速发展。他的梦想实现了。

2009 年，数百万人都在重蹈穷爸爸的覆辙。许多人回到了学校，为继续生活在 E 和 S 象限重新接受教育，而不是想办法拓展自己的财商教育。相反，他们希望能够在 E 和 S 象限中安全度过危机，在经济衰退中幸存下来。数百万人以节俭的信条，开始量入为出，降低自己的梦想。抠门儿成了新的流行。

当然，也有些人在追逐富爸爸的脚步，进一步拓展自己的财商教育。现在，大部分的大学，包括哈佛和牛津，都开设了有关创业的课程。各种创业研讨会、房地产投资课，以及纸质资产投资课都排得满满的。数百万人知道还有另一种教育——财商教育，这是他们通往新未来、新经济，以及他们梦想的道路。

问题是，你在追求哪个未来？当下一次经济衰退或大萧条结束时，你会做什么？你会处于游戏的前列，还是远远落在后面？

双师记

我有一个好朋友叫格雷格，是一位社会企业家。格雷格为具有严重学习障碍的孩子开设了一所特殊学校，这些孩子是加利福尼亚州学校系统不能也不会接受的。现在，奥巴马总统批准了数十亿美元的相关项目资金，格雷格的公司就是能够获得这笔资金的公司之一。换句话说，他的业务正在蓬勃发展。由于业务能够蓬勃发展，所以他正在收购更多的学校，雇用更多的特殊教育教师。

我想说的是：格雷格是一个老师，也是一个社会企业家。他在 B 和 I 象限工作。他雇用的教师来自 E 和 S 象限。格雷格和他雇用的老师在同一所学校里工作，但他们生活在两个完全不同的世界里。

格雷格 19 岁时我就认识他了。今天，他在 33 岁的时候成为了富翁。他总爱半开玩笑地告诉人们，他能成功是因为他有一个 PhD——公立高中的学位①。实际上，他所雇用的许多教师才是真正的 PhD——博士。你不难想象到，格雷格和教师之间有时候会存在着一种敌视情绪。格雷格的梦想是拥有许多所学校，雇用数百名教师，教育数千名受到外界质疑的孩子。他所雇用的教师的梦想却不一样。

畅销书作者不一定是写得最好的作者

几年前，一家大报纸刊登了一篇关于我的文章，批评我是一名复印机销售员。事实上，这名记者在文章中问道，为什么复印机销售员能够成为畅销书的作者？很显然，这名记者是学业上的 A 等生，写作能力比我好得多。但是，他误解了畅销书作者这个词的意思。正如我在《富爸爸穷爸爸》中说过的，我不是写得最

---

① PhD 原指博士学位，这里是 a public high (school) degree 的缩写，作者在此，是一种戏谑的双关说法。——译者注

好的作者，我是畅销书的作者。许多人能够写得很好，但是很少有人能把书卖得很好。

对于许多人来说，销售（sell）是一个庸俗的词。我的穷爸爸认为，"sell"是一个由4个字母组成的庸俗的词，就像很多人认为我在老鼠的笑话里讲的球（balls）也是一个庸俗的词一样。对于作为学者和知识分子的穷爸爸来说，销售是一个低俗的想法。他认为销售员是卑贱的人。然而，对于富爸爸来说，销售是企业家能否取得财务成功的关键因素。

读者评论

　　我认为销售是有史以来最伟大的行业。其实，人人都是销售员。我们向身边的朋友推荐我们爱看的电影或者试吃我们喜欢的饭店；我们说服丈夫，为什么他们应该倒垃圾；我们告诉孩子，为什么他们应该培养良好的职业道德；而且我们还说服自己，为什么我们需要那条裙子。而当涉及金钱交易时，销售的坏名声就产生了。接着推销也被认为是不好的行为。但是，让我们停下来想想……如果没有销售，我们会怎么样？我们所拥有的一切几乎都是他人卖给我们的。我认为，我们都需要成熟起来并且认识到：如果我们根本不想要某样东西的话，没有人能"卖给"我们任何东西。所以，不要再指责"销售人员"了。

——synchrostl

我提到格雷格，我的社会企业家朋友的一个原因就是，格雷

格和他所雇用的教师之间存在一些区别。其中一个就与销售有关。对于许多教师来说，通过"销售"教育来变得富有是对他们深信不疑的信念的侵犯。但是格雷格知道，如果他不努力去销售，他的老师就得不到薪水。

格雷格同样也知道，他销售得越多，挣得就越多，就能收购更多的学校，雇用更多的教师，教育更多的孩子。教师所获得的酬金一直是不变的，无论格雷格和他的妻子朗达拥有多少所学校——朗达也是一名教师。不同的是，现金流象限左边和右边的思维方式。

我提到格雷格的另一个原因是，格雷格在向加利福尼亚州卖"票"（产品或服务）。他拥有的学校越多，卖的票就越多。他的教师出卖的是自己的劳动，他们只能卖一张票——他们自己。我要说的是，那些能够卖出许多票的人比只能卖一张票（他们的劳动）的人挣的钱要多得多。在电影产业中，能够卖出高票房的电影明星挣的钱最多。对于音乐明星来说也一样，能够卖出最多衍生产品（CD，门票，或者下载量）的音乐家能挣最多钱。在体育界，超级碗或温布尔登的赞助商能够挣最多钱，因为他们可以卖出许多票和媒体转播权。简言之，如果你不能卖出"票"（你的衍生产品），就必须出卖自己的劳动。我自己也用图书、游戏、特别活动等形式卖出了数百万张"票"，这些都是我的衍生产品。我卖"票"也是我在金融危机期间能保持财务稳定的原因。

1974年，我即将离开海军陆战队，我知道自己不想走穷爸爸的路。我不想进入E和S象限。所以，我没有回到标准石油公司任职或者去航空公司当飞行员。再一次重申，我的梦想不是在E和S象限，我的梦想在B和I象限。我不再追求工作稳定，也不想量入为出。

相反，我决定走富爸爸的路。当我向他询问如何进入B和I象限时，他简洁地说："你必须要学会销售。"在他的建议下，我去施乐公司做了销售助理。对于我来说，学习销售几乎和学习飞行一样难。我不是天生的销售人员，而且我讨厌被别人拒绝。我不断上门拜访客户，努力销售施乐复印机，同IBM抢夺市场，这期间有好几次我差点被解雇。两年后，我的销售技能和信心都得到了提高，而且我开始慢慢享受一些原本让我感到恐惧的东西。在接下来的两年中，我一直都是施乐火奴鲁鲁分公司里排名前五的销售代表。我的收入迅速上升。虽然收入有了很大的增长，但是最大的收获还是我得到的专业销售培训，以及自己销售信心的提升。当我的尼龙钱包业务起步后，我在1978年离开了施乐。但是，在施乐接受的销售培训帮助我成为了富人。

成为销售这个词汇的学生

我取得成功的秘密就是销售。1974年，我没有遵循穷爸爸的建议，而是成为了销售这个词的学生。在金钱的世界里，这是一个很重要的词。在整整3年的时间里，我一直努力学习销售。1977年，我成为了施乐公司的最佳销售员。到了1979年，我的第一笔生意，体育用品业的新兴畅销产品——尼龙冲浪运动钱包起步了。1982年，我开始与杜兰·杜兰、警察乐队、范·海伦等摇滚乐队合作，我的业务开始蓬勃发展。当时，我出售摇滚音乐方面的产品，刚好契合了MTV的飞速发展。1993年，我的第一本书《想富贵，别上学》成为了美国、澳大利亚、新西兰的畅销书冠军。1999年,《富爸爸穷爸爸》成了《纽约时报》畅销书,并且被翻译成50多种语言,在100多个国家内出版。如果我没有在20世纪70年代在施乐学会销售的话,这一切都不可能发生。

穷人没有东西出售

为什么很多人在财务上苦苦挣扎?一个很大的原因就是:他们没有东西可用来销售,他们也不知道如何销售,或两者兼有。所以,如果你正在财务上苦苦挣扎,那么就去找一些东西来销售,做好销售,或两者兼有。如果你对提高自己的销售技巧的确感兴趣的话,我最好的一个朋友——布莱尔·辛格能对你有所帮助。他成立了一家公司,专为个人与公司培训销售的艺术与科学。他的课程非常严格,要求很高,但是成果是相当显著的。你可以访问他的公司网站www.salesdogs.com,与他联系。布莱尔是全球公认的销售培训专家。他还是《富爸爸销售狗》的作者。提高销售技能是增加收入的一种聪明的方式,不管你处于哪个象限。

其实,许多人都拥有很棒的产品或服务。问题就在于,销售额并没有流向最好的产品或服务,而是流向了那些最能销售的人。换句话说,不懂得怎么销售才是最浪费钱的,由此带来的业务流失会让你失去数不清的美元。

正因如此,唐纳德·特朗普和我才会建议大家关注网络市场的营销业务。如果你真的很想成为一名企业家,我建议你在业余时间从事几年的投资,以便在网络市场营销业务中学会销售技能。你在市场营销中所得到的培训,特别是你克服自己被拒绝的恐惧的技能是无价的。

卖方 vs. 买方

2002年，我的公司在多伦多股票交易市场上市了。这是一家位于中国的采矿企业。在我看来，建立一个公司，并且让它上市，也就是在股票交易所里出售股份，是企业家的终极目标。当公司上市时，我心中默默地对富爸爸说了一句谢谢，谢谢他鼓励我成为了销售这个词的学生，而不是像穷爸爸一样，认为这是一个粗俗的字眼。

只要你看一下"现金流"游戏，就可以很清楚地看到为什么这么多人失去了财富。

让我的公司上市是"现金流"游戏中快车道发生的事。在B和I象限的世界中，首次公开募股（IPO）中的销售商被称为销售股东。销售股东将自己的股份销售给那些处于"现金流"游戏中老鼠赛跑跑道的人，从而得到可观的收益。我们的教训就是，在金钱的世界中存在着买家和卖家。买家处于E和S一边，而卖家则处于B和I那一边。

如果想要了解更多关于买方和卖方的游戏，请登录www.richdad.com/conspiracy-of-the-rich，我将以视频的形式为您做进一步解释。

总结

放眼当今世界经济，我们很容易明白为什么我们会处于这场金融危机之中。原因就是，中国正在销售，而美国正在购买。换句话说，美国买的要比卖的多。不仅如此，美国人还在用借来的钱买东西，把房产当成自动提款机一样用。全球都认为美国人是最终的消费者。这种观点导致了我们的贸易赤字，让美国的债务增加到上万亿美元，而且我们的税收也增长了。中国现在是我们最大的债权国。作为一个国家，我们失去的销售能力要超过我们获得的购买能力。同样也不难理解为什么许多公司正在破产。当收入下降，或是遇到艰难的经济阶段时，许多会计师都会削减公司的广告预算。这其实是他们所做的最糟糕的事情。削减广告会毁灭公司。在艰难时刻，一个公司应当增加广告投入，并且努力抓住更大的市场份额。就像一句老话所说，销售能解决一切问题——没有广告，就没有销售。

　　从个人层面来看，如果你想摆脱老鼠赛跑的现状，进入快车道，过上富裕的生活，你就必须要克服被拒绝的恐惧，并且学习销售这种宝贵的技能。要记住：多去关注销售，少去关注购买。数百万人陷入金融危机，就是因为他们热爱购买，讨厌销售。如果你想变得富有，你卖出的东西就必须要比买进的多。这并不意味着你应该量入为出。恰恰相反，学习销售可以扩大你的收入，实现你的梦想。如果你卖的东西比买的多，你就不用再量入为出、谋求稳定的工作，或者与其他老鼠一起去参加小舞会了。

第 10 章
为未来储备

大灰狼说："我要使劲吹气，把你的房子吹倒！"

相信大部分人都听过大灰狼和 3 只小猪的故事。这是一个很棒的童话故事，它为各个年龄阶段的人都提供了非常有用的生活教训。在故事的开始，有 3 只小猪，一只小猪用稻草建造了自己的房子；第二只用木头建造了自己的房子；第三只小猪用砖头建造了自己的房子。

用稻草建造房子的小猪最先完工，所以它有很多时间来玩。很快，住稻草房子的小猪开始鼓动用木头建造房子的小猪加快速度，完成自己的木头房子，这样它就能有伴一起玩。当用木头建房子的小猪完成以后，这两只小猪开始欢笑、唱歌、游玩，并开始嘲笑第三只小猪——那只用砖头建房子的小猪，笑它这么卖力、用这么长的时间来建造自己的房子。最后，砖房也完成了，3 只小猪全都可以快乐地享受自己的生活。

一天，大灰狼偶然路过这块欢乐的土地，并且看到了 3 顿美餐（3 只小猪）。3 只小猪也看到了大灰狼，吓得跑回了各自的家中。大灰狼先站在稻草屋前，要求小猪出来。小猪拒绝出来，大灰狼就开始吹气，吹啊吹，把稻草房子吹倒了。住稻草房子的小猪逃到了住木头房子的小猪家里。接着，大灰狼要求木头房子里的两只小猪出来，它们拒绝了。大灰狼又开始吹气，吹啊吹，吹倒了木头房子，两只小猪跑到了砖头房子里面。

现在，大灰狼很自信，觉得自己能够在一栋房子里吃到3顿美餐。大灰狼大胆地来到了砖房子面前，要求3只小猪出来，3只小猪又拒绝了。后来，大灰狼吹啊吹啊，竭尽全力地吹，但砖房子没有倒下。大灰狼一次又一次地吹啊吹啊，但它始终无法吹倒房子。最终，筋疲力尽的大灰狼离开了，3只小猪开始庆祝胜利。

后来，头两只小猪吸取了教训，很快也建造了砖头房子，3只小猪从此过上了幸福的生活。如你所知，"3只小猪"只是一个童话故事。在现实生活中，人们要求政府用纳税人的钱来拯救他们，然后回头重新建造自己的稻草房子和木头房子。童话故事在现实生活中继续，遗憾的是人们并没有吸取教训，而"大灰狼"就潜伏在黑暗之中。

稻草房子和木头房子

2007年，一只大灰狼——次贷债务——从树林里走了出来。当大灰狼吹气的时候，用稻草建成的巨大房屋——我们最大的银行倒下了。当用稻草做的银行被吹得粉碎后，它还产生了多米诺效应，其他稻草银行和木头公司一起被摧毁了。今天，美国国际集团、雷曼兄弟公司、美林银行、花旗银行、美国银行、通用汽车、克莱斯勒等行业巨头正在轰然倒地。世人这才发现，我们曾经以为用砖块做成的公司巨头其实是用稻草和木头做成的。随着这些巨大房屋的粉碎，由此产生的冲击波正在粉碎更小的公司和个人。

2009年，各大公司纷纷倒闭，失业率正在全球范围内上升，房产价值在下跌，而居民储蓄正在耗尽。就连国家都宣告了破产，例如冰岛。包括美国在内的其他许多国家，以及加利福尼亚之类的州（全球第八大经济体）也处在破产的边缘。不幸的是，我们没有像3只小猪那样，吸取教训，重新用砖建造房子，却希望美联储、华尔街、政府领导人能为我们解决问题。

全世界的人们都在问："我们的领导人将要做什么？"其实，人们应该关注的更重要的问题是：你和我将要做什么？更具体地说，你和我应该怎样建造自己的砖头房子？

建造砖头房子

要建造砖头房子，首先需要对自己进行重建和再教育。正如前文所说，金钱新规则第四条是：理财需要未雨绸缪。1984年，我开始同妻子讨论我对于未来的看法，以及我们必须要做好准备的原因。她没有害怕，而是握住我的手，然后我们开始了共同的人生旅程——我们一起建造了"砖头房子"。在我们的旅程刚刚开始时，我们还有负债。我在过去的生意中损失了79万美元，欠了大约40万美元的债。当时的我没有钱、工作、房子和车子。我们所拥有的一切就是身上的衣服，两个小手提箱，我们的爱，还有我们对未来的梦想。

1986年，我们开了一瓶香槟庆祝"零"的实现。我们一起努力还清了40万美元的负债。到了1994年，我们获得了财务自由。我们一起建造了人生的"砖头房子"。我们做好了坏光景的准备，并且从那之后就只知道好光景是什么样子——甚至在这场可怕的金融危机中。并不是说我们没有经历挫折、挣扎、失败、损失，以及艰难。我们只是把这些经历看成是建造"砖头房子"过程中必不可少的一部分。

读者评论

我最大的挫折就是"放松信用"。我落入这个陷阱好几次了。我认识到复利不仅仅是一个有趣的数学问题。现在，我在努力让"复利效应"为我工作，而不是对我造成不利影响。

——Robertpo

砖头房子计划

下表是我们的砖头房子计划。也就是所谓的 B-I 三角形。

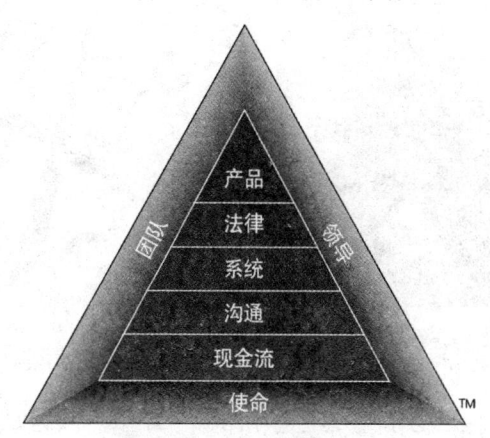

B-I三角形是第9章中提到的现金流象限的衍生产品,在《富爸爸财务自由之路》一书中有更加深入的论述。下图是现金流象限。

简单来说,我和金一起努力,把我们的生活安排在现金流象限的B和I那边。你也可以像我们一样,即使对你来说留在E和S那边最好。让我来为你解释一下。

1. 基本上,B-I三角形可以适用于现金流象限中的每个部分。

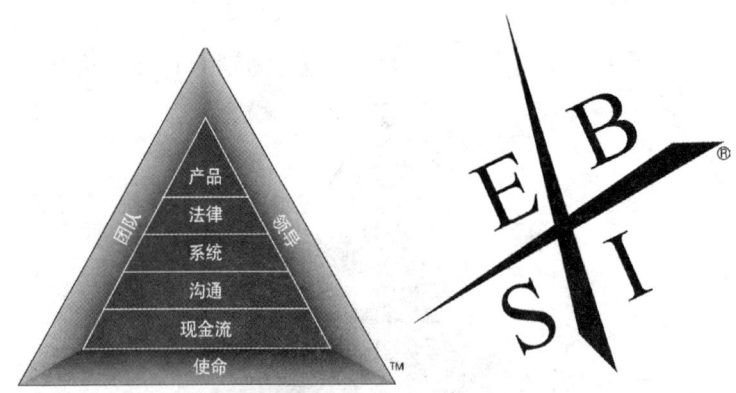

2. 每个人的人生都是由B-I三角形中的8个完整要素组成并受到其影响,无论你身处现金流的哪个象限。问题是,大部分人

都不知道 B-I 三角形是什么。

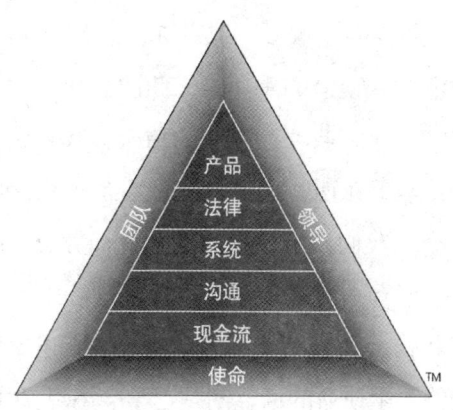

如果在一个人的生活中，缺失这 8 个要素中的一个或多个，他就缺少财务要素，即使他可能是一个非常诚实和勤奋的人。我这样说是基于"integrity"这个词的"完整或完全"意思之上，而不是基于它更常见的具道德性的定义——正直。"完整"同样可以理解为"和谐运行"。对于某个人来说，如果他的生活中缺少这 8 个"完整要素"中的一个或多个的话，这个人就不可能处于和谐之中了。下面就是对这 8 个"完整要素"进行的简要解释。

"要素"一：使命。我相信，每个人在生活中都有自己的人生使命。对你来说，找到自己的使命，写下来，经常回顾是很重要的。个人使命可以有不同层次。比如，当我在 1965 年加入商船学院的时候，我们做的第一件事情就是牢记学院的使命。我大学 4 年的使命就是完成学院的使命。后来，作为越南战场上的海军陆战队飞行员，我同样很清楚自己的使命，那就是：带着我的人活着回来。对于当时的我来说，这是神圣的使命。

如今，我的使命是改善人类的财务状况，将财商教育推向全世界。20 世纪 70 年代晚期，我还是个制造商，工作仅仅是为了挣钱。我感觉很糟,人生没有目标,了无生气。当时的生活还算过得去,但是我知道自己缺少了某些东西。1981年,我遇到了富勒博士,他提醒了我使命的重要性。此次会面后,我知道自己不能再接着当制造商了,我要改变我的信念,我要成为一名教师,传授富爸爸教给我的东西。1984年,就在我的信念发生改变的时候,我遇到了金,我们开始一起为这个目标努力,成为推广财务知识的教师。除了有一种使命感外,我们一无所有。

金和我都相信,如果一个人的生活缺少上述8种要素,并且还不调整自己的人生使命的话,问题迟早会出现。生活的基础——人生使命和精神存在的理由,对于这8种"要素"来说都是至关重要的。

"要素"二:团队。有一句老话说,"没有人是孤岛"。当涉及企业和投资的时候,没有比创建一支由律师、会计师等专家组成的团队更重要的了,这支团队可以帮助你实现目标,它会帮助你克服弱点、增强力量,让你更加强大。这样一支团队还能让你更有责任感,推动你不断向前。

我在上学时经常遇到的问题就是,学校总是训练我们靠个人力量来考试。在考试的时候,如果我与同学合作或者问他们问题,就是作弊。我相信正是学校教育的这种思维方式让数百万人像孤岛一样,害怕与其他人合作。因为在他们接受的教育中,合作同作弊差不了多少。

现实生活中,我们的成功依赖团队的质量。比如,金和我拥有一支很棒的医生团队来照顾我们的健康。另外,我们还拥有很棒的机械师团队、水管工团队、承包商团队、供应商团队,以及其他我们认识、信任,在遇到自己无法处理的问题时能寻求帮助的团队。至于我们的公司，我们有很棒的雇员与专家团队，他们能够帮助我们解决生意上的问题。我们还拥有精神上的团队成员，他们能够在心灵、思想、情感上给予我们强大的力量。如果没有这些团队，我们就无法成功。

"要素"三：领导。在军校的时候，我们接受的训练是要成为领导。大部分人都认为，成为领导需要无所不知，让别人听从你的吩咐。显然，这种观点很不真实。真正的领导知道，他们团队的宝贵见识，才是他们成功的关键因素。

要成为领导就先要学会如何成为团队成员。当我从军校毕业并加入海军陆战队的时候，我的领导能力和团队协作能力得到了同步发展。今天，作为公司的领导，我的领导才能继续得到发展。成为伟大领导者的一个方法就是不断学习，不断从团队那里接受反馈——即使有一些反馈并不是你想要的。我所得到的关于领导才能的最佳训练都是源自坦率直接的反馈。

你可能看过海军陆战队的教官对新兵大声呵斥的图片。新兵是在学习接受反馈。现实世界是一个反馈机制。你站上浴室的秤，发现自己超重了20磅，这就是一个反馈。你被解雇、破产、离婚，这也是反馈。接受反馈对于成为一名领导人来说是至关重要的。不幸的是，我们有很多商业、劳动、政治、教育领域的领导人并不接受以世界经济信息这种形式传递出的反馈，也不从中吸取教训。他们看似根本没有获取这些反馈。

如果一个人、家庭、公司，或者一国经济正在遭受损失，这都是因为糟糕的领导。就像一句老话说的那样，"上梁不正下梁歪"。我们需要提出的一个重要问题就是：对于自己的生活来说，我是不是一个较好的领导人呢？你可能会想要询问：在生活、工作,以及所生活的城市和国家中,自己的领导水平如何。不要害怕来自你的家庭、客户、老板、朋友的反馈。只有接受反馈,并且在那些反馈的基础上进行积极的改变,你才能够成为更好的领导人。

"要素"四:产品。产品就是我们向市场输送的东西。产品可能是苹果、法律咨询、网络设计,也可能修剪草坪等服务。产品就是我们在世界经济中用来交换金钱的东西,是我们用来获取现金流入的工具。

如果一个人生产的产品不好、质量低下,或者过时、产出效率缓慢,这个人就会在财务上遭遇困境。假设我拥有一家饭店,店里的上菜速度很慢,味道很糟,价格过高。可能的结果就是,我的收入会下降。产出缓慢、质量糟糕、价格过高的产品会使家庭、公司、政府遭遇困境。

每当我遇到在经济上苦苦挣扎的人时,我要检查的第一件事就是他的产品或服务。如果这个人不努力提高或更新自己的产品,这个人的财务困境很可能会继续下去。同样,如果你的产品与人生使命不一致,你也会遭遇困境。比如,当我的产品是尼龙钱包的时候,我就遇到了困境,因为我的使命与我的产品不一致——我真正的使命是成为财商教育者,而不是制造商。现在,我们的图书、游戏、教育业务做得很好的一个原因就是:它们是我的精神以及我的人生使命的衍生产品。

"要素"五:法律。无论喜欢与否,我们都生活在一个充满规则的世界里。成功来自对规则的理解和按照这些规则尽可能有效的工作。这就是为什么你的团队里要有个好律师。如果没有规则,文明就会崩溃。比如,作为一个美国人,如果我决定在英国按美国的交通规则驾驶,那我很可能要进监狱,或是进医院。

当一个人不遵守规则的时候，他的生活就会出现问题。比如，一个人如果吸烟、吃饭、喝酒、不锻炼，破坏自己身体的规则，他就会出现健康问题。在金钱问题上也是一样。一个人如果抢银行，他可能会被抓进监狱。一个人如果欺骗自己的配偶，他可能会出现严重的个人问题。破坏规则对于生活、家庭、事业或国家都不是好事。

"要素"六：系统。在事业和生活中取得成功的一个关键就是，对有效系统的重要性要有充分的认识。人体具有许多系统，它们彼此联系相互作用。比如，我们有呼吸系统、骨骼系统、消化系统、血液系统，等等。如果一个系统不工作了，整个身体就会出现问题。

在工作中，有会计、法律、通信及其他系统。在政府中，有司法、公路、福利、税收、教育及其他需要管理的系统。如果某一个政府系统受到了损害，整个政府就会陷入困境，或者苦苦挣扎。许多人的财务系统都出了问题，这让他们苦不堪言，无论他们挣多少钱或是工作多努力。

"要素"七：沟通。"我们在这里的沟通以失败告终"是电影《铁窗喋血》中的一句经典台词，同时也是任何组织中的一种常见情绪。沟通对于个人和家庭来说非常重要。在越南，我见证了许多失败和死亡，这一切仅仅是因为沟通的失败。许多次，由于无效的沟通，我们轰炸或炮轰了自己的部队。这种事也经常发生在我们对自己的事上。

本书的大部分内容都在讲如何沟通、学习使用词汇、掌握金钱语言。对于大部分人来说，金钱语言如同一门外语。如果你想要提高自己与金钱的沟通水平，就从学习金钱语言开始吧。

"要素"八：现金流。现金流通常被称为"账本底线"。如果银行家想要评测你的财商，他会要你的财务报表。由于大部分人都不知道什么是财务报表，他们会问你要一份贷款申请书。这次的次贷危机就是由世界上最大的银行给世界上最穷的人、企业和国家提供贷款而触发的。

金钱新规则第三条是：让钱生钱，财滚财。这是一条很重要的法则。因为通过控制现金流，你可以控制 B-I 三角形中的所有"要素"。如果你能够控制现金流，你就可以控制自己的生活，无论你挣多少钱。这就是我创造"现金流"游戏的原因，也是全世界都会有"现金流"俱乐部的原因——为了让人们认识到控制现金流的重要性。

如果你想更深入地了解 B-I 三角形的 8 种"要素"，请访问 www.richdad.com/conspiracy-of-the-rich，我会通过视频亲自告诉你，对于你和你的公司它们有多么重要。

读者评论

我曾经认为自己处于财务完整之中。我不断告诉人们我如何过着完整的生活。我对于完整的看法就是：避免麻烦，不欺骗我的配偶以及类似的事情。我不曾认识到，完整也可以体现在财务上。在反省和审视了我的生活之后，我发现自己并没有处于财务完整中。感谢上天，我们有机会改变自己旅程的方向。

——msrpsilver

在《富爸爸成功创业的 10 堂必修课》和《富爸爸投资指南》这两本书中,我为企业家和投资者更深入地解释了 B-I 三角形,那些人是对于 B 和 I 象限感兴趣的人。这两本书在书店、网络上均有销售,还有音频图书格式可供读者选择。

自我分析

让我们花一点时间来看看 B-I 三角形中的"要素",然后问问自己的优势是什么,劣势是什么。你可以问这些问题:"谁在我的法律团队中""谁在税收和财务方面经常给我提建议"或者"当我需要分析财务决策或进行投资时,应该去找谁"。

我的建议是:当你用 B-I 三角形中 8 个"要素"的棱镜来审视自己的生活与工作时,你就能以 B 和 I 象限的视角来看待生活和你的世界。建造一间砖头房子的方法就是:根据这 8 种"要素"来组织自己的生活。

当我看到一个人在工作中苦苦挣扎的时候,我发现,挣扎的原因往往是在这个人的工作中,这 8 个"要素"中的一个或多个比较薄弱,或者根本就缺失了。所以,你可能需要停下来,花点时间仔细审视这 8 种"要素",并且进行一点自我分析。如果你足够勇敢,并且想要建造更坚实的砖房子,那么,就和一群朋友一起敞开心扉并带着诚意讨论这 8 种"要素"吧。要愿意给出并接受诚实的反馈,因为有时候我们的朋友和爱人可以看到我们自己看不到的缺点。我向你承诺,如果你能定期诚实地进行自我分析,比如半年一次,你很快就会发现自己在不知不觉中建起了一间砖头房子。

商业和投资是团队活动

数百万人穷其一生重复自己在学校中学到的知识，希望此生只靠自己而活，从不去寻求帮助，却常被强大而有势力的组织欺负。面对问题，他们总这样想："如果你想要做好，那么就自己做。"但是，富爸爸却说："商业和投资是团队活动。"为什么大部分人在生活中都处于劣势？原因就是他们以个人的力量进入金钱竞技场，而不是以团队方式进入，最终被统治世界的大型公司团队或者富勒博士笔下的巨人所击垮。

当年轻的夫妻向自己的理财师咨询时，理财师很可能就是另一支团队——某大型公司的玩家。你口袋里的每一张信用卡都与一些B和I象限中的业务相关联。当你买房子的时候，你的抵押贷款与世界上最大的财务市场——债券市场相关。你的房子、汽车、生活都被世界上最大的一些公司进行了保险。换句话说，数百万人正在E和S象限中对抗世界上最大的B和I象限中的玩家，玩着一生的金钱游戏。这也就是为什么这么多人感到自己的力量微不足道，并且希望政府照顾他们了。但正如你所知，我们的法律也是由那些处于B和I象限中的公司所决定的，这些公司为政治选举捐献了数十亿的美元。你只有一张选票，但是他们靠数十亿美元来影响选举。

在医学方面也是如此。为什么医学领域容易出现问题并且解决的代价非常昂贵？其中一个原因就是，规则是由大型保险公司制定的。处于E和S象限的医生对于处于B和I象限的世界上的制药和保险行业没有什么影响力。教育也是如此。统治教育领域的是强大的教师工会。工会是为了教师的金钱与利益服务的，而不是为孩子的教育服务的。

我的意思很简单：如果你想使自己的生活、房产、家庭不被来自B和I象限的大灰狼吹跑，你就需要创造自己的B-I三角形，把你自己的8个"要素"组合在一起。

我知道许多人并不具有8个"要素"。事实上，很少有人拥有它们。这也就是为什么大多数的公司员工都看重工作的稳定性，害怕被解雇，忽视上帝赋予自己的生活使命，却努力完成公司的使命。这些人生活在恐惧之中，因为他们的人生是用稻草和木头建造的。

开始打造自己的B-I三角形

我和金在建设我们自己的砖头房子时，做的第一件事情就是雇用一名会计，从而让我们的财务更加清晰有序。我在《富爸爸提高你的财商》一书中提到了这件事情。这是组建团队的重要一步。即使你手里没有多少钱，《富爸爸提高你的财商》也能够帮助你建立起自己的B-I三角形。另一本能够帮助你建立坚实的B-I三角形的好书就是《富爸爸如何拥有自己的公司》，该书是加勒特·萨顿律师撰写的，他也是一名富爸爸顾问。这本书针对"要素"五——法律方面的问题为你提供帮助。富爸爸顾问布莱尔·辛格的《富爸爸销售狗》一书针对"要素"七——沟通方面的问题为你提供帮助。因为，提高你的销售技能，就可以提高你通过有效的沟通技巧销售产品、服务、简历的能力。在这个充斥着过度沟通的世界里，你的销售能力将决定你的成败、有工作与没工作、有钱与破产。

打造自己的团队并不是一项简单的工程，也不是一项能够很快完成的工程。建造一支良好的团队需要很长时间。团队成员也可能会来来去去。多年来，我遇到过许多优秀的团队成员，也遇到过许多糟糕的，但这些都只是过程的一部分。随着你的知识与财富的增长，你可能需要升级自己的团队。把你的砖头房子变成砖头城堡是一个持续性的工作。正如有句话说的那样："通向成功的道路总在建设之中。"

头上乌云密布

只有做好最坏的打算，你才有可能在乌云密布的时候看到一线光明，也更有可能在彩虹尽头找到一大罐金子。对于那些住在稻草和木头房子里的人来说，接下来的几年将会是坏光景；对于那些住在砖头房子里的人来说，他们可以从眼前的乌云密布中看到一线光明，也可以在彩虹尽头找到一大罐金子。

下图阐述了为什么对于那些住在稻草和木头房子里的人来说，接下来的几年会是坏年头。很少有人能看透这一切。感谢迈克尔·马罗尼，我的黄金投资顾问，正是他告诉了我这些东西。迈克尔是"富爸爸"系列《富爸爸金银投资指南》的作者。如果你喜欢分析图表的话，你就会爱上迈克尔的书。

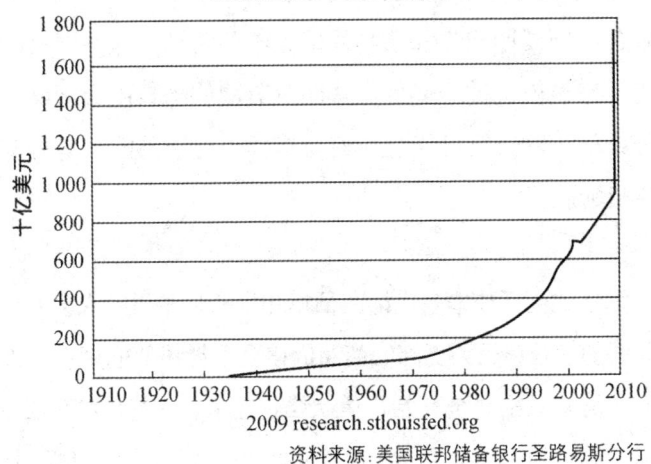

资料来源：美国联邦储备银行圣路易斯分行

图 A　联邦储备银行印钱图

此图显示了自 1913 年，也就是美联储成立以来，所有流通中的基准货币（硬币、纸币、银行储备）。从 1913 年到 2007 年，美联储用了 84 年的时间让 8 250 亿美元进入流通。让我们看看，1971 年以后美元供应发生了什么吧。正是 1971 年，尼克松总统在未经国会批准的情况下将美元同黄金割断。然后，美元供应就开始加速上升。你还可以注意到，从 2007 年开始，也就是次贷危机冲击全球的时候，美联储实际上是将之前 84 年的货币供应价值提高了一倍，将流通中的基准货币提高到了大约 1.7 万亿美元。

上图对于你和你的家庭来说意味着什么？我看到了以下这些可能性：

1. **恶性通货膨胀**。这意味着食品和能源等重要产品的价格会以前所未有的速度上涨。这将给中低收入家庭带来致命的破坏。

2. **所有的国家都可能会被迫印钱。**由于美国在印钱,所以其他国家都必须要印钱。如果其他国家不印的话,这些国家的货币相对美元来说就会过于坚挺,从而对美国的出口就会下降,导致出口国经济下降。这可能意味着与美国进行贸易的所有国家都会出现通货膨胀。

3. **增加的生活成本。**生活在稻草和木头房子里的人会发现,生存变得更加艰难,因为更高的商品价格会消耗掉他们更多的工资。

下图是从里根总统开始,依次描述了乔治·赫伯特·沃克·布什总统、克林顿总统、乔治·沃克·布什总统……还有奥巴马总统的预算提案。

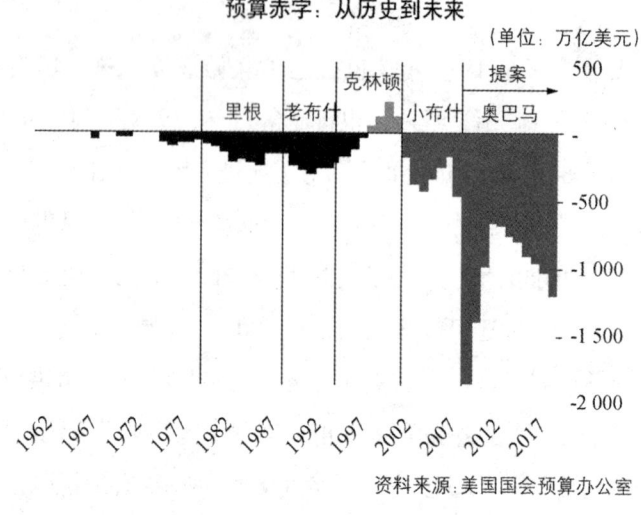

图 B　奥巴马总统预算提案图

这个图对你来说意味着什么?在我看来,这意味着更多的政府介入,更多的税收,更多的债务。这意味着我们在期望政府为我们重新建造稻草和木头房子。

该图描述了全球按揭重置的美元数量。当按揭到期，银行家将利率重置为主要市场利率的时候，按揭重置就会发生。这通常会导致购买者承担更高的利率，也就意味着更高的还贷数额。

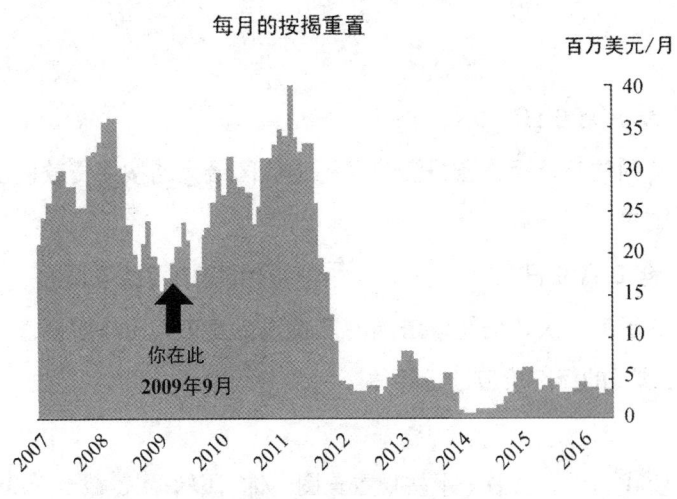

图C　按揭重置图

比如，一对夫妇贷款买了一幢价值30万美元的房子，他们没有支付的能力。为了诱惑这对夫妇，银行为他们提供了33万美元的贷款，相当于房子价值的110%，而贷款利率是荒谬的2%。不久后，这笔贷款的利率提高到5%，然后提高到7%。在每次利率重置中，这对夫妇每个月的按揭还贷金额都会变得更高。很快，这对夫妇破产了，失去了抵押赎回权，即失去了自己的房子。在最近的案例中，房子的价值可能会下跌，可能变成了按揭金额的50%。因此，在这个例子中，这幢房子现在可能只值15万美元，但购房者依然背负着33万美元的贷款。银行必须要承担18万美

245

元的损失,随着越来越多的房主断供的出现,银行业和股东遭受了巨大的浩劫。

注意上图的左边。次贷危机从2007年中旬开始,当时按揭重置达到了每月200亿美元。我在本书第1章的时间表中也谈到了这点:

2007年8月6日

美国住宅抵押贷款投资公司——美国最大的按揭贷款供应商申请破产。

2007年8月9日

由于美国次贷问题,法国的巴黎银行宣布其无法对价值超过16亿欧元的资产价值进行评估。

让我们再一次看一下按揭重置图。你可以看到,截至2008年末,按揭重置达到了每月350亿美元,到了风暴的顶峰。2008年末,一切看起来都很惨淡。

读者评论

在阅读这些章节,思考未来的时候,我看到了许多机遇正在来临。现在,到了开始准备利用它们的时候了……我很高兴看到,你认为我们正处于风暴中心。一开始,我以为自己是唯一这样想的人。我有一种感觉,银行将出现更多麻烦,并会引发更多问题。

——newyddl05

风暴中心

现在，请看图C，"你在此"箭头指向了2009年夏天。就在我写这本书的时候，按揭重置额很低，大约每个月15亿美元。财经新闻评论员认为风暴已经过去了，"新芽"正在经济中萌发。听到这个好消息，稻草房子和木头房子里的"小猪们"开始出门玩了，他们认为大灰狼走了。人们又开始在购物中心买打折货，饭店又需要预订座位了。然而，只要你再向右看看，2011年末，接近380亿美元的按揭重置即将到来。看来，大灰狼只是屏住气在准备出击而已。

这对你意味着什么？

就在2009年6月我写这本书的时候，我相信我们只是处于风暴眼中，最糟糕的时候还没有来到。让我们回到2007年8月，每月仅200亿美元的按揭重置就击垮了雷曼兄弟和贝尔斯登银行的金融稻草房子。冰岛经济在大灰狼吹第一口气的时候就崩溃了。美国银行、苏格兰皇家银行、美国国际集团这些用木头做成的金融房子也在风雨中飘摇。全球第八大经济体——加利福尼亚州正处于金融崩溃的边缘，日本经济也是如此。我的问题是：到2011年11月，每月将近400亿美元的按揭重置将给我们带来什么？对你和你的家庭、公司以及美国和全世界又意味着什么？

记住金钱新规则第四条：理财需要未雨绸缪。看一下按揭重置图C，做好最坏的打算意味着通过加强B-I三角形，使自己的金融房子井井有条。我们还有时间来准备。即使风暴不会来袭，建造一间砖头房子，一个B-I三角形也很有益处。

这些图的组合意义

当你把上文中的三个图放在一起比较的时候,你就可以对未来有一个更加清醒的认识。

1. 图A:流通中的基准货币数量。

以前,我们将流通中的美元从很小的数量增加到8 250亿美元用了84年,而现在只用了两年就将这个数字增加了一倍,到了1.7万亿美元——而且我们还在印钱。对我来说,这也就意味着食品和能源等关键产品将出现通货膨胀。因为在流通中,用于购买同样产品的美元越多,这些产品的价格就会越高。同样,全球都会出现通货膨胀,因为各国的中央银行都会被迫印刷本国货币来削弱其购买力。如果一个国家不削弱本国货币的购买力,货币就会过于坚挺,这就意味着这个国家的产品和服务在世界市场上会过于昂贵,出口就会放缓,国家的经济会停滞。简单来说,全世界的生活会变得更加昂贵。

2. 图B:奥巴马总统预算提案。

政府管理费用和用于支付债务的税收在增加。尽管食品与能源的价格将上涨,但住房价格出于两个原因不会同比上涨。其中一个原因就是,债务或信用会更难获取,更难申请到的贷款会让房屋价格下降;另一个原因就是,更高的税收导致公司业务的增长更加缓慢,这就意味着更少的工作——而房地产价格与工作存在直接联系。

对于希望获得增值(资本利得)的房产拥有者来说,这是个坏消息,因为他们不能卖出自己的房子来赚取更多钱。但是,对于那些通过现金流获益的房地产投资商来说却是件好事,因为他们可以以很低的价格买入房产,然后靠坐收租金来支付按揭和维护资产的成本。

3. 图 C:按揭重置。

我看到,按揭重置为图 A 和图 B 带来更多的增长,但前提是,如果世界经济不会在所有的债务、税收、有毒货币重压之下崩溃,也只有这样才会出现更多增长。

一线光明和装金子的罐子

在童话故事中,乌云中必会有一线光明,彩虹尽头总会有一大罐金子。尽管现实肯定不是童话,但在这场全球危机中情况却是一样。

下图对 1990 年和 2007 年之间黄金的数量和价格进行了比

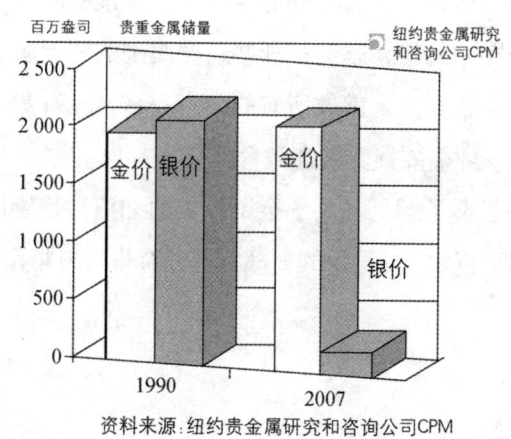

资料来源:纽约贵金属研究和咨询公司CPM

较。在2009年6月左右，黄金的价格大概是每盎司900美元，白银的价格大约是每盎司15美元。

CPM集团是一家全球领先的贵金属研究公司。欲了解更多信息，请访问www.cpmgroup.com。

需要注意的是，与黄金相比，白银的供应量正在下降。这是因为白银的供应量比黄金要少，白银是一种可消耗的工业贵金属，被广泛用于手机、电脑、照明开关，以及镜子的反射面。黄金正在被囤积，白银正在被消耗。对我来说，黄金和白银仍是大部分人应对这场危机最佳也是最光明的机会。

分析了图A、图B和图C后，我估计公众很快就会对政府的货币调控失去信心，并且意识到以持有黄金和白银来抵御通货膨胀的必要性。当公众觉醒时，下一轮贪婪和恐惧的泡沫就会开始。金价可能会超过每盎司3 000美元，白银可能在某天会赶上黄金的价格，因为白银是供不应求的工业贵金属。不过，这只是我对一个失去财务理智的世界的预测和痴心妄想。就像在任何泡沫中一样，黄金和白银的骗子们已经成群出洞，在电视、网络、印刷品上做广告。再一次，那些没有为这次危机做好准备的"小猪们"辛苦赚来的钱，就会被那些口蜜腹剑的"大灰狼们"用安慰而甜蜜的话语骗走。就像所有的投资一样，在对黄金和白银进行投资之前，你需要接受财商教育。

如果你想要了解更多关于金银投资的知识，我建议你读一下富爸爸顾问迈克尔·马罗尼的书《富爸爸金银投资指南》。

金钱新规则第七条：找对组织才能理好财

大灰狼还没有离开，它正在屏住呼吸，伺机而动。为了保护自己，请开始创建自己的财务团队，以 B-I 三角形作为自己的蓝图，建造或者加固自己的财务房子吧。这场阴谋就是一支非常强大的团队在玩金钱游戏。你也应当这样。

> **读者评论**
>
> 在我终于认识到拥有一支团队的价值了。我正在通过认识的人建造自己的团队。我可以从团队中的不同成员那里得到意见，同他们进行交谈，帮助我了解自己是不是有能力把事情干好。团队能够帮助我更诚实地了解自己的使命是什么，以及我想要怎样实现自己的目标。
>
> ——mgbabe

如果你致力于建造一间强有力的砖块金融房子的话，我建议你和朋友还有财务顾问坐下来，讨论你们的个人 B-I 三角形。你要充满感激地听取他人的回馈，即使有些内容是你不喜欢听的。

我创作"富爸爸顾问"系列丛书就是为了让你了解我的团队。比如，我在房地产上的合作伙伴是肯·迈克尔罗伊。你可以阅读他在"富爸爸顾问"系列丛书中编写的有关房地产的内容并了解他的思想。迈克尔·马罗尼是我在金银投资方面的顾问。唐纳德·特朗普和史蒂夫·福布斯是我在财务智慧方面的顾问。你可以阅读《富爸爸提高你的财商》来了解他们对于这个重要问题的评论。

在不久的将来，我的团队还将撰写更多的图书，讨论创业、投资股票与期权等纸质资产等问题。借助顾问的眼睛看世界，你可以更好地选择自己的顾问团队，建立起自己坚实的 B-I 三角形和砖头房子。

即使你还不打算建造一个财务上的砖头房子，至少也要买一些银币。就在我写这本书的时候，银币在当地硬币商店的价格每枚不足 15 美元。就像爱因斯坦说的那样，"无为必将无获"。15 美元可能不多，但这是个开始，而且几乎每个人都能买得起一枚银币。

第11章
财商教育：不公平的优势

破产

具有讽刺意味的是，当我在2009年6月1日写这一章的时候，通用汽车公司宣布破产了，这是本章内容的现实版实例。就像那句老话所说，"通用汽车公司往哪走，美国就往哪走"。即使美国和通用汽车公司最后能够幸存，全球数百万的人却在沿着通用汽车公司的路，不可避免地进入了自己的破产模式。

生活会变得更加昂贵

没人拥有水晶球。通过学习历史——就像我们在本书第一部分所做的那样——以及观察我们的领导人现在在做什么，我们对未来的种种可能的认识就会变得更加清晰。我们的领导人在大量印制货币，并以拯救经济的名义拯救富人，因此我们的生活会变得更加昂贵，税收、债务、通货膨胀、退休成本在不断增长。

税收的增长：在美国，奥巴马总统已经讨论了对年收入超过25万美元的人们提高税率的问题。他已经雇用了相当多的美国国税局官员来加强征税力度。其中一项提案是对雇主出资的医疗福利征税，从而为那些没有医疗福利的人提供帮助。这也就意味着，由于运营成本的提高，更多的公司会关闭，失业率会上升。还有一项提案是，减少年收入超过25万美元的家庭抵押贷款利息减税的程度。如果出现这种情况，二套房市场会崩溃，而住房价格会进一步下降。

就在我写本书的时候，加利福尼亚州——全球第八大经济体正处于破产的边缘。加州首府萨克拉曼多的棚户区域正在扩大，里面住满了曾经有工作有房子的人。这些人现在像南非开普敦棚户区的人那样，住在帐篷和贫民窟里。我在本书中曾提到过开普敦的贫民窟。随着经济的萎缩，那些无法维持生活的人对于政府服务的需求会增长，这也意味着政府税收的增加。

债务的增长：提高征税会迫使人们生活在更重的债务中，由于民众的收入越来越多地流入政府，来为各种项目提供资金，信用卡会成为人们日常生活中更加不可或缺的东西。无法得到信用贷款的人将会滑落到贫困线以下。

通货膨胀的增长：通货膨胀的首要原因就是政府在印钱，这会增加货币供应。通货膨胀是因为越来越多的美元涌入现有的货币流通市场，从而让你手头的货币购买力下降。这就意味着许多必需品，例如食品、燃料、服务的价格会上升，因为有更多的美元来抢购同样数量的产品。通货膨胀通常被称为"隐形的税收"，这对于穷人、老年人、储户、低收入工人，以及固定收入的退休人员来说是最糟糕的。

退休成本的增长：通用汽车公司陷入财务困境的一个主要原因就是，它无法控制工人的退休与医疗支出成本。美国和其他许多西方国家都面临着同样的窘境。这些国家面临着经济和道德的两难选择：怎样才能照顾好无法工作的老年人？回答这个问题可能要比解答当前的金融危机更加困难。今天，许多家庭正在因为退休和医疗成本进入财务破产的行列。

不公平的优势

现在，那些具备良好财商教育的人比没有受过财商教育的人更具有优势，而且是不公平的优势。在拥有坚实的财商教育的情况下，一个人可以通过税收、债务、通货膨胀、退休金变得富有，而不是贫穷。相反，税收、债务、通货膨胀、退休金的力量会对没有受过财商教育的人造成威胁。

爱因斯坦曾经说过："我们不能用创造问题的思维方式来解决问题。"现在，这却是真正的悲剧所在。我们的领导人正在试图用创造问题的思维方式来解决我们的金融危机。比如，我们的领导人正在印更多的钱以解决由于印钱太多而产生的问题。

用产生问题的思维方式来解决自己的财务问题，会让许多人的财务状况变得更糟，而不是更好。现在，大部分人正试图通过努力工作、存钱、量入为出、长期投资股票市场等方式去解决税收、债务、通货膨胀，以及退休的问题。对于那些坚持这种思维方式的人来说，生活会变得更加困难。

> **读者评论**
>
> 我在医疗系统中看到了相似情形,虽然没有与其他国家的医疗系统进行比较,但是我确实相信对于慢性病(占了医疗支出的绝大部分)的治疗受到了误导,并且昂贵得离谱。
>
> ——MicMac09

用图来解释

下图是一个快照,可以解释为什么我认为生活会变得更加困难。

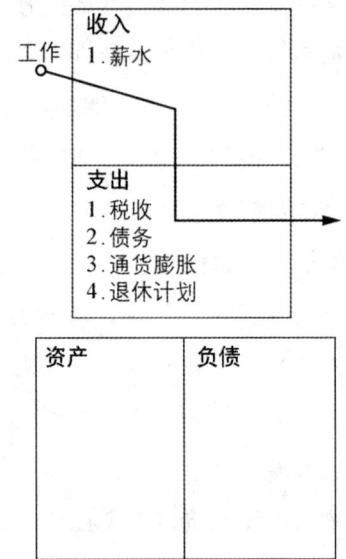

在美国,一般的工薪阶层的工资在到手之前会进行扣除,如税款、债务、通货膨胀,以及养老保险金。换句话说,在这个人拿到自己的工资之前,他的一部分钱已经支付给其他人了。工薪阶层的工资中很大一部分都会在到手之前被扣除。

你可能已经注意到,一个人的大部分钱都花在支付税款、债务、通货膨胀、养老保险金等生活支出上了,而这些钱最终流进了那些阴谋家的口袋。我相信,这就是我们的学校缺乏财商教育的原因。如果人们清楚地知道自己的工资去了哪里,就会进行反抗。在获得基本财商教育的情况下,人们能够让这些支出最小化,甚至利用这些支出来获得收益。

比如,我没有购买充斥着共同基金的传统退休计划项目是出于两个原因。一个原因就是,股票市场风险太大。普通人对于市场的影响很小,所以股票崩盘有可能会带走他们大部分的钱。第二个原因就是,我宁肯把退休的钱留在自己的口袋里,也不愿意放进那些控制华尔街的人的口袋里。在获得了财商教育之后,人们再不用付钱给共同基金了,从而避免自己的钱财遭受损失。

两种不同的生活方式

为了能更好地说明财商教育是不公平的优势,下面我举一些朋友的例子。唐和凯伦(不是他们的真名)结婚了,共同经营着属于两个人的公司,就像我和金一样。他们和我们年纪差不多,都有大学学位。区别在于,唐和凯伦既没有受过财商教育,也没有什么投资经验。

唐和凯伦虽然在形式上拥有了自己的公司,但事实上他们还是 S 象限内的个体经营者,这意味着如果他们停止工作,他们就不会有收入。我和金在 B 象限内拥有我们的公司,这意味着无论我们工作与否,都会有收入。

几个月前，我们4个人在一起吃饭。唐和凯伦说，他们很担心自己的未来，因为公司业务在下滑，支出在增加，而且他们的退休投资组合已经损失了40%。他们辞退了4名员工，降低了自己的生活水准，还在担心能不能支付得起退休投资。他们想知道我们是怎么做的，我们是否也在担心未来，以及我们在最终退休时的经济能力。

我们的回答是：我们一直在担心，并且从来不对事情想当然。但是，我们并没有采取削减支出的方式。相反，我们的收入在增加，主要是因为我们将税收、债务、通货膨胀，以及退休金为我们所用。

差异在于，唐和凯伦是以E和S象限的角度来看世界，而我和金则通过B和I象限的眼睛来看待这个世界。

在这里，我要和大家分享我们财务报表中的一个简单图表，以作进一步解释。如果你还不熟悉这些图表，可以在《富爸爸穷爸爸》中找到更加深入的解释。

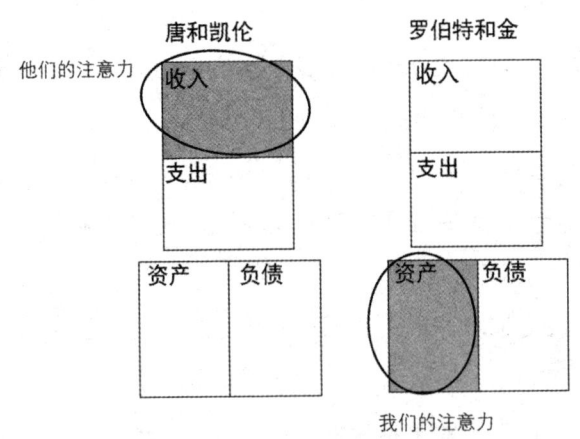

当你分析这两份财务报表时，你可以看到，唐和凯伦与我和

金表现出了不同的关注点。唐和凯伦关注的是更努力工作来挣更多钱。我和金则关注我们的投资，并且通过增加我们的公司和个人资产来挣更多钱。

作为个体经营者，唐和凯伦必须要更加努力地工作来挣更多的钱。作为B象限的公司所有者，我和金并不关注是否要努力地工作。我们关注如何增加资产，这反而能增加我们的收入。通过关注如何增加我们的资产，我们能支付更少的税收，用债务来获取更多的资产，并且通过通货膨胀增加我们的现金流。这意味着我们没有把自己的退休储蓄送给华尔街，而是通过来自公司和个人资产的现金流把钱放进了自己的口袋。

当比较唐和凯伦以及我们的收入报表时，你可以看到我刚才所说的差异。

唐和凯伦	罗伯特和金
收入 1. 薪水	收入 1. 薪水 2. 图书版税 3. 专利费 4. 房地产收入 5. 石油和天然气收入 6. 股票分红

唐和凯伦唯一的收入来自他们的公司。而且，我要再说一次，如果他们停止工作，他们就没有收入。这正是他们所担心的。对于我和金来说，我们的大部分收入都来自我们的公司业务和图书版税、发明专利费、富爸爸商标授权费、房地产收入、石油和天然气收入，以及股票分红等。每个月，我们都能从我们的资产那里得到一张支票——现金流。如果你读过《富爸爸穷爸爸》，

就会知道房地产和公司等资产的收入比个人劳动的收入（工资）承担的税率低得多——甚至根本没有税。

3 种类别的收入税

美国有 3 种基本的可征税收入类别：劳动收入、投资组合收入和被动收入。劳动收入来自劳动，是所有收入中税率最高的。投资组合收入一般是通过低价购买资产、高价抛出获得的资本利得收入，是税率第二高的收入。被动收入通常是来自现金流的收入，在这 3 种收入中税率最低。

讽刺的是，当一个人通过自己的退休储蓄计划投资共同基金时，在大多数情况下，一旦这个人退休并且开始从退休计划中获得收益，收益会被作为劳动收入进行征税，而且是所有税收中最高的一种。唐和凯伦正在为未来进行储蓄，他们不了解这一点，他们为退休所做的准备将被课以最高的税收。这是有财商教育的人在面对没有受过财商教育的人时拥有的另一项不公平优势——支付更少的税，而税是我们最大的支出。

当学校的教师很骄傲地对我说，他们在班上进行财商教育，让银行家和理财师来教孩子为未来储蓄的时候，我暗自摇了摇头。在被教育成在 E 和 S 象限中工作的人的眼睛中，怎么会有人理解金钱的世界呢？

不同的财务成绩单

我在校期间成绩很糟糕。穷爸爸是一名老师，也是一个很伟大的父亲。在他的鼓励下,我留在学校里并且毕业了。富爸爸也鼓励我提高成绩,但是他对学术成绩单的理解却不同。他说:"当你离开学校的时候,银行家不会跟你要成绩单。他不介意你的成绩是好还是坏。所有银行家想要看的是你的财务报表,因为财务报表才是你离开学校时的成绩单。"

在对唐和凯伦以及我们的资产负债表进行比较后,也就是计算资产和负债数据后,你会看到工作20年后谁的财务成绩更好。

唐和凯伦

资产	负债
储蓄	一套房子 两辆汽车 没有着落的退休金

源自资产的现金流:0

罗伯特和金

资产	负债
各种商业授权费 1 400多套出租房产、石油、天然气井、金银。	两套房子 六辆汽车

源自资产的现金流:百万

我们两家都从各自的公司那里得到支票。但是对于我和金来说,大部分收入都来自图书、游戏、商标授权等公司资产,还有房地产、股票、石油与天然气等个人投资。我和金并没有把黄金和白银算作现金流资产,因为它们并没有把钱放进我们的口袋里。我们持有黄金和白银,就像是一个人把钱放在储蓄账户里。黄金和白银是流动的,当政客们印制越来越多的钱时,黄金和白银更有利于保持自己的购买力。

另一项巨大的差异可以在我们的支出栏里找到。

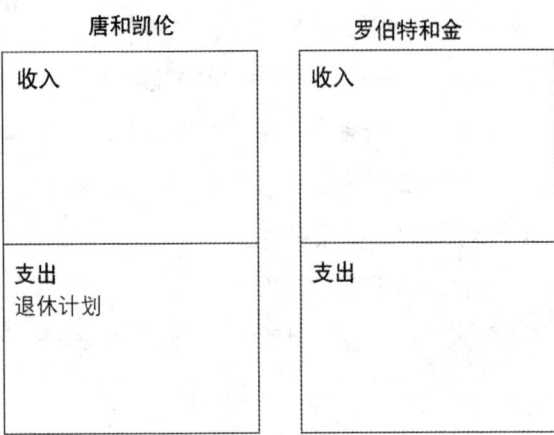

极其讽刺的是，由于我们不需要退休计划，也没有退休计划，我和金在涉及税收、债务、通货膨胀、退休金等问题的时候具有不公平的优势。由于我们大部分收入都来自公司资产和投资，我们支付的税款要少得多。比如，我的图书、游戏、商标版权等收入要交的税款比我的工资应交的税款少得多。通过在房地产上进行投资，我们用债务来增加我们的月现金流。同样，房地产收入支付的税款要比我的工资收入支付的税少得多。通过在石油和天然气上投资，通货膨胀增加了我的现金流。同样，石油和天然气收入应征收的税也要比我的工资收入税少得多。

由于我们没有退休计划，一大笔以管理费和委托金的形式收取的支出就省去了。而且，我们每年都通过我们的资产增加自己的收入，所以并不担心未来。我们并没有把自己的收入送给华尔街。我和金用自己的钱进行投资，从而给我们带来更多钱。如果你能以更小的风险获取更多的收入，支付更少的税，利用债务使自己变得更加富有，还能利用通货膨胀来增加现金流进行投资，为什么还要冒风险去长期投资股票市场，并且失去对自己投资的控制呢？

我相信，通过两对夫妇的简单对比，你能理解为什么唐和凯伦在这场金融危机里要比我和金更加忧心忡忡，以及财商教育如何给一个人的生活带来长期的不平等的财务优势。

其他不平等的优势

由于税收、债务、通货膨胀、退休计划的增长，生活成本正越来越高。而财商教育可以带来大部分人得不到的不公平优势，包括：

1. **扩展你的收入，而不是量入为出**。每年，我和金都会花些时间来设定我们的财务目标。我们并不看重量入为出，而是更加关注如何通过增加来自资产的现金流来增加收入。下图描述了这一概念。

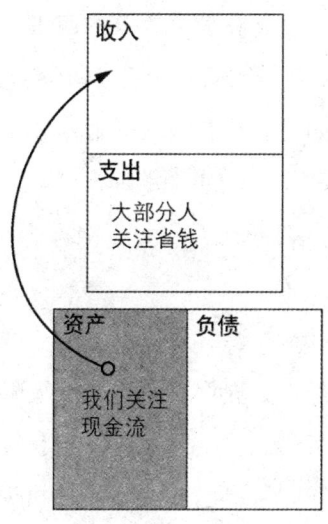

2009年，我和金计划出版3本新书，购买200到500套新的单元房出租，挖两口新油井，并且通过创造更多的授权来增加我们的业务。我们通过资产来增加现金流，而不是通过股票市场或者抛售增值房产来增加收入。

2. 印我们自己的钱。《富爸爸穷爸爸》第6章的标题是"金钱是有钱人发明的"。对我来说，能够印自己的钱是接受财商教育带来的最大优势之一。既然政府也在印更多的钱，合法地印自己的钞票难道不是很有意义吗？努力工作反而支付高比例的税，在银行里存钱反而由于通货膨胀和税收失去购买力，冒风险长期投资股市。与这些相比，难道印自己的钱不是更有意义吗？印自己的钱是通过投资回报率（return on investment），即ROI这个财务术语实现的。

当你与大部分银行家、理财师、房地产中介交谈的时候，他们会告诉你，对于你的投资来说，5%～12%的ROI是不错的回报。这是那些没有受过财商教育的人的回报。他们常用的另一个童话故事或恐慌战术就是"回报越高，风险越高"。这种说法其实是完全错误的——如果你具有全面的财商教育的话。我总是努力尝试用自己的投资获取无尽的回报。

免费的钱

印自己的钱就是：实现你在金钱上的无限回报。我对于无限回报的定义是：免费的钱。具体来说，当我收回用于获取资产的所有本金的时候，我印了自己的钱，而且同时还拥有资产，并且享受了来自这一资产的现金流收益。我在以下几本书中描写了这个过程：《富爸爸穷爸爸》，该书是有史以来最畅销的个人财务著作；《富爸爸给你的钱找一份工作》，这是一本关于股票市场，以及理财师通过退休项目拿走你的钱的书；《富爸爸提高你的财商》，由唐纳德·特朗普和史蒂夫·福布斯推荐。

在获取了强有力的财商教育之后，我可以通过公司、房地产、股票，甚至黄金、白银、石油等印自己的钱。再一次重申，关键是追求无穷的回报——追求免费的钱。

通过公司印自己的钱

我和金在我们的餐桌上开创了富爸爸公司。我们并没有用自己的钱，而是向投资者筹募了25万美元。事实再一次证明，这就是花时间学习如何销售的好处。在这个案例中，我们向投资者销售了我们的经营理念。不到3年的时间，由于公司的迅速发展和获得的收益，我们不仅返还了投资者的钱和利息，并且还有额外的钱来买回公司的股份。现在，富爸爸公司为我们带来了数百万美元的收入，即使我们并没有在公司中投入自己的资金。从定义上来看，这就是无穷的回报。换句话说，我们的公司为我们印了钱。

富爸爸公司的成功秘诀就是，用公司创造资产，而不是产品。比如，我们不会自己印刷这本书。相反，我们会创造这本书的衍生产品——出版授权，并且将这些授权出售给不同国家的出版商。我们还生产和出售"现金流"游戏、品牌商标、特许经营权。我们的财务报表是这样的：

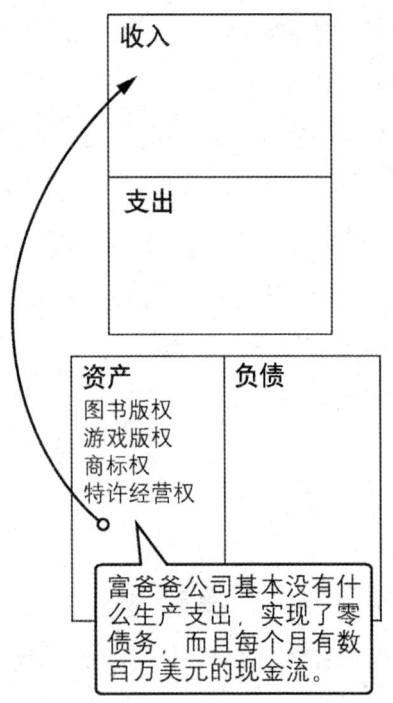

富爸爸公司基本没有什么生产支出,实现了零债务,而且每个月有数百万美元的现金流。

我要再一次强调衍生产品这个词的重要性,因为授权也是衍生产品。如果使用恰当,衍生产品可以成为创造大量财富的不可思议的工具。我同样要提醒你,多关注销售,而不是购买。你或许已经注意到,富爸爸公司是通过长期销售来创造资产的。

如果要深入了解如何通过公司印自己的钱,请登录www.richdad.com/conspiracy-of-the-rich,我会和朋友凯利·里奇通过视频向大家讲解,如何通过特许授权模式获取无尽的回报。

房地产行业印自己的钞票

在房地产方面，我们的业务计划是，利用债务——其他人的钱，来实现无尽的回报，并且印我们自己的钱。下面就是一个极端简化的现实生活范例。

采购：我们在一个很棒的街区买了一套房子，有两间卧室和一间浴室，价格是10万美元。

融资：我们支付了2万美元的首付，并且从银行和／或投资者那里又借了10万美元，用多余的钱来进行资产改进。

改进资产：我们通过增加额外的卧室和浴室来改进资产。

增加租金反映出资产价值的提高：我们将租金从每月600美元（这是两间卧室，一间浴室在市场上的出租价）提高到每月1 200美元（3间卧室，两间浴室在市场上的出租价）。

以15万美元的增值价值重新为资产进行融资：当我们重新为这套房子进行融资的时候，银行家给我们12万美元的贷款（新价值的80%）。我们拿回了2万美元，还获得了额外的2万美元来投资新资产。

支出：6%的贷款利率，每个月大约支出600美元。其他各项费用每个月大约300美元。所以，每个月我还能以现金流的方式获取300美元。

关键：新的贷款和支出资金是由租客的房租提供的。最终的交易看起来是这样的：

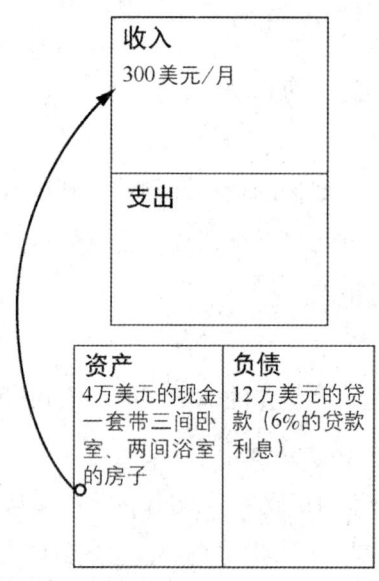

这笔投资能够挣钱的关键在于：

1. 对资产的提升
2. 好的位置——只有附近有工作机会的房产才有价值
3. 良好的融资和/或投资者
4. 良好的资产管理

如果这4个要素中有任何一个缺失，投资就会陷入困境。我的第一笔房地产投资是1973年在毛伊岛上购买的一套一间卧室、一间浴室的公寓，当时的购买价格是1.8万美元。金的第一笔投资是1989年在俄勒冈州的波特兰购买的一套两间卧室、一间浴室的公寓。

现在，运用同样的融资方式，我们已拥有1 400多套居住用房产，还有一些商用房产。我们在所有这些房产投资中都没有用自己的钱。现在的差别在于，我们用数百万美元投资更大的项目，而不是用数千美元。但是，原则是一样的。即使在当前的经济环境中，我们仍然做得很好，这仅仅是因为我们认真选择自己的租客，并且拥有专业的管理团队来确保我们的租客能够满意。

如果你想要了解更多关于无限回报的投资信息，请观看我们在www.richdad.com/conspiracy-of-the-rich网站上的视频。我们的房地产合作伙伴肯·迈克尔罗伊将更具体地解释如何购买数百万美元的资产，不仅能将所有的钱拿回来，还能持有资产，拥有无限回报的现金流。肯也是《富爸爸房地产投资指南》一书的作者。需要记住的一点是，我们的房产不是买来抛售的。我们的原则是按年购买资产，再按月出租。

用纸质资产印自己的钱

在使用股票等纸质资产来印自己的钱时，方法很多。一种方法就是期权策略。比如，我以2美元每股的价格买了1 000股股票。然后，我去期权市场，卖掉一份为期30天，以每股溢价1美元购买我这1 000股股票（1 000美元）的期权。如果股票达到每股3美元或更高，购买这个期权的人就可以以每股3美元的价格购买这份股票。如果股票在30天内没有达到3美元，我就拥有了1 000美元的期权费。再一次强调，请注意我购买的是长期的股票，而卖掉的是按月的期权。

在这个非常简化的例子里，销售30天的期权便将1 000美元马上装进了我的口袋。如果我将同样的股票以同样的条款卖掉另一个30天的期权，而股票没有超过3美元的话，我就可以从我开始的2 000美元投资中挣取另外的1 000美元，并且我的股票仍归我所有。我就可以将我投资的2 000美元挣回，并且通过我的财务知识印我自己的钱。对于我来说，这要比把钱留在共同基金中进行长期投资，让钱被短期股票和期权贸易商合法地偷走更有意义。

如果你想要了解更多关于使用纸质资产和期权创造无限回报、印自己的钱方面的视频，请访问www.richdad.com/conspiracy-of-the-rich。我的朋友和顾问安迪·坦纳会向大家解释如何使用期权作为合法印钱的方式。

用黄金和白银印自己的钱

我通过开发金矿和银矿，并且在股票市场上出售公司的股份（衍生产品）印出了我自己的钱。我现在正经营着一家铜矿公司，并打算在铜价上升时将公司上市。我知道，对于大部分人当前的情况来说，让公司上市并不现实，但这是采纳想法、创建个人财富最好的途径之一。

哈兰德·桑德斯上校在65岁时让公司上市。就像人们流传的那样，当炸鸡店不再位于公路两侧时，上校的客户量减少了，他认识到自己的社会保险支票让他入不敷出。于是，他开始四处出售自己的炸鸡配方（一种衍生产品），却被拒绝了上千次。最后，在被无数次拒绝之后，有人买了他的配方，建立了一家公司，对公司经营模式进行了授权，并向公众出售公司的股份（另一种衍生产品）。通过从S象限发展到B象限，上校把坏运气变成了财富。他改变了自己的思维方式，并且改变了自己的生活。每当有人对我说"我年纪太大，没法改变"的时候，我就会告诉他关于上校和他的肯德基炸鸡配方的故事。

我提到黄金和白银的原因就是，我宁愿持有黄金和白银，也不愿持有现金。由于我能够印自己的钱，所以我不需要未雨绸缪去存钱。在政府不停地印钱的时候，我认为储存黄金和白银更加安全。

如果你想要学习更多关于黄金和白银的知识，请访问www.richdad.com/conspiracy-of-the-rich，这里有视频展示。在其中的一个视频中，我的朋友迈克尔·马罗尼会告诉我们，为什么黄金和白银在当今经济中是必不可少的投资，他也是"富爸爸"系列《富爸爸金银投资指南》一书的作者。

金钱新规则第八条：当钱不是钱，钱不值钱的时候……

从9岁开始，我的富爸爸就给了我一份最好的礼物——财商教育。金钱新规则第八条与金钱新规则第一条——知识就是金钱又联系在了一起。由于我们正处于金融危机之中，货币变得越来越没有价值，接受财商教育的人要比那些接受传统教育的人拥有更大的优势。

1903年，这场阴谋控制了教育系统，而其真正的力量在于控制了我们的思想，并且留下了数百万没有理财能力、需要依靠政府照顾的人。现在，世界正处于一场金融无知与无能的危机之中。史上最大的现金掠夺正在进行着。我们的财富正在通过税收、债务、通货膨胀、退休账户等方式被合法掠夺。财商教育的缺乏让我们陷入了这场危机，财商教育可以把我们带出这场危机。如你所知，我们的领导人正在以造成这些经济问题的思维方式来解决问题。问题能否解决尚待时间考证。我认为，你和我最好先作出改变，就像桑德斯上校的改变那样。我们可以通过改变自己的思考方式，以及我们的学习内容来改变自己。

> **读者评论**
>
> 尽管我在财务上受到过很好的教育——乔治敦大学国际经济硕士，在投资银行写了两年募股说明书，在公司里当了5年首席财务官，并且用了15年时间来创建、运营、出售我自己的公司……我的财商教育还是缺少了非常重要的一个要素。这个要素就是，克服在我自己的项目和房产中投资的恐惧。当我积累了越来越多的金钱之后，情况变得更糟，因为我担心自己会失去更多的钱……我做了一件事情，雇了一名富爸爸指导教练，他所做的只是每周三在我们的午间电话会议中冷静而温柔地提醒我："记住，你的目标是投资房地产。"现在，我正在抵押自己的第二套公寓楼——我依然是每天早上带着焦虑醒来，但是我有勇气自己完成这项工作了。
>
> ——cwylie

教育最大的失误

大部分人害怕改变的一个主要原因就是，他们害怕犯错，特别是财务错误。大部分人都坚持寻求稳定的工作，因为害怕在财务上失败。大部分人都将自己的钱交给理财师，原因是他们认为理财师不太可能犯错，这真是一个很讽刺的错误。

在我看来，教育系统存在的最大问题就是教育孩子不要犯错。如果孩子真的犯错了，老师会惩罚他们，而不是教他们从自己的错误中学习。聪明人知道，我们可以通过犯错学习。我们通过从自行车上摔下再爬起来学会骑车。我们通过跳进水中学会游泳。人们如果害怕犯错，又怎么能学习关于金钱的知识呢？

为什么大部分孩子都在学校学习中失败

下表被称为学习圆锥，是布鲁斯·海兰德在埃德加·戴尔1946年创建的经验圆锥的基础上开发的。它解释了为什么这么多孩子不喜欢学校，认为学校无聊，并且在教室里坐了很多年却记不住什么东西。

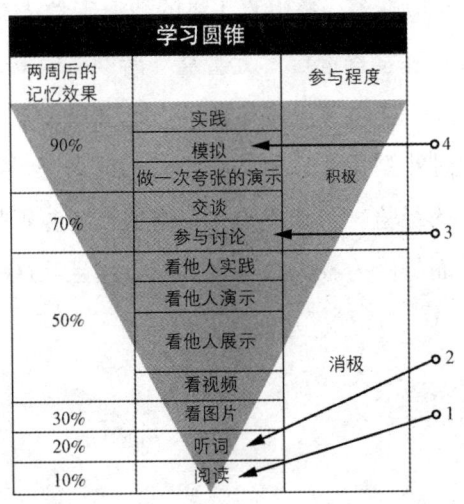

资料来源：www.cengage.com/permissions

箭头一：**阅读**。根据学习圆锥，学习和记忆知识最糟糕的方式就是阅读，因为长期记忆的容量低于 10%。

箭头二：**讲座**。第二糟糕的学习方式就是讲座。

你或许已经注意到，学校进行知识传递的首要方式就是阅读和讲座。

箭头三：**参加小组讨论能够增强记忆**。在学校，我总想参加小组讨论，特别是在考试的时候。问题是，学校把这种行为称为作弊。在现实生活中，我常与我的团队一起进行实际的财务测试，因为三个臭皮匠，赛过诸葛亮。

箭头四：**通过模拟或游戏学习**。模拟或游戏是有效的教学工具，原因就是通过在模拟或游戏中犯错误来学习，这样的效果最好。在飞行学校中，我花了很长时间来进行模拟器的飞行，然后才开始驾驶真的飞机。现在，航空公司往往要花费数十亿美元来培训自己的飞行员在模拟器上飞行。这样做不仅能够提高成本效率，飞行员也可以在不会撞毁真飞机的情况下尝试不同的操作。

当年，我在和富爸爸玩"大富翁"游戏的时候，学会了像 B 和 I 象限中的人一样思考。换句话说，我会先在棋盘游戏里犯各种错，然后通过小型投资，犯一些小的错误来进行实践，从而获取现实生活中的经验。我能成为一个有钱人，并不是因为我在学校里很聪明，而是因为我犯过很多错误，并且从这些错误中进行学习。

早点退休

1994 年，我和金退休了。当时金 37 岁，我 47 岁。早退休的原因是：我们的资产比负债多。尽管现在出现了金融危机，我们却做得更好了，因为我们能继续获取或者创造更多的资产。数百万人现在都处于金融困境之中，因为他们发现，自己眼中的资产在市场崩溃时其实是负债。

1996年，我和金创造了"现金流"棋盘游戏，该游戏允许人们在用真正的金钱进行投资之前先通过金钱游戏犯错误。这个游戏目前有3个版本："现金流儿童版"和"现金流101"——教授关于业务和投资的基本内容；以及"现金流202"——教授投资与管理市场上升与下降的技巧。这3个游戏都有电子版本。如果你想从游戏中学到更多内容，还有遍布全世界的现金流俱乐部供你加入和学习，其中一些俱乐部教授"十步课程"，这是我创造出来的、让游戏学习最大化的课程。如果你想要提高自己的财商，并且想在不需要量入为出的情况下早点退休，"现金流"游戏就是一个在模拟投资的时候犯错，并且从中学习的绝佳机会。

1997年，我出版了《富爸爸穷爸爸》。在这本书中，我提出了一些观点，你的房子并不是资产，有钱人纳税更少，有钱人不为钱工作，有钱人知道如何印自己的钱。2007年，当次贷危机爆发时，数百万人发现了一个事实，自己的房子并不是资产，而是负债。

2002年，我写了《富爸爸如何应对不可知的未来》，书中提出一个观点，数百万人依靠的退休计划很快就会崩溃。在2009年，我的观点依然没有改变。

读者评论

知识可能就是新的金钱,但是,只有当B-I三角形的所有要素都被认真的投资者充分理解和实施时,知识才有用。这本书为那些在不确定的时候寻求投资方向的人提供了帮助,这本书也是一个良好的开端。感谢作者将自己的经历与我们分享,从而帮助我们渡过市场的混乱喧嚣。

——Ray Wilson

第12章
如果我来办学校

对于许多人来说，由于缺乏财商教育，生活变成了一种苦难。正如我们在本书中讨论的那样，这场金融危机的爆发主要由于财商教育的缺失。我自认为是教育的提倡者，尽管人们对此不以为然。我相信，教育在今天具有前所未有的重要性。如果财商教育没有作为我们核心课程的一部分，则会对我们的孩子、我们的国家，还有整个世界带来巨大的伤害，让世人无法做好准备来应对现实世界。

下面的内容在"富爸爸"丛书中也有所提及。在这里我把自己关于财商教育的一些想法汇聚在一起。虽然这一章不可能包括财商教育的所有内容，但我相信，还是有许多与传统财务思维不同的观点。如果由我来经营学校，我会创建一个财商教育项目，该项目包括下列15门财务课程。

一、货币的历史

伴随着人类的进化，货币也在演变。货币的最初形式是以物易物，一开始是小鸡或牛奶，再接着是贝壳和珍珠，然后是黄金、白银、铜币。这些都是实物，并且被认为具有实际价值，因此可用于同其他具有类似价值的东西进行交换。今天，大部分货币都是纸质货币——一种来自政府的债券，纸币同样也被称为法定货币。纸质货币本身是没有价值的。它只是其他物品价值的衍生产品。过去，美元是黄金的衍生产品；现在，美元是债务的衍生产品，是来自一个国家纳税人的债券。

今天，货币不再是小鸡、黄金、白银等具体的物品了。货币仅仅是一个由政府的信用和信任支持的想法。一个国家越值得信赖，它的货币就越值钱。反之亦然。货币从具体物品演变到一个想法的过程就是货币话题如此令人困惑的一个原因。我们很难理解无法看到、触摸到，或者感觉到的东西。

关于货币历史的一些重要日期

下面就是我们在这本书中讨论过的关键日期的概述。

1903 年

我认为美国教育系统在当年被控制了。当时，由约翰·戴维森·洛克菲勒建立的普通教育委员会决定了孩子应该学什么。这让教育的影响力落入了超级富豪之手，而关于金钱的科目就不会在学校中出现了。现在，人们上学去学习为金钱工作，却学不到有关如何让金钱为自己工作的内容。

下图是现金流象限。

E 代表雇员。

S 代表个体经营者，医生、律师等专业人士，或者小企业主。

B 代表大企业家，公司雇员在 500 人以上。

I 代表投资人。

学校教育在训练 E 和 S 象限的人方面做得很好。但是，学校几乎没有进行任何培训让学生能成为 B 或 I 象限的人。甚至工商管理专业的学生也被训练成为高薪的 E 象限人，为有钱人的公司工作。一些最著名的 B 象限人包括：微软的创始人比尔·盖茨；戴尔电脑公司的创始人迈克尔·戴尔；福特汽车公司的创始人亨利·福特；还有通用电气公司的创始人托马斯·爱迪生——这些人都没有完成学业。

1913 年：美联储创立

美联储不是美国的，不是联邦政府的，没有储备，也不是一家银行。它被世界上最富有和最具政治影响力的一些家族所操控。它具有凭空创造金钱的力量。

像美联储这样的机构是乔治·华盛顿和托马斯·杰斐逊等美国

总统，以及美国宪法的设计者等开国元勋强烈反对的。

1929年：大萧条

在那次大萧条危机之后，美国政府创办了许多政府机构。例如，联邦存款保险公司（FDIC）、联邦住房管理局（FHA），以及社会保险。政府通过税收加大了对我们的财务生活的控制。这也导致了政府通过社会项目与机构对经济进行了更多干涉。现在，联邦住房管理局、房利美、房地美等政府项目和机构都身处次贷危机的中心。如今的社会保险和医疗保险等政府债务资金缺口预计达到了50万亿到60万亿美元，这些资金缺口就像定时炸弹，而且这些炸弹最终必将爆炸，由此产生的后果让我们当前的次贷危机相形见绌。换句话说，政府为解决大萧条做的努力可能会在未来导致更大的萧条。

1944年：布雷顿森林体系建立

这个国际货币协定创建了世界银行和国际货币基金组织这两个机构。该协定在全球范围内复制了联邦储蓄系统，并且有效地建立了美元作为世界储备货币的地位。就在全球陷入世界大战的时候，全球的银行家们在努力工作改变世界。这意味着全球范围内的货币实际上都在受美元的牵制，而美元同黄金绑定。只要美元有黄金的支持，世界经济就会保持稳定。

1971年：尼克松总统在未经国会许可的情况下切断了美元与黄金的联系

当这一切发生时，美元变成了债务的衍生产品，而不是黄金的衍生产品。1971年以后，美国经济只能靠增加债务来发展，而这就是救市的开始。20世纪80年代，救市的金额为数百万美元；到了20世纪90年代，救市的金额达到了数十亿美元；而现在，它们已达到了数万亿美元，并且还在增长。金钱规则的这种改变同时也是世界历史上最大的金融事件，允许美国创造越来越多的债务，随心所欲地印钱。这些债务被称为美国国债。世界历史上从来没有出现过全世界的货币由一个国家的债务支撑的情况，这些债务就是来自美国纳税人的债券。

1971年，美元不再是金钱，而成为了一种通货（currency）。通货，即流通货币，源自"流"（Current）这个词，就像电流或洋流一样。换句话说，流通货币必须保持流动，否则就会失去价值。为了保持价值，流通货币必须要从一类资产流向另一类。1971年以后，把钱放在银行或者股票市场的人会损失金钱，因为他们的流通货币停止了流动。储户成了失败者，而债务人则成了赢家，因为美国政府印的钱越来越多，债务和通货膨胀急剧增加。

1971年以后，通过创造更多债务，经济得到了扩张。从理论上说，如果每个人都付清自己的债务，现代货币就会消失。2007年，当次贷借款人再也无法支付自己的抵押贷款时，债务的扩张停止，债务市场崩溃，从而导致了这次的金融危机。

美国通过向欧洲、日本、中国出售债务，为自己的过度消费提供资金。如果这些国家对我们的政府失去信心，停止购买我们的债务，另一场金融危机就会爆发。如果你和我停止购买房产，停止使用信用卡，这场危机将会持续更长时间。

财商教育很重要，因为我们需要了解好负债和坏负债的区

281

别。坏负债只会让我们更加贫穷,好负债则会让我们更加富裕。现代货币是一种债务,因此我们必须要教育人们如何利用债务变得富裕而不是更加贫穷。

1974年:美国国会通过了雇员退休收入保障法案(ERISA),现称其为401(K)计划

1974年以前,大部分雇员拥有确定给付制(DB)养老金计划。公司的DB养老金计划为雇员提供了一张终生支票。1974年以后,雇员开始采取固定提拔制(DC)养老金计划。这意味着雇员必须为自己的退休存钱。雇员退休时能收到的退休金取决于他为自己的养老金缴纳了多少费用。如果养老金的资金耗尽,或者股票市场崩溃而导致养老金被削减,退休人员就失去了保护神,必须要依靠自己。

从DB计划到DC计划的改变迫使数百万工人进入了风险不确定的股票市场。问题是:大部分雇员以前缺乏,并且一直缺乏为自己的退休金进行明智投资所需的财商教育。

今天,全球数百万的工人正面临着不充足的退休资金问题。在缺乏财商教育的情况下,数百万人来到了同样的机构——储蓄银行和股票市场,即导致今天金融危机的机构。这数百万人试图储蓄足够的钱来享受安全的退休生活。这些人在金融危机中受到的影响最大,也最令人担忧。

现在,你已经对现代货币的历史进行了一定的回顾,你可能也开始了解财商教育重要的原因了。而开始财商教育的第一步就是:理解财务报表。

二、理解你的财务报表

富爸爸经常说:"你的银行家从来不会要求看你的学术成绩单。他们不关心你的成绩如何。银行家想要看的是你的财务报表。你的财务报表就是你离开学校时的成绩单。"

财商教育的开始就是:理解财务报表的三个部分。

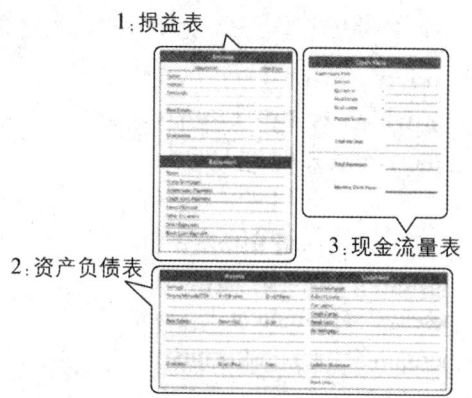

为了更全面地理解财务报表,你需要上财商教育的第三堂课——资产和负债之间的区别。

三、资产和负债之间的区别

穷爸爸经常说:"我们的房子是一项资产。"富爸爸却说:"如果你爸爸有着坚实的财商教育,他就知道他的房子不是资产,而是负债。"

许多人陷入财务危机的一个主要原因就是,将自己的负债看成了资产。在当下的金融危机中,数百万人发现自己的房产并不是资产。即便是我们的政治领导人也把负债说成资产。比如,不良资产救助计划（TARP）不是一个为不良资产准备的项目，而是一个为不良债务准备的项目。如果救助的对象真的是资产的话，那就不会有什么问题了，而银行也就不需要拯救了。

财商教育的一个重要方面就是，理解金钱词汇表。为了提高你在金钱方面的能力，让我们从资产和负债等金钱词汇开始吧。

富爸爸对资产和负债的定义非常简单。他说："资产把钱放进你的口袋，你不需要为此工作；负债从你的口袋里拿走钱，即使在你工作的时候。"

看看下图展示的财务报表，它能够帮助你更好地理解资产和负债。

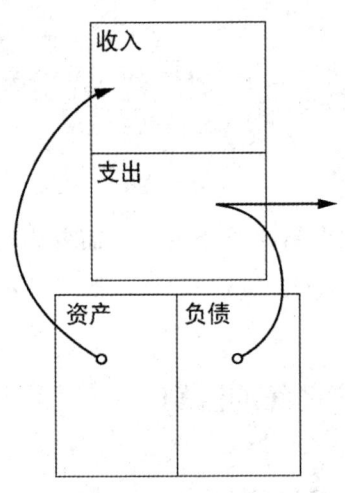

这些箭头代表了现金流向。其中的一个箭头显示了通过出租房产或股票红利等资产流进你口袋的现金，也就是收入栏。另一个箭头显示了从支出栏流出的现金，例如，支付汽车贷款或个人住宅的抵押贷款。

有钱人变得更有钱的一个原因就是，他们工作是为了获取资产。与此同时，其他人获取的是他们认为是资产的债务。数百万人在财务上苦苦挣扎，因为他们努力工作却购买了债务，例如，房产和汽车。当他们获得加薪的时候，他们会买更大的房子或者更好的车，希望自己看起来更富有，而事实上却变得更贫穷了，并且陷入了更深的债务之中。

我的一位朋友是个好莱坞小明星。他告诉我，他的退休计划是投资个人住宅。他投资的主要住宅在好莱坞，而且在阿斯彭、毛伊岛、巴黎都有昂贵的度假住宅。最近，我们俩在录制一期电视节目时见了一面，我问他近况如何。他带着失落的表情说："我没怎么工作，而且我正在失去一切。我的房子贬值了，而我也没钱支付月供了。"这就是把负债当成资产，并且不了解现金流重要性而产生的一个问题。

在房地产蓬勃发展的时期，许多人进入了房地产市场，认为自己是投资者，而事实上他们只是投机者和赌徒。这些人有一个流行的名字——"炒家"。甚至还有关于房地产炒家的电视节目，这些人希望通过购买房产挣一大笔钱。结果，当房产泡沫破裂时，许多炒家都遭到了屠戮，并且最终失去了赎回权。

这也就引出了财商教育第四课。

四、资本利得和现金流之间的区别

大部分人投资都是为了资本利得。这就是为什么股票市场上升或者房子增值的时候人们会感到兴奋。这也是我的好莱坞朋友和大多数房地产炒家的投资方式。这同样是大部分工人在股票市场为自己的退休投资所做的事情。为资本利得投资的人是在赌博。就像沃伦·巴菲特所说:"全世界买股票最愚蠢的理由就是,股票在上涨。"

为资本利得投资同样也是大部分投资者在股票市场下跌,或者房产贬值的时候会感到沮丧的原因。为资本利得投资就像赌博,因为投资者对于市场的上升和下降几乎无法控制。

具备财商教育的人会同时对现金流和资本利得进行投资。这样做主要有两个原因。

原因1:流通货币必须要能从资产中流出,从而创造现金流,否则就会失去价值。换句话说,如果你的钱只是停在那里等待升值或者股票价格上涨,你的流通现金就没有生产力,不能为你工作。

原因2:为现金流投资能够将大部分风险从投资中移除。只要现金能够流进你的口袋,你就不会是失败者——即使你的资产价格贬值了。另一方面,如果你的资产增值了,这也是增加的红利,因为你已经得到了现金流。

下图显示了资本利得和现金流之间的差别。

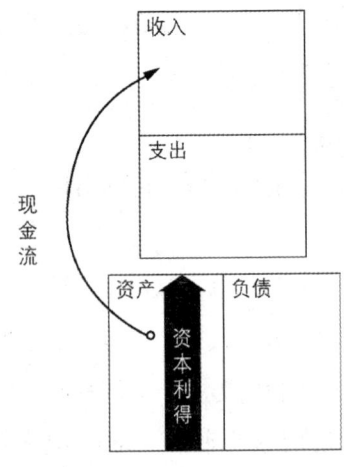

我和妻子同是一家石油公司的合伙人。我们投资石油是为了现金流和资本利得。当我们刚开始打井找油的时候，石油的价格大概是每桶25美元。我们为每个月产生的现金流高兴不已。当石油价格达到每桶140美元时，我们的油井由于资本利得也增加了价值，于是我们就更加高兴了。虽然石油价格后来又跌至每桶65美元，我们依然很高兴，因为现金依然在流进我们的口袋，无论油井的价值如何。

如果你喜欢股票，最好是投资能够支付稳定红利的股票，因为这是一种现金流。在下跌的经济中，股票价格较低，此时正是以便宜的价格购买可以支付红利的股票的最佳时机。

股票投资者同样了解现金流的力量，或者股息升息率的力量，股息升息率是现金流在股票市场中的名字。股息升息率越高，股票的价值也就越高。比如，股票价格5%的股息升息率意味着这是一只很棒的股票并且价格也很棒。股息升息率低于股票价格3%意味着股票价格太高，并且可能会贬值。

2007年10月，股票市场达到了有史以来的最高点——14 164点。吸金者跳进了市场，赌股票将会上升得更高（资本利得）。问题是，道琼斯的股息升息率只占总值的1.8%，这意味着股票太昂贵了，专业投资者开始卖出。

2009年3月，道琼斯指数跌至6 547的低点，许多人返回了市场，认为最糟糕的时候已经过去。问题是，股息升息率还是只有1.9%。对于专业投资者来说，这意味着股票的价格还是太高，而股票市场可能会更低。长期投资者可能会失去更多的钱，因为现金流出了市场。

对我来说，为现金流和资本利得投资要比为市场的上升和下降担心更有意义。因此,我创造了"现金流101"和"现金流202"这两种教育棋盘游戏,以帮助和教育人们了解这种投资的好处。

由于每个市场都会上升和下降,这也就带来了我们的财商教育第五课。

五、基本面投资和技术投资的区别

基本面投资是分析公司财务表现的过程,首先需要了解它的财务报表。

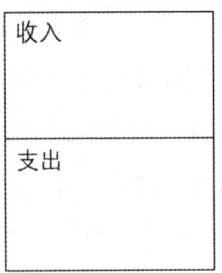

受过财商教育的人想要知道一家公司或者某项业务的管理有多好,只有通过分析公司的财务报表才能得到结果。当银行家要你的财务报表时,他想要知道你对自己的财务生活管理得怎么样。银行家想要知道你的收入和支出之间的比较,你所拥有的可以让现金流入的资产和让现金流出的负债,包括短期和长期的。

在投资公司的时候，你也会想知道同样的内容。

我的棋盘游戏"现金流101"将教给大家基本面投资的基本内容。

技术投资是指通过技术指标来衡量市场的心情或情绪。技术投资者可能不关心公司的基本面。他们更看重衡量价格的走势图，例如下面这个。

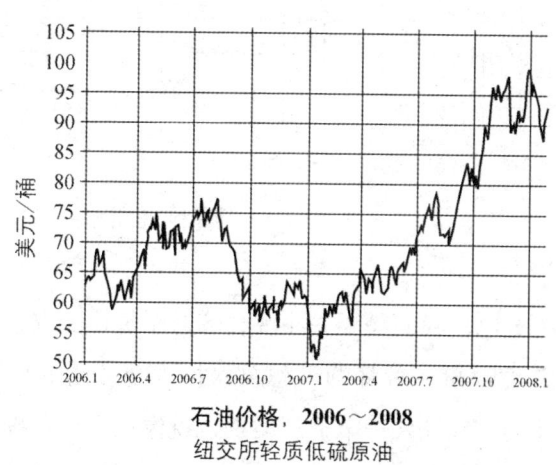

石油价格，2006~2008
纽交所轻质低硫原油

走势图很重要，因为它们基于事实和数据。走势图主要包括某件东西的购买／出售价格，比如股票或黄金石油等货物的价格。图中的向上线条意味着价格上升，即现金在流进市场。有现金流入的市场通常被称为牛市。图中的向下线条意味着现金从市场中流出。有现金流出的市场通常被称为熊市。技术投资者寻找历史上基于现金流的走势图，并且根据过去的走势图数据和对未来市场表现的预计进行投资。

在财务上受过教育的投资者同样想了解现金正从哪里流出，流入哪个市场。比如，当股票市场崩盘，人们担心害怕的时候，许多钱都会流入黄金市场。技术投资者可能会基于市场指标预测黄金价格即将上涨，而股票市场即将下跌，并提早一步将自己的钱转移到黄金市场。

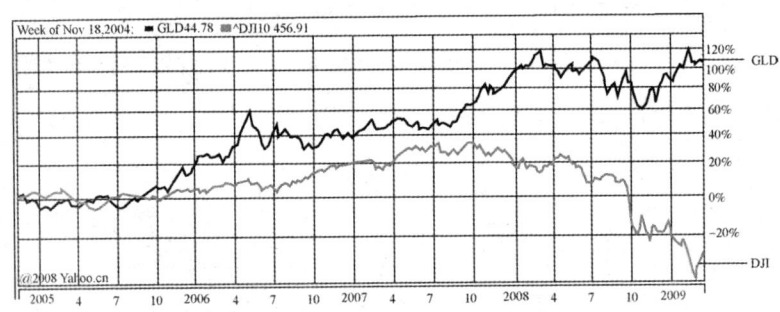

资料来源：雅虎网站

再一次重申，我们需要关注现金流对于价格，或者资本利得的重要性。受过财商教育的人想要保持现金流动的一个原因就是，如果他们把钱投入一个资产类别，就像很多业余投资者那样的话，当现金从那个资产类别流出时，他们可能会遭受金钱上的损失。

由于所有市场都会有上升和下降，所有市场都会有兴旺和衰退，因而引出了财商教育第六课——衡量资产的实力。

六、衡量资产的实力

经常有人对我说："我想到了一个很棒的新产品""我发现了一个很棒的投资"，或者"我想要投资这家公司的股票。你觉得怎么样"。

对于这些问题,我一般会参考B-I三角形。

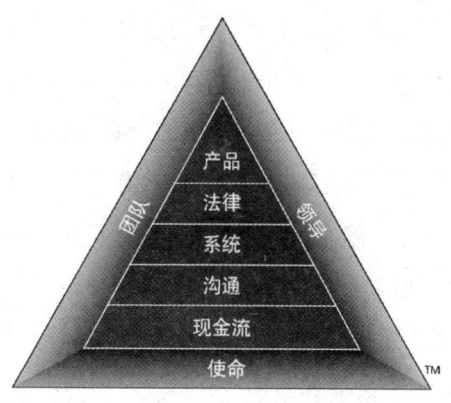

B-I三角形的名字源自前面提到过的现金流象限,下面是现金流象限的示意图。

E代表雇员。

S代表自由职业者,专业人士,或者小企业主。

B代表大企业家,公司雇员在500人以上。

I代表投资人。

你或许注意到，产品是 B-I 三角形中最小，或者说最不重要的部分。很多人开公司失败的原因就是，他们关注的是产品，而不是整个 B-I 三角形。在房地产行业也是一样，许多投资者只看资产，不关注整个 B-I 三角形。

富爸爸说过："当一个人、一家公司，或者一项投资在苦苦挣扎的时候，B-I 三角形的 8 个要素中肯定有一个或多个存在缺失，或者没有发挥作用。"换句话说，在进行任何投资或者创办自己的公司之前，要对整个 B-I 三角形进行评估。问问自己，这项投资或者这家公司是否有完整的 B-I 三角形要素。

如果你正在计划创办自己的公司，或者想要了解更多关于 B-I 三角形的内容，我推荐你阅读《富爸爸成功创业的 10 堂必修课》。

今天的世界需要更多了解如何创建 B-I 三角形的企业家。通过成为强有力的企业家，我们可以为 E 和 S 象限的人创造更多的工作机会。

政府不仅要创造更多的工作机会，更应该创造更多的企业家。

这也就引出了我们的财商教育第七课。

七、学会挑选合作伙伴

富爸爸经常说："找到好伙伴的方法就是了解坏伙伴。"

在我的公司生涯中，我曾经拥有过很棒的合作伙伴和很可怕的合作伙伴。就像富爸爸说过的那样，找到好伙伴的办法就是了解坏伙伴。在挑选合作伙伴的时候，我经历过，也体验了很多的痛苦。

问题就是，在事情恶化之前，你不知道谁是好伙伴谁是坏伙伴。幸运的是，在我遇到了一桩坏生意或一个坏伙伴之后，我在最后总能遇到一个很棒的伙伴。比如，在我与一个坏伙伴进行了一场糟透了的投资之后，我遇到了自己的房地产伙伴，肯·迈克尔罗伊。在那场失败的交易之后，我和肯联手创造了数百万美元。而且，他至今仍是我和金拥有的最棒的合作伙伴之一。

我从肯那里学会的一课就是，一场很棒的交易由3部分组成。它们是：

1. 合作伙伴
2. 资金
3. 管理

任何投资或公司交易都是如此。当你用钱进行投资的时候，你就成为了这个投资企业的合伙人，即便你可能根本不认识其他合伙人。比如，当一个人投资共同基金的时候，他就成为了这个共同基金的股权合伙人。所以，投资的第一个要素就是仔细选择你的合伙人，再把你的钱交给他。

就像富爸爸说过的那样："如果合伙人不好，生意便做不起来。"肯提出的第二个要素是资金，关注投资的结构如何。并且，作为合伙人，你还要关注投资获利的机遇如何。

我不想成为共同基金合伙人是基于以下4个原因。

1. 共同基金的财务结构是为了共同基金公司考虑的，而不是

你这个股权合伙人。

2. 共同基金的费用太高，而且不完全公开。我投入100%的钱，冒100%的风险，而共同基金却拿走了80%的回报。从财务上考虑，这不是个好合伙人。

3. 当我投资房地产的时候，我可以尽可能多地使用银行的钱。这也就意味着，我在房地产投资中可以获取比共同基金更多的负债投资。

4. 我可能会在共同基金中赔钱，并且会为我没有赚到的钱支付资本利得税。这显然不公平。

肯提出的良好交易的第三个要素就是管理。好的合伙人必须是一个很棒的经理。管理不善的公司或房地产不仅无法让投资者的回报最大化，还可能会导致公司破产。许多小型公司破产，房地产投资表现不佳的主要原因就是，企业的管理不善。

今天，我可以简单地问自己几个问题，就能对大部分投资作出迅速分析，如我的合作伙伴是谁？我想不想成为他们的合作伙伴？财务结构怎么样？是否有利？管理层的能力如何？如果这些问题的答案令人满意，我就可以进行投资。

这也就引出了财商教育第八课。

八、知道什么资产对你最有利

资产投资有4种基本类别。

资产负债表

资产	负债
公司	
房地产	
纸质资产	
实物	

公司

优点：公司是你可以拥有的最有利的资产，因为公司可以从税收优惠上获益。你可以通过借债来增加现金流，控制自己的运营。世界上最富有的人都是创业者。比如，苹果公司的创始人史蒂夫·贾伯斯；通用电气公司的创始人托马斯·爱迪生；谷歌的创始人谢尔盖·布林。

缺点：公司是"人力密集型"机构。这意味着你必须要管理员工、客户，以及顾客。员工技能、领导技能，以及能够融入团队合作的人才，这些对于公司的成功来说是必不可少的。在我看来，在所有四种资产中，打造成功公司需要的财务智慧和经验最多。

房地产

优点：可以通过融资来用银行的钱进行负债经营；可以通过投资者来使用其他人的钱；可以用贬值等税收方面的优势筹集资本；可以在资产得到良好管理的时候获取稳定的现金流。鉴于上述原因，房地产具有稳定的回报。

缺点：房地产是管理密集型资产，不具有流动性。如果管理不善，会损失很多钱。房地产需要的财务智慧也很高，仅次于公司。许多人缺少恰当的财商来对房地产进行良好的投资。这就是为什么大部分投资房地产的人投资房地产共同基金，即REIT。

纸质资产：股票、债券、储蓄、共同基金

优点：纸质资产具有易投资的优点。除此之外，它们的流动是弹性的，这意味着投资者可以用很少的股份开始小规模投资。因此，纸质资产投资需要的资金比其他资产类别要少。

缺点：纸质资产投资的一个主要缺点就是流动性非常高，这意味着它们很容易脱手。流动性投资的问题就是，一旦现金开始从市场中流出，如果你不能迅速卖掉自己的纸质资产，就很容易迅速损失金钱。可见，纸质资产需要持续的监控。

由于大部分投资者都没有接受过多少财商教育，所以大部分人都在进行纸质资产投资。

实物：黄金、白银、石油等

优点：实物投资是抵御通货膨胀的良好方式或保护措施——这在政府不停印钱的时候尤其重要，就像现在的情况一样。实物资产能够对通货膨胀造成缓冲，原因就是它们是用流通货币购买的有形资产。所以，当流通货币供应增加时，会有更多的美元追逐同样数量的实物。这会导致实物价格的上涨，或者通货膨胀。典型的例子就是石油、黄金、白银。由于美联储的印刷机不停开工，这些东西的价格比前几年高很多。

缺点：由于实物资产是有形资产，你必须要确保它们得到恰当的存储，而且还要确保它们的安全。

一旦你确定了最适合自己以及最感兴趣的资产类别，我建议你对其进行深入的研究，在投入金钱之前先投入时间。因为，能使你富有的并不是资产本身。任何类别的资产都可能会让你损失金钱。能使你富有的是你掌握的每种资产类别的知识。永远不要忘记，最棒的资产是你的思想。

每种资产类别都对应不同的词汇。比如，房地产投资者通常会用资本化率或营运净收入等词汇，而股票投资者会使用市盈率或息税，折旧及摊销前盈余等词汇。每一种资产类别都有自己的语言。石油投资者不会与黄金投资者使用同样的词汇。你理解的词汇越多，你的收益就越高，风险也就越小。

我创造"现金流"游戏是为了教授一些在不同资产中进行财务计算和投资的语言。我们具有先进的教育课程和训练项目，当人们确定了自己对哪类资产最感兴趣的时候，就可以参加这些活动。这也就引出了财商教育第九课——专注或多样化。

九、知道什么时候专注和什么时候多样化

大部分人都建议用多样化投资来防备市场的不确定性。然而，沃伦·巴菲特在《巴菲特之道》中写道："多样化投资是对无知的保护。对于那些知道自己在做什么的人来说，并没有什么意义。"

你可能会注意到，大部分人都在共同基金上采取多样化投资。多样化的共同基金投资组合的本质却是：你并不是真的多样化。因为所有的共同基金都在股票市场中——都是纸质资产。

真正的多样化投资是指在所有4种资产类别中进行投资，而

不仅仅是一种资产类别中的不同类型。我所说的4种资产类别包括：公司、房地产、纸质资产、实物。从某些方面来看我是多样化的，但是从另一些方面来看我又不是多样化的，因为我只关注每种资产类别中的大型投资。

"FOCUS"这个缩写的意思是"遵循一条道路直到成功"（Follow One Course Until Successful）。如果你想要在B和I象限那边成功的话，专注是很重要的。选择你想要做好的资产类别，并且遵循一条道路，直到你成功。比如，如果你对房地产感兴趣，那么就学习、实践，从小规模房产投资开始，并专注其中，直到现金持续流入你的银行账户。一旦你确信自己能够在小型生意中获取现金流，那就可以谨慎地开始一些大交易，持续关注并确保投资现金流。

我并没有量入为出，也没有试着去存钱，而是更专注于增加我的资产。每年，我和妻子都会设定下一年的投资目标。通过关注我们的资产中增加的现金流，我们来自资产的收入上升了。1989年，金从俄勒冈州波特兰市的一套拥有两间卧室、一间浴室的房子开始投资。现在，她已拥有1 400多处资产。2010年，她计划再增加500处。我计划在资产栏里增加3处油井。我们还将通过向那些想要拥有自己公司的人们销售富爸爸特许经营权来扩张我们的公司。一个富爸爸特许经营权大概需要3.5万美元。如果他们能够遵循我们的业务培训指导，在两年的时间内，他们有可能每年赚10万到20万美元。这是很好的投资收益率。

1966年，我开始研究实物投资，具体来说就是石油，当时我还在为加利福尼亚州标准石油公司航行。1972年，当我还是越战中的飞行员时，开始研究黄金。1973年，当我从战场上回来以后，我开始关注房地产。我在房地产项目中投资，并且挣了数百万美元。但是，比金钱更重要的是，这个过程给了我自由和财务稳定，即使在现在的经济形势中也是如此。1974年，当我离开海军陆战队，开始在施乐公司工作之后，我开始关注公司，学习销售技巧。1982年，我开始研究股票市场和期权市场。现在，我拥有上述4种资产类别，因此我的投资是多样化的，而且我从来没有失去过对事物的专注。

这也就引出了财商教育第十课。

十、风险最小化

建立公司并进行投资并不一定是有风险的。在财务上，没有接受财商教育才是有风险的。因此，将风险最小化的第一步和最好的一步就是教育。比如，当我想要学习飞行的时候，我去上飞行课。如果我不经学习就爬进飞机起飞，可能已经机毁人亡了。

第二步就是保护你的投资。专业投资者在有保险的情况下投资。我们大部分人都不会在没有保险的情况下开车买房。然而，大部分人在投资的时候却没有保险。这样做风险非常大。

比如，当我在股票市场投资时就可以买保险，如看跌期权。假如我以10美元的价格购买了股票，我便可以以1美元的价格购买看跌期权。如果股票价格下跌，认沽期权能保证支付给我9美元。如果股票下跌到5美元，看跌期权会发挥保险的作用，并且为价值5美元的股票支付给我9美元。这只是专业投资者在股票市场中常使用的各种保险方法中的一种。

对于房地产投资来说，我也有针对火灾、洪水，及其他自然灾害的保险。拥有房地产的另一个好处就是，我的租客支付给我的房租能够抵消保险成本。如果我的房产被烧垮，我不会失去金钱，因为我有保险来抵消我的损失。

股票市场的多样化并不能在2007年的股市崩盘中保护投资者。多样化不能保护投资者的原因就是，他们没有保险，而且股票市场上的多样化并不是真正的多样化。

只要你看看下面这个B-I三角形，你可以看到我用来最小化风险的其他途径。

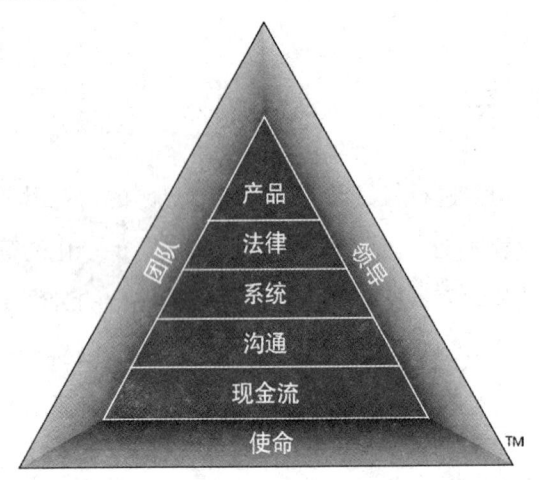

请注意，八"要素"之一是"法律"。对于最小化风险来说，在团队中拥有一名律师是必不可少的。首先，良好的法律咨询总是无价的。法律咨询能够保护你免于陷入法律麻烦之中，而且这比你陷入麻烦之后再去找律师咨询便宜得多。

另外，在设计产品的时候，我想要保护我的产品和公司免遭偷窃和盗版。这就要通过律师来对我的作品进行专利、商标、版权方面的保护。第三，通过专利、商标、版权，我可以将这些衍生产品转换成资产。比如,在我写书的时候,我可以对这本书进行合法保护,并且将版权出售给出版公司来印刷我的书。而且,我还可以卖给不同的出版商,让他们用不同的语言在不同的国家进行出版。如果我的产品得不到保护,并且不能合法地转换成资产的话,这些衍生产品就不会具有价值。

我的观点是,只有没有受过财商教育的人才会在没有保险的情况下进行投资,并且指望多样化来保护他们。这也就带来了所有投资风险中最大的一种,即通过税收失去金钱。

十一、知道如何将税收降到最低

当你对小孩说"去上学,找工作"的时候,你就将这个孩子送上了纳税最大化的道路。当你对孩子说"当医生或者律师,这样你能挣很多钱"的时候,情况也是一样。这些工作都处于E和S象限之中。

看看下面的现金流象限。

在 E 和 S 象限工作的人支付最多的税。

那些在 B 和 I 象限工作的人支付的税最少，有时候甚至是零税款，即使在挣取数百万美元的时候也是如此。产生这种现象的一个原因就是，那些处于 B 和 I 象限的人创造了一个国家所需要的大部分财富，并因为创造了工作机会，或者为人们和公司建造了房屋或办公室而受到了奖励。

收入主要分 3 种基本类别，它们是：

劳动收入——税收最高
投资组合收入——税收中等
被动收入——税收最低

劳动收入：作为雇员为公司工作，或者作为自由职业者为劳动收入工作，这两种人的收入应纳的税款最高。他们挣得越多，所支付的税款百分比也就越高。讽刺的是，储户的利息也要收取与劳动收入一样的税。当一个人为自己的养老计划投资的时候，投入的资金同样以劳动收入的标准来收税。那些处于现金流象限 E 和 S 那边的人在每个方面都遭遇了不利于他们的情况。

为什么大部分理财师都会说："当你退休时，你的收入会减少。"这是因为大部分人都计划在退休时贫穷。所以，如果你安于贫穷，你的储蓄和退休资金的税收就不会变成很大的影响因素。但是，如果你计划在退休时富有的话，你的存款和你的退休资金被收取的税会处于最高的比例——这在财务上是极不明智的。

投资组合收入：大部分人都把钱投入投资组合。投资组合收入从总体上来看是来自资本利得的收入，低买高卖。奥巴马总统将要提高资本利得的税率，这几乎是板上钉钉的事情了。现在，最高的资本利得税是 28%。谁知道未来对于投资资本利得的投资者收取的税还要高多少呢？

需要提醒的一点是，买卖股票或炒房的人可能看起来是为了资本利得投资，但是他们通常在劳动收入或正常收入的层次上被收税，这是因为他们持有资产的时间通常不超过一年。他们其实是在 S 象限工作，而不是 I 象限。冒着投资中的所有风险，希望低价买入高价卖出，然后支付最高比例的税款。这在财务上是不明智的。请与税务会计探讨并确认自己在哪个象限，然后再投资。

被动收入：来自房子等资产的现金流是以被动收入的税率征税的，这才是最低的税率。

除了普通的被动收入之外，房地产投资者还有其他形式的现金流能够为他们抵消税款，如房屋升值、分期偿还、贬值，这些都可以成为免税收入（又叫幻影现金流）。我喜欢幻影现金流。

需要再次提醒的是，最好在投资这些现金流之前请教一下税务会计。

十二、债务和信用度的区别

就像很多人知道的那样，债务有好和坏之分。拥有房子是坏债务，因为它会将钱从你的口袋中拿走。拥有出租的房子，可以每个月收到房租，抵消包括按揭付款在内的成本则是好债务，因为它能够把钱放进你的口袋。

好债务是不用交税的金钱。好债务是借来的钱，你不需要为它纳税就可以使用它。比如，假设我花了 2 万美元作为出租房的首付，然后借 8 万美元，在大部分情况下，这 2 万美元是我的税后金钱，而 8 万美元则是免税金钱。

利用债务的关键就在于知道如何明智地借，以及如何还款。了解如何明智地借钱，并且让你的租客或公司等来偿还，这就是你的信用能力或者信用度。你的信用度越高，你就可以利用更多的钱来变得富有，并且不用付税。但需要强调的是，关键还要看你的财商教育和现实生活经历。

即使在金融危机中，银行还是会对有信用度的投资者借出数百万美元。银行对于我这种具有高信用度的投资者出借货币的原因有 5 个。

1. **我们投资 B- 级公寓建筑**。在公寓投资中，分 A-、B- 和 C- 级建筑。A- 级是指高级公寓住宅，最近 A- 级公寓住宅投资很不景气，因为人们支付不起，只能搬出。C- 级公寓住宅是出租给低收入人群的。B- 级公寓住宅是出租给工薪族的。我的公司以能支付得起的价格提供安全、清洁的公寓。即使在当前的金融危机中，我们的住宅楼还是住得满满的，而且租金继续流入。银行愿意借钱给我们是因为我们拥有稳定的现金流。

2. **我们在有工作机会的地区买公寓**。房地产真正的价值与工作相关。我们在得克萨斯州和俄克拉何马州拥有公寓房，那里的石油产业可以为人们提供工作机会。我们没有在底特律投资公寓，因为那里的工作机会正在减少，房地产价值正在下跌。

3. **我们在有自然条件限制或政府限制的地方拥有产业**。比如，我们在临近城市发展带边界的地方投资公寓。换句话说，由于供应有限，城市不能再进一步扩张，这就让这块地产更加具有价值。我们同样在靠近河流这种自然资源局限的地方拥有产业，因为这种局限可以阻止其进一步发展。

4. 我们从事同一行业已有数年时间，积累了良好的声誉。这给了我们作为良好运营商的信用度，即使在市场不景气的情况下。大量的交易还是会涌向我们，因为银行信任我们，愿意给我们其他投资者无法得到的交易。

5. 我们坚持从事自己了解的行业。如你所知，房地产有许多种不同的类型。我们从不投资写字楼或者购物中心。因为这并不是我们所从事的行业。不过，如果价格继续下跌的话，我们可能会开始尝试这些业务。

如果你读过《富爸爸穷爸爸》，就知道麦当劳创始人雷·克洛克的故事。在那本书里，我讲了一个故事，雷·克洛克问大家："麦当劳从事的是什么业务？"大部分人回答"汉堡包"。但雷·克洛克却回答说："我的业务是房地产。"麦当劳利用快餐业务来购买房地产。我利用出租公寓业务来购买房地产。在别人了解了我们从事的业务，并且知道我们擅长此业务之后，我们就拥有了信用度。信用度能够让我们拥有良好且免税的债务——甚至在当前信用收紧的经济中。

十三、了解如何使用衍生产品

沃伦·巴菲特把金融衍生产品比喻为金融中的大规模杀伤性武器。实际上，这场金融危机在很大程度上是由于债务抵押债券

（CDO）和资产抵押债券（MBS）造成的。用简单的话来说，这些都是债务的衍生产品，却被穆迪和标准普尔包装并评级为AAA级，然后作为资产出售。一切都很好，次贷房产所有者的住宅由于房地产泡沫而价格虚高。但当他们无法支付债务时，债务机构开始崩溃，全球数百万人的财富缩水。

但是，金融衍生产品同样也是大规模财务创造的工具。1996年，我和金创建了富爸爸公司，这是我们思想的衍生产品。我们还创建了"现金流"游戏和图书，例如，《富爸爸穷爸爸》以及本书——这些都是我们思想的衍生产品。在我们创造并销售这些游戏和图书的时候，我们也在像美联储一样，无中生有地制造金钱。现在，我们进行着富爸爸的特许经营业务，这是我们思想的另一个衍生产品。在房地产中，我们通常会通过对抵押品重新筹募资金以获取免税的现金，这是另一种衍生产品，并且用租客的租金来支付月供。在股票市场中，我通常会出售股票的衍生产品——如购买期权——并且从我的股票与思想的衍生产品中挣钱。

请记住：思想是你最大的资产。在接受适当的财商教育之后，你同样也可以发明你自己的衍生产品，来进行大量的财务创造。

十四、知道自己的财富如何被偷走

当你看一个人的财务报表时，就能知道为什么处于现金流象限E和S那边的人会在经济上苦苦挣扎了。

收入
支出
1. 税收
2. 债务
3. 通货膨胀
4. 退休金项目

资产	负债

这些钱直接进入了那些在B和I象限的人的口袋。

对于那些处于右边——B和I象限的人来说，他们有可能合法地赚取数百万美元，却不需要支付任何税，使用债务来增加财富，通过通货膨胀盈利，并且不需要由风险很高的股票、债券、共同基金和存款等纸质资产组成的退休计划。

这两边的人的一个很大的区别就是，E和S象限的人为金钱工作，而B和I象限的人为创造能够产生现金流的资产工作。

如果想要深入了解你的财富是如何被偷走的，为什么人们会在经济上苦苦挣扎，请访问www.richdad.com/conspiracy-of-the-rich，观看名为"日常现金掠夺"的视频。

十五、知道如何犯错

我们都知道，如果什么也不做就不可能学到东西，所以做事通常就意味着犯错。孩子如果从没摔倒就不能学会走路。你不跳进水里就没法学会游泳。仅仅靠读书和听讲座学不会开飞机。然而,我们的学校系统却还是通过阅读、讲座、惩罚犯错来进行教育。

下图是学习圆锥。它向我们解释了学习的最佳方式。学习圆锥的最底部就是阅读,只有10%的记忆率。接着是听词汇或者听讲座,具有20%的记忆率。

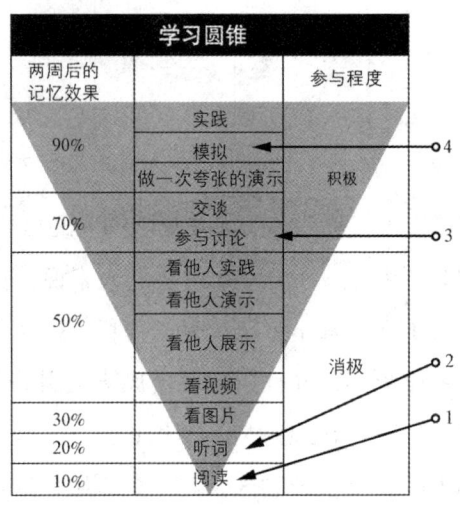

资料来源:www.cengage.com/permissions

在模拟真实经历的那一步,你可以看到它具有90%的记忆率,并且被认为是仅次于亲身实践的最好方法。

模拟或游戏有如此强有力的效果,主要原因是它们允许学生犯错,并且让他们从错误中学习。当我上飞行学校的时候,花了许多时间来进行飞行模拟器的训练。不仅仅是因为这种学习方法不是很昂贵,而且还因为它更安全。我在飞行训练中犯了很多错误，并且从错误中学习，成为了一名优秀的飞行员。

当我成人后，我不害怕在 B 和 I 象限进行实践的一个原因就是，我小时候花了大量的时间玩"大富翁"游戏，而且我理解了来自绿房子和红旅馆等资产的现金流的力量。我和金创建了我们的游戏"现金流"，它通常被称为"大富翁"的现实版，是对现实生活投资的一种模拟，是一种犯错、从错误中学习、为现实世界做好准备的很棒的方法。我们都认识害怕投资的人，因为他们害怕犯错和失去金钱。去玩"现金流"游戏吧，在游戏中即使你犯错并且失去金钱，也只是模拟现实。更重要的是，你犯的错误越多，你就会变得越聪明。

财商教育中的一个大错误

教育中最大的一个错误就是，学校让银行家和理财师来教孩子关于金钱的知识。让导致这场危机的组织里的雇员来教我们的孩子，我们怎么能指望金融危机会终止呢？

这并不是财商教育，而是财务剥削。这就是现金掠夺开始的地方。

如果我们教育孩子从现金流象限的 B 和 I 那边的视角来看待这个世界的话，他们的世界就会永远改变。他们会发现一个财务资源充足，充满机遇的崭新世界。

就在最近我遇到了一个人，他将自己大部分的生活都花费在了 E 象限，当一名卡车司机。他需要工作很长时间才能获取满意的工资，却从来都没有感到过财务安全。当燃油价格上升，生活变得艰难的时候，他的公司开始裁员，而他被解雇了。这时，他开始致力于进行财商教育,提高自己的财商。后来,他购买了卡车行业的一家加盟公司,他已经很了解这个行业了,并且最终成为了一名企业家。现在,他已经具有了财务上的自由。

在我们交谈的时候,他告诉我,在他成为企业家之前,他认为这个世界只有有限的可能性,而他则陷入了长时间工作、低收入、高税赋,以及食品、汽油、医疗等支出越来越高的困境中。现在,他认为这个世界具有无限的可能性。他的生活永远地改变了,因为他改变了自己的思想,并且从现金流象限的B和I那边来看待世界。他原本可以简单地申请失业,寻找另一份工作,然而恰恰相反,他选择提升自己的财务智慧。

对于我来说,这是授人以鱼无法解决问题的完美例证。我相信,现在我们应该停止授人以鱼,到了授人以渔,并且让人们拥有解决自身财务问题能力的时候了。财商教育具有改变世界的力量。我预测,第一个为所有学生开设财商教育课程的国家,无论现在是富裕或贫穷,一定会崛起成为世界金融强国。

结束和开始

现在,我们到了探究富人阴谋之旅的终点。尽管这是本书的结束,但这不应当是故事的终结——你的故事还在延续。我的15堂财务课程可能在学校里永远都学不到,但是那些愿意花时间和精力来提高自己财商的人可以学会它们。而且,它们可以由父母传授给孩子,就像富爸爸将它们传授给他的儿子和我一样。记住它们,并且教你的孩子也记住它们。你的手中握着摆脱这场富人阴谋,为你和你所爱的人创造富裕生活的力量。

富爸爸公司的任务就是，通过我们的书、游戏、产品、讲座来改善人类的财务状况。我们还为那些想要得到进一步发展的人提供了高级教育和培训项目。正像这本书在互联网上通过讨论和博客的形式如野火般传播一样，富爸爸的信息——关于富裕生活和财务自由的信息也正在全世界传播。通过改变一个人和每一个孩子，我们可以提高人类的财务状况。我们能够传递这样的信息——知识就是金钱，而我们的思想是上帝赋予我们最伟大的资产。

感谢你成为历史的一部分，感谢你让这本书如此成功。

结 束 语

我们是如何从自己那里偷东西的

我们在财务方面被洗脑了吗？我相信是这样的。大部分人都看不到身边每天都在发生的现金掠夺，其中一个原因就是我们在财务方面被编程了，变成了巴甫洛夫的狗。通过我们的词汇从我们自己那里偷走东西。我们毫无思想地重复那些耗费我们财富的处世之道。

正如我说过的那样，词汇具有让我们富有和让我们持续贫穷的力量。

我们的学校系统在训练人们成为 E 和 S 象限的人方面做得很好。在我们的成长期间，家庭和学校教育我们重复背诵他们眼中具有财务智慧的词汇，而事实上这些词汇只是用来训练我们从自己那里偷走东西而已。这些词汇是渗入我们意识的咒语，训练我们顺从地将自己辛苦赚来的钱交给那些 B 和 I 象限的人。如果没有全面的财商教育，你还是 E 和 S 象限中的囚徒。

我们的领导人从不鼓励我们寻求从 E 和 S 象限转换到 B 和 I

象限的途径。他们教我们量入为出，而不是扩展我们的能力。在我看来，量入为出会毁灭你的精神。这不是生活应有的方式。

掠夺：我们用来从自己那里偷走东西的词汇

就像你已经知道的那样，处于E和S象限的人会通过税收、债务、通货膨胀、退休计划失去自己的财富。下面就是我们的词汇如何与力量相关，并造成我们从自己那里偷走东西的范例。

税收："去上学，找份好工作。"这些词让孩子成为了雇员，用自己的收入支付最高比例的税。当你建议孩子努力工作，挣更多钱的时候，你在不经意间就将这个孩子推向了更高的税收比例，并且让他为纳税最高的收入——劳动收入工作。

那些受到B和I象限思想教育的人则利用不同的税收规则进行实践，挣更多的钱，支付更少的税，如果有税的话。就像这本书中说过的，处于B和I象限中的人可以挣数百万美元，并且合法地避税。

债务："买房子。你的房子是一件资产，也是你最大的投资。"建议大部分人对住房进行投资是在训练他们去银行存钱，陷入坏债务之中。房子是负债，它只能将金钱从你的口袋中拿出去。通常，你的房子并不是你最大的投资，而是你最大的负债。它并不能把金钱放进你的口袋。现在的经济危机已经清楚地证实了这一点。

那些处于B和I象限的人用债务来购买公寓楼等现金流资产——能够把钱放进他们口袋的资产，而不是从他们口袋往外拿钱。处于象限B和I的人知道好债务和坏债务之间的区别。

通货膨胀："存钱。"当人们往银行里存钱的时候，他们在无意间增加了通货膨胀，这会让他们的存款贬值。由于银行实行部分准备金制度，银行可以拿走一个人的存款，并且将它出借无数次，收取比储户的利息多得多的贷款利息。换句话说，储户导致了自己购买力的下降。他们放在银行的存款越多，通货膨胀就会越严重。

适度的通货膨胀要比通货紧缩强，通货紧缩具有非常大的破坏性，而且很难停止。问题是，如果救市和刺激性投资不能够停止通货紧缩，政府印的钱会过多，让我们进入恶性通货膨胀，这样一来，储户就会真的成为最大的输家。

你存入的每一美元都给了银行印更多钱的权利。如果你理解了这个概念，你就能知道为什么那些具有财商教育的人拥有不公平的优势。

退休计划："以具有多样性的股票、债券、共同基金投资组合作为长期投资。"这种说法让华尔街的人一直都非常富有。谁不想让数百万处于 E 和 S 象限的人每个月给自己送一张支票呢？我问自己：如果我能够应用自己的财务知识与智慧合法地"印"自己的钱的时候，为什么还要把钱送给华尔街呢？

总结

通过从学校中取消财商教育，富人的阴谋在从我们的思想中进行现金掠夺方面做得很棒。如果你想要改变自己的生活，就先改变你的词汇，使用有钱人的词汇。你的优势就是你的财商教育。

这就是为什么知识就是新的金钱。感谢你阅读这本书。

致 读 者

最后的备注

在我最初构思《富人的阴谋》一书时,我真的不知道应当期待什么。对于我来说,使用互联网互动的方式来写这本书,这个过程是一个全新的想法,这也让我感到很兴奋。因为,经济危机仍在持续,全世界的人们都陷入其中,我希望我的书能够实时跟进。

我知道,如果我按照传统的写作方式来写《富人的阴谋》,我们就会深深地陷入经济危机——甚至越过危机——这导致我的书无法提供及时的帮助。因为,一本书从构思变成白纸黑字通常需要一年或更长的时间。由于经济形势每个月都在变得更糟,我开始从在线读者那里得到反馈,我知道,在互联网上出版我的书,并且让它变得互动是一个正确的决定。

每当我坐下来写某一个章节的时候,改变世界的重大事件也在同时发生……在某种意义上,我感到自己回到了过去,回到了在越南的时光，在战场上驾驶直升机，当我专注于自己的飞行任务时，子弹在四处乱飞，爆炸声在轰鸣。就像我在越南肩负着清晰的使命一样，在写这本书的时候我也有清晰的使命。

这些年的经历让我知道，人们对用简单的语言解释理财、学习易于理解的财商教育充满渴望。我同样知道，有太多人对我们的政治和经济感到恐惧、沮丧、失望。这本书的目的是，通过提供清晰直接的财商教育来解决这两种问题。财商教育与我们当前的经济形势相关，同样还给了读者表达自己的想法、恐惧、成功的一个机会。

最让我吃惊的是，我从读者那里得到的反馈让我感到振聋发聩。我预期能够得到充满智慧，深思熟虑的见解、问题、评论——但读者的反馈出人意料，并且为这本书的形成作出了巨大的贡献。不仅如此，读者的经验和理解令人难以置信地宽广，全球的读者都参与到了这本书的创作中，为本书作出了贡献。

最后，本书是远远超出我意料的巨大成功。下面是这本书的一些不可思议的收获：

- 来自167个国家的，超过3 500万次的点击
- 超过120万的网站访问量
- 9万名注册读者
- 超过1万条来自读者的评论、问题、见解
- 来自全世界的2 000名博主帮助曝光了这场阴谋

本书取得巨大成功的原因就是你们。

所以，让我借这个机会仅代表我个人感谢你们成为《富人的

阴谋》集体的一部分，感谢你们让这本书取得了如此巨大的成功。你手中拿的这本书既是你的作品也是我的作品。你的见解、评论以及问题影响了这本书的内容。事实上，你的许多评论现在已经是这本书的一部分了。

在一起，我们创造了奇迹。

在一起，我们曝光了富人的阴谋。谢谢你们。

罗伯特·清崎

2009年7月1日

富人的阴谋
特别赠送 Q&A

下面九个问题是我从《富人的阴谋》网站论坛中的几百个问题中挑选出来的。我希望我能够回答你们所有的问题，但是，光这些问题本身就能组成一本书了。我相信这些问题代表了大多数读者的心声。感谢每个人的见解、评论以及提问。要记住：知识就是新的金钱！

问：如果我们看到一种新的"国际超级货币"，就像俄罗斯一直在不断推行的那种货币的话，你对于可能的结果有什么评论？

——isbarratt

答：我对于国际超级货币没有任何评论。不管我们用美元还是其他形式的储备货币，基本问题依然存在：这些货币将会是法定货币，可以被凭空印刷出来。它们没有价值。它们只是政府操纵的假货，设计出来是为了通过通货膨胀从你的口袋里面偷钱。在我看来，黄金和白银依然是比任何流通货币都适合持有的资产。

问：我的问题是，这种对于黄金和／或白银的投资是如何落入现金流计划，而不是资本利得计划的？《富人的阴谋》告诉我，我正在脱离现金流的轨道，并且需要重新评估我的方向。我在扩展自己方面遇到了麻烦，并且看到了黄金和白银也并不是保护财富的安全网。它们能否也被用于产生现金流呢？

——Foresight2Freedom

答：在我的情况中，当我有多余的现金流时，我并没有将多余的现金保存在储蓄账户中，而是选择用黄金和白银的形式来持有它。我这样做的原因就是，黄金和白银能够用于防范不确定的货币政策，就像美联储正在印刷上万亿美元，并且将它们投入经济中。我并没有用美元的方式持有我多余的金钱，然后在通货膨胀上升时看着这些美元贬值，而是用黄金和白银持有我多余的货币，并且看着它们的价格随着通货膨胀增长。所以，当黄金和白银本身不能创造流入的现金流时，它们确实能够保护我免受通货膨胀带来的金钱损失。再一次，就像任何资产一样，如果你的财商不高，你也会在黄金和白银投资中失去金钱。让你富有的并不是黄金和白银，而是你对黄金和白银知识的了解。

问：在恶性通货膨胀的情况下，你是否认为出租房产对于投资组合来说是有益的？

——colbycl

答：除了恶性通货膨胀，还有其他的要素即将发挥作用。在任何交易中，你都必须要做好功课，确保数据良好。比方说，有没有足够的来自租金的现金流用于抵消你的支出，支付你的债务？有没有工作和人员流入你寻求购买房产的地区？房地产投资只有在上述问题的答案是积极的时候才算好。要记住，房地产交易总是有好有坏，不管经济状况如何。它都将归结为现金流。

问：我想问你关于这场阴谋对于我们医疗体系的影响，以及你能否告诉我们关于这个问题的相关内容？

——ovortron

答：我不是医生，我的专业也不是在医疗卫生领域，但我确实怀疑制药和医疗保险行业以及它们的参与者对于医疗卫生体系和我们所接受的医疗有着巨大的影响。从个人看来，除了传统医学治疗之外，我还用了针灸、理疗、脊柱按摩等替代性医学技术。我同样试图将自己的服药量降低到最少。同其他任何事情一样，你知道得越多，你就可以更好地为自己的健康和金钱作出全面的决策。我鼓励你开始学习这个科目。

问：我想问一些关于投资起步的问题。你在这本书中说，在富爸爸提醒你为现金流投资之前，你实现了一些可观的资本利得。我所认识的大部分进行大量投资的人都是利用资本利得而不是现金流，尽管现金流是为了长期的准备。你能不能就人们应该如何在短期内并且只有很少或者没有资本的情况下开展聪明的投资给出一些建议呢？

——Miguel41a

答： 我对于这类问题的答案一直很一致，即让自己接受财商教育。正如我在《富人的阴谋》中所说的，知识就是新的金钱。学习的最佳途径就是通过练习或模拟。你将在练习或模拟中犯错误，但关键是你能从这些错误中学习。如果你对在一开始用真的金钱投资感到犹豫，我的"现金流"游戏就是学习如何在一个模拟的环境中分析并进行交易的很好的方式。在这个环境中，你可以从自己的错误里学习。这能够让你做好准备在真实世界中投资。知道如何找到、分析、展示良好的交易要比拥有金钱更重要——金钱并不能让你富有，但你的知识可以。有好的交易，我们总能从投资者和银行家那里得到金钱。

问： 我有一个14岁的女儿。她在学业上非常出色。当她成人的时候，我该对她提出什么建议，才能使她不会成为这场阴谋的受害者呢？她在10来岁的时候就已经在读你的书了。

——Madelugi

答： 孩子最好的老师就是父母。所以，问题其实不是孩子在做什么，而是你在教育她的时候在做什么。即使你给你的孩子良好的知识，他们也需要看到你将其付诸实践。你的示范对于孩子的财商教育有着很大的影响。

令人欣喜的是，我听说有七八岁大的孩子读我的书，并且玩"现金流"游戏。这些孩子将毫无疑问地具有最好的机遇，拥有光明的财务未来，因为他们正在接受财商教育——这是他们的同龄人没有接受的。我开发了适用于儿童的棋盘游戏"现金流"，这样6岁大的孩子就可以开始学习金钱和投资了。

问：你对人寿保险的看法是什么？我的两个理财师向我推销这些东西。

——rzele

答：我不喜欢人寿保险投资。从个人来看，我认为这是一种偷窃，特别是当美联储印制这么多货币的时候。通货膨胀让你的保险一年比一年不值钱。同样，理财师推销这些投资是因为他们从中挣钱，而不是因为这些东西对你有好处。尽管如此，人寿保险对于那些不能储蓄，或者没有接受过什么财商教育，不知道如何成功投资的人来说是不错的。定期人寿保险是那些投资不顺的人的另一个选择，而且也比终生人寿保险便宜。我认为你应该自己选择这个问题。

问：作为一名阅读过你大部分著作，并且第一次看到我们的孩子将要走上的坎坷道路的新企业家，我想问：我们的教育系统还有希望吗？

——jack47

答：不幸的是，我对于教育系统不抱希望——至少短期内如此。每个产业都会以不同的改变速度前进。比方说，技术会迅速改变，而且10年或不到10年就变化巨大。建筑和教育产业作为体制进行改变需要长得多的时间。有时候需要50年以上的时间才能看到有效和有意义的改变在这些产业中体制化。这也就是我提倡你负责自己和孩子的财商教育的原因。

问：当前的经济将我打败了，所以我仅仅是"努力达到还过得去的状态"。你对于那些刚刚重整旗鼓，想要做点什么事情的人给出的最佳建议是什么呢？

——msrpsilver

答：就像我说过的那样，知识是新的金钱。继续在金钱和投资方面教育你自己，提高你的财商。同样，学习现金流象限并理解什么让你贫穷：税收、债务、通货膨胀、退休账户。训练你自己从B和I象限进行考虑，并且学习如何让你在税收、债务、通货膨胀、退休账户方面的损失减少到最低。通过将你的知识转变到现金流象限的B和I一边，你能够学会赚数百万美元而不需要支付税收，用别人的钱来赚你的钱，并且找到能够随着通货膨胀价值增长，能够为你的退休带来被动收入的资产。世上没有仙丹妙药，有的只是努力工作和接受教育。

迅速提高财商的三个方法

方法一：阅读"富爸爸"系列书籍

财富观念篇
《富爸爸穷爸爸》
《富爸爸财务自由之路》
《富爸爸提高你的财商》
《富爸爸女人一定要有钱》
《富爸爸杠杆致富》
《富爸爸我和埃米的富足之路》

财富实践篇
《富爸爸投资指南》
《富爸爸房地产投资指南》
《富爸爸点石成金》
《富爸爸致富需要做的6件事》
《富爸爸穷爸爸实践篇》
《富爸爸商学院》
《富爸爸销售狗》
《富爸爸成功创业的10堂必修课》
《富爸爸给你的钱找一份工作》
《富爸爸股票投资从入门到精通》
《富爸爸为什么A等生为C等生工作》

财富趋势篇
《富爸爸21世纪的生意》
《富爸爸财富大趋势》
《富爸爸富人的阴谋》
《富爸爸不公平的优势》

财富亲子篇
《富爸爸穷爸爸（少儿彩图版）》
《富爸爸发现你孩子的财富基因》
《富爸爸别让你的孩子长大为钱所困》
《富爸爸穷爸爸（漫画版）》

财富企业篇	《富爸爸如何创办自己的公司》
	《富爸爸如何经营自己的公司》
	《富爸爸胜利之师》
	《富爸爸社会企业家》

方法二：玩《富爸爸现金流》游戏

风靡全球的《富爸爸现金流》游戏浓缩了《富爸爸穷爸爸》一书的作者——罗伯特·清崎三十多年的商界经验，让我们在游戏中模仿和体验现实生活的同时，告诉游戏者应如何识别和把握投资理财机会；通过不断的游戏和训练及学习游戏中所蕴含的富人的投资思维，来提高游戏者的财务智商，最终实现财务自由。

方法三：关注读书人俱乐部微信

北京读书人俱乐部微信公众号由北京读书人文化艺术有限公司运营，为"富爸爸"读者提供符合富爸爸理念的各种理财资讯、产品和工具。读书人文化是一家专业图书策划与出品公司，一直致力于为读者提供幸福生活的知识。从2000年成立至今，读书人文化已在投资理财、文化生活和少儿教育三个领域确立了自己的文化理念和品牌，先后策划出品了"富爸爸穷爸爸"系列、《谁动了我的奶酪》《金字塔原理》《空谷幽兰》《中国的品格》《莲花次第开放》《一心一意来奉茶》《小狗钱钱》《儿童自我成长小百科》等优秀图书。同时，公司也以自身积累的图书和作者等优质文化资源为载体，不断拓展相关衍生产品与服务，如培训讲座、投资工具和影视作品等。读书人文化将秉承"读书人当为天下爱书人服务"的理念，用更多优秀图书和产品，助力读者的财务自由与心灵自由之路。

readers-club
扫码关注读书人俱乐部
获取更多相关资讯

读书人淘宝店
扫码关注读书人淘宝官方品牌店
获取更多优惠信息

图书在版编目（CIP）数据

富爸爸富人的阴谋 /（美）罗伯特·清崎著；朱颖译. — 成都：四川人民出版社，2017.10（2018.6 重印）
ISBN 978-7-220-10374-2

Ⅰ. ①富… Ⅱ. ①罗… ②朱… Ⅲ. ①私人投资-通俗读物 Ⅳ. ① F830.59-49

中国版本图书馆 CIP 数据核字（2017）第 230244 号

Rich Dad's Conspiracy of the Rich
Copyright © 2009 by Robert T. Kiyosaki
This edition published by arrangement with Rich Dad Operating Company, LLC.

版权合同登记号：图进 21-2017- 516

FUBABA FURENDEYINMOU
富爸爸富人的阴谋
〔美〕罗伯特·清崎 著 朱颖 译

责任编辑	唐 婧
特约编辑	张 芹
封面设计	朱 红
版式设计	乐阅文化
责任印制	聂 敏
出版发行	四川人民出版社 （成都市槐树街2号）
网　　址	http://www.scpph.com
E-mail	scrmcbs@sina.com
新浪微博	@四川人民出版社
微信公众号	四川人民出版社
发行部业务电话	（028）86259624　86259453
防盗版举报电话	（028）86259624
照　　排	北京乐阅文化有限责任公司
印　　刷	三河市中晟雅豪印务有限公司
成品尺寸	152mm×215mm　1/32
印　　张	10.5
字　　数	234 千
版　　次	2017 年 10 月第 1 版
印　　次	2018 年 6 月第 3 次印刷
书　　号	ISBN 978-7-220-10374-2
定　　价	39.80 元

■版权所有·侵权必究

本书若出现印装质量问题，请与我社发行部联系调换
电话：（028）86259453